ARBEIT/FREIZEIT

EDITORIAL 3

THEMA

FRANK REICHHERZER
Offiziere – Zwei essayistische Erkundungen in die Grenzregionen von Arbeit und freier Zeit um 1900 9

RÓSA MAGNÚSDÓTTIR
Living Socialism: An Icelandic Couple and the Fluidity between Paid Work, Voluntary Work, and Leisure 29

SEPP LINHART
Nationale und internationale Diskurse über Arbeit und Freizeit in Japan 43

INTERVIEW

KATJA JANA
»Wir wollen Räume öffnen für die gemeinsame Erinnerung und Aufarbeitung« – Ein Gespräch mit Elke Hartmann vom *Houshamadyan* e.V. 67

FILMKRITIK

MAXI BRAUN
»Pull up the dinosaurs' skirts« – Geschlechterbilder in *Jurassic Park* (1993) und *Jurassic World* (2015) 81

EXPOKRITIK

CHRISTINA SACHS
»Mitfühlen und Miterleben« im Museum? Ein Besuch im Deutschen Auswandererhaus in Bremerhaven – Dauerausstellung 93

REZENSIONEN

Renate Blickle
Neu gelesen: Beiträge zur Geschichte der Grundrechte in der frühen Neuzeit 99
(DANIEL SCHLÄPPI)

Ulrike Gleixner / Constanze Baum / Jörn Münkner / Hole Rößler (Hg.)
Biographien des Buches 102
(ANNETTE C. CREMER)

Benjamin Hitz
Kämpfen um Sold 106
(SVEN PETERSEN)

Katrin Lehnert
Mobiler Alltag zwischen Sachsen und Böhmen im 19. Jahrhundert 108
(CHRISTOPH AUGUSTYNOWICZ)

Annette Vowinckel
Fotografisches Handeln im 20. Jahrhundert 110
(FRANKA SCHNEIDER)

Susann Lewerenz
Exotisierte Unterhaltung 1920–1960 112
(KASPAR MAASE)

Katalin Deme
Jüdische Museen in Ostmitteleuropa (1993–2012) 115
(DOROTHEA WARNECK)

ABSTRACTS 119

AUTORINNEN UND AUTOREN 121

WERKSTATT*GESCHICHTE* 79
27. Jg., März 2019, 2/2018

REDAKTION
Claudia Berger, Jan-Henrik Friedrichs, Katja Jana, Julia Kleinschmidt, Eva Lehner, Yvonne Robel, Silke Törpsch, Georg Wamhof

HERAUSGEBER*INNEN DES THEMENTEILS
Josef Ehmer und Reinhild Kreis

ANFRAGEN AN DIE REDAKTION
Yvonne Robel
robel@zeitgeschichte-hamburg.de

REZENSIONSREDAKTION
Doris Bulach, Iwona Dadej, Karsten Holste, Katharina Kreuder-Sonnen, Sebastian Kühn, Angelique Leszczawski-Schwerk, Andreas Ludwig, Annelie Ramsbrock, Pavla Šimková

REZENSIONSREDAKTION
Andreas Ludwig
Zentrum für Zeithistorische Forschung Potsdam
Am Neuen Markt 1
14467 Potsdam

FILMKRITIK
Ulrike Weckel
ulrike.weckel@uni-giessen.de

HOMEPAGE
www.werkstattgeschichte.de

TITELBILD
Marthel Becker aus Krempe, Siegerin des Wettbewerbs »Hausfrau des Jahres 1969« in der Kieler Ostseehalle, in der Disziplin »belegte Brote streichen«. Stadtarchiv Kiel, Bildnachlass Friedrich Magnussen (1914–1987), Fotograf: Friedrich Magnussen, Signatur: 21.948, Lizenz CC BY-3.0 SA DE.

Klartext Verlag
Jakob Funke Medien Beteiligungs GmbH & Co. KG
Jakob-Funke-Platz 1, D-45127 Essen
Tel.: +49 (0)201/804-8240
Fax: +49 (0)201/804-6810
info@klartext-verlag.de
www.klartext-verlag.de

Verlag: Klartext Verlag, Essen
Umschlag- und Innengestaltung:
Michael Herold, Itzehoe
Realisation: Satzzentrale GbR, Marburg
Druck: Majuskel Medienproduktion, Wetzlar
1. Auflage März 2019

ISBN 978-3-8375-2107-8
ISSN 0942-704X

WERKSTATT*GESCHICHTE*
erscheint dreimal im Jahr und kostet im Abonnement
37,00 € (drei Hefte im Jahr bei 10,25 € pro Heft)
14,00 € Einzelheft

Editorial

Die Geschichte der Freizeit kann nicht ohne die Geschichte der Arbeit geschrieben werden – und umgekehrt. Beide Konzepte sind diffus und vieldeutig, beide umfassen ganze Bündel von Tätigkeiten, aber bleiben zugleich aufeinander bezogen. Ihr Verhältnis ist durch wechselseitige Ausschließung, Überlappungen und Wirkungen geprägt. Als Dichotomie bildet Arbeit/Freizeit einen wirkmächtigen Ordnungsversuch, mit dem der Zeitgebrauch sozialer Gruppen eingeteilt, bewertet und hierarchisiert wird. Wir wollen in diesem Themenheft der Wirkmacht dieser Dichotomie nachgehen, wobei die Beiträge nachdrücklich zwei ihrer zentralen Folgen aufzeigen: Erstens die geringe Sichtbarkeit von und das fehlende Vokabular für eine Beschreibung von Tätigkeiten, die sich nicht in die Dichotomie von Arbeit/Freizeit einordnen lassen und dementsprechend wenig Anerkennung erfahren. Zweitens die Attraktivität dieser Zweiteilung, die Menschen dazu verleitet, Formen des Zeitgebrauchs einer der beiden Kategorien zuzuordnen. Dabei erweist sich die Dichotomie Arbeit/Freizeit als gleichermaßen stabil und flexibel. Sie erlaubt vielfältige Begründungen, warum eine Tätigkeit als Arbeit oder als Freizeit zu gelten habe (oder eben nicht), bleibt aber als ordnendes Begriffspaar unverändert bestehen.

Auch die Forschungstraditionen zu den Narrativierungen von Arbeit und Freizeit sind zum einen eng miteinander verknüpft, zum anderen aber auch klar voneinander getrennt.[1] Die Geschichte des Denkens und Sprechens über Arbeit, ihrer Definitionen und Bewertungen, weist eine lange Tradition auf. Ihrer Erforschung widmen sich nicht nur HistorikerInnen, sondern auch PhilosophInnen, TheologInnen, LiteraturwissenschaftlerInnen und VertreterInnen anderer Kulturwissenschaften. Empirisch fundierte Beiträge zur Diskursgeschichte der Arbeit kamen meist von SpezialistInnen einzelner historischer Perioden und Kulturen. Sie waren aber eingebunden in epochenübergreifende Narrative, die auf der Annahme linearer Entwicklungen oder auch langer Zyklen des Wandels zwischen Verachtung und Verherrlichung von Arbeit bzw. umgekehrt von Nicht-Arbeit oder Muße beruhen.

Erst in den letzten Jahrzehnten haben sich differenziertere Sichtweisen durchgesetzt. Sie zeigen als Grundton der europäischen Arbeitsdiskurse seit der Antike, über alle Perioden hinweg, die Hegemonie positiver, normativ verfestigter Einstellungen zur Arbeit: Arbeit als Notwendigkeit, als Pflicht, als Bürde, aber auch als Mittel zur Förderung von Geist und Körper sowie als Vergnügen. Sie zeigen zugleich die kontinuierliche Existenz von Gegenstimmen, die den Arbeitsdiskurs als andauernden Aushandlungsprozess von widersprüchlichen Positionen erscheinen lassen. Vor allem aber versuchen sie, derartige Aushandlungsprozesse mit den Strukturen und Veränderungen des sozialen Gefüges der jeweiligen Gesellschaften zu verbinden, mit den Bedürfnissen und Interessen unterschiedlicher sozialer Gruppen, besonders solcher, die ihre Stellung verändern, im Aufstieg oder Abstieg begriffen sind, oder dies erhoffen oder befürchten.[2] Die neueren Forschungen zur Geschichte der Arbeitsdiskurse zeigen auch, dass das Aushandeln von Arbeit untrennbar mit dem Aushandeln von Nicht-Arbeit bzw. arbeitsfreier Zeit verbunden war, dass beide Konzepte flexibel gehandhabt wurden, und damit

1 Diese Ambivalenz besteht seit der ersten einschlägigen Konferenz zu »Work and Leisure in Pre-Industrial Societies« in London 1964; vgl. den Bericht von Keith Thomas, Work and Leisure in Pre-Industrial Societies, in: Past & Present 29 (1964) 1, S. 50–66.

2 Paradigmatisch dazu Catharina Lis/Hugo Soly, Worthy Efforts: Attitudes to Work and Workers in Pre-Industrial Europe, Leiden 2012.

die Grenzen zwischen ihnen, trotz der normativen Dichotomie, durchlässig blieben. Erst zögerlich fängt der europäische Forschungsdiskurs an, sich über die europäische Geschichte und Perspektive hinausgehend zu orientieren.[3]

In der Geschichtsschreibung der Arbeit als Praxis spielte und spielt Freizeit dagegen eine geringe Rolle. Hier dominiert der Blick auf Arbeitsplätze, Arbeitsbeziehungen und konkrete Arbeitstätigkeiten. Dasselbe spiegelt sich in der Historiografie der Freizeit. Sie ist überwiegend an Praktiken jenseits von Arbeitswelt und Arbeitszeit interessiert, an spezifischen Tätigkeiten, die unter dem Begriff der Freizeit subsumiert werden (können), an zeit-, ort- und schichtspezifischen Freizeitkulturen. Die traditionelle Annahme war, dass vor der Industriellen Revolution weder eine zeitliche noch eine räumliche Trennung zwischen Arbeit und Freizeit bestand, sondern Überlappungen diverser arbeits- und nicht-arbeitsbezogener Tätigkeiten das Leben im vormodernen Europa prägten. Die neuere Forschung hat sich dagegen bemüht, Zeiten und Räume zu identifizieren, die seit dem späten Mittelalter – und verstärkt in der frühen Neuzeit – für Tätigkeiten fernab der Arbeit genutzt wurden, zum Beispiel für Spiel, Sport oder einfach das Pflegen von sozialen Kontakten: Die *villegiatura* der italienischen Oberschichten der Renaissance; der Spaziergang an der Nordsee der reichen HolländerInnen des 17. Jahrhunderts; das *alehouse* als neuer Mittelpunkt des geselligen Lebens in englischen Dorf- und Kleinstadtgemeinden seit dem 16. Jahrhundert usw.[4] Diese Prozesse waren mit einer zunehmenden Kommerzialisierung der Freizeit verbunden.

Die einschlägigen Forschungen zeigen aber auch, dass die entstehenden Räume der Freizeit von unterschiedlichen sozialen Gruppen geschaffen und genutzt wurden. Die Freizeitkulturen der Eliten und der gewöhnlichen Leute entfernten sich voneinander, Freizeit wurde zu einem Feld sozialer Distinktion. Wer bedurfte denn überhaupt freier Zeit, wer war ihrer würdig, wer versprach, aus ihr Nutzen für sich selbst und die gesamte Gesellschaft zu ziehen? An dieser Schnittstelle kehrt der Arbeitsdiskurs in die Geschichte der Freizeit zurück. Die Gelehrten des Humanismus, die erfolgreichen Handelsbürger der Städte, nicht zuletzt große Fürsten des 16. Jahrhunderts, kurz: alle diejenigen, die sich selbst als unermüdlich für das Wohl des Gemeinwesens Arbeitende betrachteten, sie alle bedurften der Freizeit: Jagd, Spiele oder Spaziergänge, um die Gesundheit zu erhalten; ruhige Abendstunden, um nach den profanen Geschäften des Tages in die Sphären des Geistes einzutauchen; ja sogar – wenn auch möglichst kurz – zu schlafen.[5] Die Freizeit der unteren Schichten wurde von den Diskursmächtigen dagegen mit Misstrauen beobachtet. Ein bestimmtes Ausmaß an Rekreation schien unumgänglich zu sein, aber alles, was darüber hinausging, stand im Verdacht leiblicher Ausschweifungen und der Verschwendung. Für die unteren Klassen galt die Arbeit weiterhin als einzig sicheres Mittel zur Aufrechterhaltung von Moral und Lebensunterhalt. Im Puritanismus – aber auch in manchen lutherischen Landeskirchen – spitzten sich die Widersprüche des frühneuzeitlichen Arbeits- und Freizeitdiskurses zu: Zwang zur Arbeits-

3 Vgl. Karin Hofmeester/Christine Moll-Murata (Hg.), The Joy and Pain of Work: Global Attitudes and Valuations, 1500–1650, Cambridge 2011.

4 Aktuell dazu Alessandro Arcangeli, Work and Leisure, in: Bert De Munck/Thomas Max Safley, A Cultural History of Work in the Early Modern Age, London 2019, S. 159–173.

5 Vgl. dazu Gábor Almási, The Renaissance Culture of Hard Work and Discipline: The Humanists, ungedrucktes Manuskript 2017. Wir danken Gábor Almási für die Erlaubnis, aus seinem noch unveröffentlichten Aufsatz zitieren zu dürfen.

ruhe am Sabbat, deren Übertretung hart bestraft werden konnte, und zugleich Verbot von Freizeitvergnügungen über den Kirchgang und religiöse Erbauung hinaus.[6]

Trotz der Dominanz einer ausgeprägten Arbeitsethik – sei es als Teil eigener Identität, sei es als Zwang gegenüber anderen – blieb aber auch in dieser Periode zugleich die Sehnsucht nach Muße und freier Zeit erhalten. Sie spiegelt sich nicht nur in den »Utopien« der frühen Neuzeit, im Traum vom Schlaraffenland, oder in den Märchen, deren HeldInnen durch Glück und List – aber nicht durch Arbeit – zu Reichtum gelangten, sondern auch in der Idealisierung der Lebensverhältnisse außereuropäischer Gesellschaften, denen die üppige Vegetation ihrer (sub)tropischen Inseln ein zugleich arbeits- und sorgloses Leben zu ermöglichen schien. Derartige Projektionen konnten allerdings schnell von Idealisierung in Stigmatisierung umkippen – und umgekehrt.[7] Dass sie nicht nur der Vormoderne angehören, sondern auch dem 19. und 20. Jahrhundert, zeigt in diesem Heft eindrücklich der Beitrag von Sepp Linhart zu Japan.

Die größten Forschungsdefizite in der Geschichte von Arbeit und Freizeit bestehen, konzeptionell und empirisch, bei den Tätigkeiten und Lebensformen, die sich nicht in nur eine der beiden Sphären integrieren lassen, wo Arbeit und Nicht-Arbeit ineinander verfließen. Dies gilt insbesondere für den Ort des Haushalts. In Haushalten wird das Leben und Überleben von Menschen organisiert, hier vermischen sich Produktion (für den Eigenbedarf und/ oder den Markt) mit Reproduktion, bezahlte Arbeit (wie z. B. Heim- oder Dienstbotenarbeit) mit unbezahlter Familienarbeit, mit Erziehung und Pflege. Haushalte sind Arbeitsplätze und Freizeitbereiche zugleich, und in dieser Eigenschaft überspannen sie sogar die Dreiteilung des institutionalisierten Lebenslaufs der westlichen Moderne, vom Aufwachsen der Kinder bis zum Ruhestand. Seit einigen Jahrzehnten haben vor allem die geschlechtergeschichtliche und feministische Geschichtsforschung auf dieses Forschungsdefizit hingewiesen, ohne es schon ausreichend auflösen zu können.[8] Und dieses Defizit besteht nicht nur in Bezug auf das frühneuzeitliche Europa, sondern auch – und vielleicht sogar mehr noch – auf die industrielle Welt. Zum einen hat sich Lohnarbeit als dominantes Arbeitsverhältnis durchgesetzt, in der Regel verbunden mit einer klaren Trennung der Arbeitsorte und Arbeitszeiten von den Zeiten und Orten der Nicht-Arbeit. Zum anderen gehörte die Trennung von Arbeit und Familie, von Öffentlichkeit und privatem Leben, von männlichen und weiblichen Lebens- und Arbeitswelten zu den Grundprinzipien des bürgerlichen Gesellschaftsentwurfs.

Diese Strukturen sind bis heute erhalten geblieben. Den Menschen, so Theodor W. Adorno in seinem polemischen Radiovortrag zur Freizeit aus dem Jahr 1969, sei der »Unterschied von Arbeit und Freizeit als Norm eingebrannt worden«.[9] Er selbst hielt wenig von dieser Unterscheidung. Zu sehr glichen sich in seinen Augen die Tätigkeiten, die als Arbeit

6 Viele Beispiele in Sheilagh Ogilvie, A Bitter Living: Women, Markets, and Social Capital in Early Modern Germany, Oxford 2003, z. B. S. 23; »In principle […] Sabbath regulations included everything contemporaries defined as work«, ebd., S. 29.

7 Arcangeli, Work and Leisure, S. 170; vgl. auch Josef Ehmer, Attitudes to Work, Class Structures, and Social Change: A Review of Recent Historical Studies, in: International Review of Social History 59 (2014) 1, S. 99–117, hier S. 106–111.

8 Als umfassenden Überblick zu aktuellen Forschungen und Debatten vgl. die Einleitung von Raffaela Sarti/Anna Bellavitis/Manuela Martini zu dem von ihnen herausgegebenen Band What is Work? Gender at the Crossroads of Home, Family, and Business from the Early Modern Era to the Present, Oxford/New York 2018, S. 1–84.

9 Im Druck veröffentlicht in: Theodor W. Adorno, Freizeit, in: Gesammelte Schriften in 20 Bänden, Bd. 10: Kulturkritik und Gesellschaft II, Frankfurt a. M. 2003, S. 645–655, hier S. 647.

und als Freizeit gefasst wurden – zumindest in modernen Industriegesellschaften. Auch heutige BeobachterInnen thematisieren immer wieder das Verhältnis zwischen Arbeit und Freizeit. Wenn sie permanente Erreichbarkeit, Home-Office, Fitnessräume und Yogastunden am Arbeitsplatz diskutieren, geht es dabei in erster Linie um die Risiken und Chancen, die eine »Verwischung der Grenzen« zwischen Arbeit und Freizeit bietet.[10]

Während Adorno die Problematik einer solchen Grenzziehung betont, gehen diejenigen, die von einem Verschmelzen dieser beiden Lebensbereiche sprechen, ganz selbstverständlich davon aus, dass sie im Normalzustand voneinander geschieden sind. Der Freizeit und der Arbeit werden dementsprechend bestimmte Tätigkeiten zugeordnet – mit weitreichenden Konsequenzen. So hängt etwa in modernen Sozialstaaten viel davon ab, ob eine Tätigkeit als Arbeit gilt oder nicht. Je nachdem, ob auf Formularen das Kreuz bei ArbeitnehmerIn, RentnerIn, Auszubildender/m, Hausfrau oder arbeitslos gesetzt wird, eröffnen und verschließen sich Zugänge zu finanziellen Leistungen und Absicherungen. Auf dieses Problem haben beispielsweise die Frauenbewegungen verschiedener Länder hingewiesen, die »Lohn für Hausarbeit« forderten, um den »Liebesdienst« als Arbeit anzuerkennen.[11] Gleichzeitig bestätigten sie mit dieser Forderung aber auch die Gleichsetzung des allgemeinen Arbeitsbegriffs mit der enger gefassten Erwerbsarbeit, die in modernen Industriegesellschaften lange dominierte und erst allmählich aufzubrechen und andere Formen von Arbeit zu inkludieren beginnt.

Bei genauerem Hinsehen verlieren auch vermeintlich klar definierte Zeiträume ihre Eindeutigkeit. Schon lange bevor von einer massenhaften Verwischung der Grenzen zwischen Arbeit und Freizeit die Rede war, überschritten Menschen diese Grenzen regelmäßig. ArbeitnehmerInnen nutzten Geräte und Materialien am Arbeitsplatz auch für private Zwecke, um beispielsweise Haushaltsgegenstände zu reparieren, Kopien anzufertigen oder um private Telefonate zu führen.[12] Bei manchen Tätigkeiten ist eine eindeutige Zuordnung kaum möglich, beispielsweise bei TheaterärztInnen, die wie alle anderen ZuschauerInnen das Geschehen auf der Bühne verfolgen, aber bei Bedarf medizinische Hilfe leisten müssen. Arbeiten HeimwerkerInnen, oder ist nur die Tätigkeit professioneller HandwerkerInnen so zu nennen? Und ist es Freizeit zu nennen, wenn HistorikerInnen im Urlaub eine geschichtliche Ausstellung besuchen, die Ideen für einen Aufsatz oder eine universitäre Lehrveranstaltung liefert?

10 Formulierungen dieser Art sind zu einem weit verbreiteten Topos zur Beschreibung gegenwärtiger Arbeitswelten geworden. Vgl. beispielsweise Martin Wehrle, Das süße Gift des Büros, in: Spiegel Online, 19.11.2013, abrufbar unter: http://www.spiegel.de/karriere/wie-firmen-die-grenze-zwischen-arbeit-und-freizeit-verwischen-a-934248.html (letzter Zugriff 12.12.2018); Gerrit Herlyn u. a. (Hg.), Arbeit und Nicht-Arbeit. Entgrenzungen und Begrenzungen von Lebensbereichen und Praxen, München u. a. 2009; Karin Gottschall/G. Günter Voß (Hg.), Entgrenzung von Arbeit und Leben. Zum Wandel der Beziehung von Erwerbstätigkeit und Privatsphäre im Alltag, 2. Aufl., München 2005.

11 Pieke Biermann/Gisela Bock, Auch in Deutschland gibt es jetzt eine Kampagne um Lohn für Hausarbeit vom Staat für alle Frauen, in: Courage 2 (1977) 3, S. 16–21; Silvia Federici/Arlen Austin (Hg.), Wages for Housework: The New York Committee 1972–1977: History, Theory, Documents, New York 2017.

12 Vgl. Martin Schmeiser, »Wenn's in d'Vespertasch geht…« Die Fabrik als Fundort von Brauchbarem und als Ort der Reparaturmöglichkeiten, in: Flick-Werk. Reparieren und umnutzen in der Alltagskultur. Begleitheft zur Ausstellung im Württembergischen Landesmuseum Stuttgart vom 15. Oktober bis 15. Dezember 1983, Stuttgart 1983, S. 105–112; Alf Lüdtke, Eigen-Sinn. Fabrikalltag, Arbeitererfahrungen und Politik vom Kaiserreich bis in den Faschismus, Hamburg 1993.

Die Unschärfen der auf den ersten Blick so klaren Dichotomie zwischen Arbeit und Freizeit machen es schwer, wenn nicht unmöglich, allgemeingültige Definitionen zu entwickeln, zumal über Epochen- und kulturelle Grenzen hinweg.[13] Die ordnungsstiftende Funktion des Begriffspaares wird jedoch nicht dadurch aufgelöst, dass es je nach Kontext unterschiedlich definiert wird. Die sozialen Folgen dieser Ein- und Zuordnungen sind und waren enorm.[14] Sie schafften Zwänge, Widersprüche und Ungerechtigkeiten. Sie eröffneten aber auch Möglichkeiten, sich im Spannungsfeld von Arbeit und Freizeit zu positionieren oder sogar Grenzen zu verschieben. Diese ordnungsstiftende und ordnungsverändernde Qualität der Dichotomie von Arbeit und Freizeit steht im Zentrum des Themenheftes. Das Begriffspaar Arbeit/Freizeit wird nicht als Abbild von Realität begriffen, sondern als gedankliches und sprachliches Konstrukt, das der wertenden Ordnung von Zeit, Praktiken und Menschen(gruppen) diente. Dabei sind zwei Perspektiven zu unterscheiden: Wertende Einordnungen auf der Basis der Dichotomie Arbeit/Freizeit wurden einerseits an Individuen und soziale Gruppen von außen herangetragen, beispielsweise durch rechtliche Regelungen oder durch die Zumessung von Prestige, die auf Vorstellungen eines richtigen bzw. falschen Zeitgebrauchs basierten. Andererseits nutzten Einzelne wie auch Bevölkerungsgruppen die mit hierarchisierenden Wertungen verbundenen Kategorien zur Selbststilisierung und um Aufmerksamkeit für wahrgenommene Problemlagen zu generieren.

Der Blick auf Berufsoffiziere im deutschen Kaiserreich in Frank Reichherzers Beitrag verbindet beide Perspektiven. Sie waren »immer im Dienst«, arbeiteten aber oft nicht im eigentlichen Sinne, weder in ihrer eigenen Wahrnehmung noch in jener der Öffentlichkeit, die sich zunehmend über die Zeitgestaltung dieser Berufsgruppe mokierte. In der Hochmoderne, deren Lebensweisen durch den zweiten Industrialisierungsschub des späten 19. Jahrhunderts maßgeblich geprägt wurden, schien sie aus der Zeit gefallen.

Während bei Reichherzer eine ganze Berufsgruppe auf dem Prüfstand steht, wendet sich Rósa Magnúsdóttir einem einzelnen Ehepaar und der Stilisierung der eigenen Biografie zu. Das Ehepaar Þóra Vigfúsdóttir und Kristinn E. Andrésson, isländische SozialistInnen und Intellektuelle, setzten sich zeit ihrer Ehe von 1934 bis 1973 für ihre politischen Zielvorstellungen ein. Freizeit von diesem Ziel gab es nicht. Die minutiösen Aufzeichnungen des Ehepaares zeigen, wie sie sich selbst und der Außenwelt gegenüber darauf bedacht waren, jede Grenzziehung zwischen Privatleben und politischer Tätigkeit zu negieren. Was oft als Vorwurf gegenüber kapitalistischen Wirtschaftsordnungen geäußert wurde,[15] wird auch am Leben des eng mit der Sowjetunion verbundenen sozialistischen Paares sichtbar: Jede Form der Erholung war im Dienste der Arbeit, sie diente der (Wieder-)Herstellung der Kräfte und

13 G. Günter Voß, Was ist Arbeit? Zum Problem eines allgemeinen Arbeitsbegriffs, in: Fritz Böhle/G. Günter Voß/Günther Wachtler (Hg.), Handbuch Arbeitssoziologie, Bd. 1: Arbeit, Strukturen und Prozesse, Wiesbaden 2018, S. 15–83; Sigrid Wadauer, Immer nur Arbeit? Überlegungen zur Historisierung von Arbeit und Lebensunterhalten, in: Jörn Leonhard/Willibald Steinmetz (Hg.), Semantiken von Arbeit. Diachrone und vergleichende Perspektiven, Köln u.a. 2016, S. 225–246; Nicole Colin/Franziska Schößler, Das nennen Sie Arbeit? Der Produktivitätsdiskurs und seine Ausschlüsse, in: dies. (Hg.), Das nennen Sie Arbeit? Der Produktivitätsdiskurs und seine Ausschlüsse, Heidelberg 2013, S. 7–28; Karl Spracklen/Brett Lashua/Erin Sharpe/Spencer Swain (Hg.), The Palgrave Handbook of Leisure Theory, London 2017.

14 Jörn Leonhard/Willibald Steinmetz, Von der Begriffsgeschichte zur historischen Semantik von ›Arbeit‹, in: dies. (Hg.), Semantiken von Arbeit, S. 9–59, hier S. 10, auch S. 52f.

15 Vgl. etwa Dieter Kramer, Freizeit und die Reproduktion der Arbeitskraft, Köln 1975.

konnte somit aus dem Bereich einer hier negativ konnotierten Freizeit herausgenommen werden.

In Sepp Linharts Beitrag schließlich steht die Wahrnehmung einer ganzen Gesellschaft im Zentrum. Der westliche Blick auf Japan suchte und fand sein Vor- und Gegenbild bei der Organisation von Arbeit und Freizeit. Japan wurde dabei zur Projektionsfläche der Aushandlungsprozesse westlicher Gesellschaften, und wurde so wechselweise als Freizeitparadies oder als Inbegriff der Arbeit und der Überarbeitung begriffen. Insofern sind die Aussagen über JapanerInnen immer auch als Teil eines Legitimierungsdiskurses zu lesen, in dem die Prioritätensetzungen und Zeitordnungen in der eigenen Gesellschaft verhandelt wurden.

Im Jubiläumsheft Werkstatt*Geschichte* 75 haben wir eine Interviewreihe zu Geschichtsinitiativen und Geschichtspolitik begonnen. In diesem Heft setzen wir diese mit einem Interview mit Elke Hartmann von *Houshamadyan*, einem Onlinearchiv zur Geschichte der ArmenierInnen im Osmanischen Reich, fort.

Für unsere Filmkritik hat sich Maxi Braun noch einmal Steven Spielbergs *Jurassic Park* angeschaut und dabei festgestellt, dass die *special effects* gut gealtert sind. Vor allem aber kann sie zeigen, dass die Geschlechterrollen sowohl der menschlichen Figuren als auch der Dinosaurier für einen Action- und Horrorfilm aus dem Jahr 1993 überraschend progressiv gestaltet sind. Dagegen kehrt 2015 in *Jurassic World*, der versuchten Wiederbelebung des Dino-Franchises, ein höchst konventioneller männlicher Actionheld zurück, zähmt eine zunächst widerspenstige Frau und bringt die ausgebrochenen Dinosaurier zur Strecke. Durch Maxi Brauns sorgfältige vergleichende Analyse von Filmnarration und Filmästhetik werden die beiden Actionfilme zu einem ergiebigen Forschungsgegenstand für die Geschlechtergeschichte.

Josef Ehmer, Reinhild Kreis und die Redaktion

Wir trauern um Alf Lüdtke, der am Abend des 29. Januar 2019 in Göttingen verstorben ist.

Alf Lüdtke war nicht allein Mitgründer und Mitherausgeber dieser Zeitschrift. Als kreativer Ideengeber, unermüdlicher Organisator und kritischer Gesprächspartner hat er die Werkstatt*Geschichte* von Beginn an entscheidend geprägt und bis zuletzt begleitet. Ohne ihn wäre unser gemeinsames Projekt schlechterdings undenkbar.

Die Nachricht von seinem Tod erreichte uns kurz nach Redaktionsschluss dieser Ausgabe. Eine Würdigung erscheint im nächsten Heft.

Wir werden Alf Lüdtke sehr vermissen.

*Redaktion und Herausgeber*innen der* Werkstatt*Geschichte*

Frank Reichherzer

Offiziere

Zwei essayistische Erkundungen in die Grenzregionen von Arbeit und freier Zeit um 1900[1]

Nicht immer Soldat sein.
Einmal die Locken offen tragen
und den weiten offenen Kragen
und in seidenen Sesseln sitzen
und bis in die Fingerspitzen so:
nach dem Bad sein.
(Rainer Maria Rilke)

Der Offizier ist eine schillernde Figur. In diesem ersten Satz schwingt mit, dass es in diesem Beitrag weniger um die realen Ernst Jüngers, Manfred von Richthofens, Alfred Dreyfus' oder die unzählbaren Leutnante geht, die im Sommer 1914 auf den Schlachtfeldern des Weltkriegs ihr Leben ließen. Vielmehr möchte ich hier den Offizier als Sozialfigur begreifen.[2] Sozialfiguren sind übersteigerte Formen der Wirklichkeit. An ihnen und um sie herum entfalten sich Diskurse. Sie liefern Zugänge zu zeitspezifischen Problemlagen und somit zu Prozessen gesellschaftlicher Selbstverhandlung. In diesem Zusammenhang sprechen Ursula Breymayer, Bernd Ulrich und Karin Wieland der Figur des Offiziers eine »fiktionale [...] Macht« zu, die weit »über seine reale Erscheinung hinaus«[3] weist. Mit Marcus Funk kann man im Offizier und in der Gemeinschaft der Offiziere – dem Offizierskorps – ein »Kunstgebilde«, ein »Gesamtkunstwerk«[4] sehen, das permanent durch soziale Praxis hergestellt werden

1 Ich danke den Herausgeber_innen Josef Ehmer und Reinhild Kreis sowie der Redaktion von Werkstatt*Geschichte* für ihre Anregungen. Nicht zu vergessen sind beim Dank auch die Teilnehmer_innen der Tagung ›Ein ungleiches Paar – Arbeit und Freizeit in Industriegesellschaften‹, die zu diesem Heft geführt hat, für ihre Diskussionsbeiträge – allen voran Therese Garstenauer für den mehr als nur hilfreichen Kommentar.

2 Zum Konzept der Sozialfigur siehe für eine ähnliche Annäherung die Bände Gerd Stein (Hg.), Kulturfiguren und Sozialcharaktere des 19. und 20. Jahrhunderts, 5 Bd., Frankfurt a. M. 1985; Eva Horn/Stefan Kaufmann/Ulrich Bröckling (Hg.), Grenzverletzer. Von Schmugglern, Spionen und anderen subversiven Gestalten, Berlin 2002; Stephan Moebius/Markus Schroer (Hg.), Diven, Hacker, Spekulanten. Sozialtypen der Gegenwart, Berlin 2010. Siehe auch die Sammelbände, die unter den Titeln ›Der Mensch des ...‹ erschienen sind. Exemplarisch Ute Frevert/Hanz-Gerhard, Haupt (Hg), Der Mensch des 20. Jahrhunderts, Frankfurt a. M. 1999.

3 Ursula Breymayer/Bernd Ulrich/Karin Wieland, Vorwort, in: dies. (Hg.), Willensmenschen. Über deutsche Offiziere, Frankfurt a. M. 1999, S. 9–10, hier S. 9.

4 Marcus Funck, Bereit zum Krieg? Entwurf und Praxis militärischer Männlichkeit im preußisch-deutschen Offizierskorps vor dem Ersten Weltkrieg, in: Karen Hagemann/Stefanie Schüler-Springorum (Hg.), Heimat-Front. Militär und Geschlechterverhältnisse im Zeitalter der Weltkriege, Frankfurt a. M./New York 2002, S. 69–90, hier S. 69.

muss. Mit dem Zugang über den Figurbegriff rücken Fiktionen und Bilder, welche Offiziere von sich selbst und schließlich auch Dritte von ihnen machten, ins Blickfeld. Ein wesentlicher Bestandteil dieser konstitutiven Praktiken verhandelte temporale Aspekte.

Diese Zeitkulturen, Zeitpraxen und Zeitökonomien, wie sie in der Sozialfigur des Offiziers manifest werden, stehen daher im Fokus meines Beitrags. Hier, im Rahmen der Lebensführung und des Alltags, manifestiert sich ein sichtbar nach außen getragener Umgang mit und ein spezifisches Verhältnis zu(r) Zeit. Es soll darum gehen, den Offizier – im Besonderen den Heeresoffizier[5] – in seiner temporalen Verfasstheit zu dekonstruieren. Ich möchte die offenen und verborgenen Zeitregime und (un)geschriebenen Regeln freilegen, denen Offiziere folgten, denen sie ausgeliefert waren oder die ihnen zugeschrieben wurden. Durch eine Historisierung sollen die epochenspezifischen Zeitordnungen und Zeitkonflikte sichtbar gemacht werden. Es soll mithilfe des Begriffspaares Arbeit und Freizeit gefragt werden, wie Offiziere (vermeintlich) ihre Zeit verbrachten und in welchen Deutungsrahmen Offiziere selbst und die Gesellschaft den Umgang mit und den Nutzen von Zeit einpassten. In meinem Beitrag kreuzen sich daher, verknüpft mit einer Chronogeschichte, die breiten Pfade einer Geschichte von Arbeit und Freizeit mit denen der Erforschung des Militärs und seiner Offiziere.[6]

Dem Verhältnis von Arbeit und Freizeit lässt sich auf vielen Feldern im Militär allgemein und speziell in der Welt der Offiziere nachspüren.[7] Hier beschränkt sich der Zugang auf zwei aussagekräftige Erkundungsgänge. Die erste Erkundung begibt sich ins Innere der Institution Militär. Repräsentationen des Offiziers in Memoiren und Verhaltenscodizes liefern einen Zugang zu den Formen des Zeitnutzens und zur Verhaltensregulierung durch Zeitregime. Im zweiten Gang wird gewissermaßen von außen auf die temporale Verfasstheit des Offiziers durch die Brille der um 1900 beliebten satirischen Darstellungen und Persiflagen geschaut.[8] Das Zusammenführen der Erkundungen im Spannungsfeld von Dienst und Erwerbsarbeit schließt den Hauptteil ab. Vorgeschaltet ist eine kurze Notiz zum Verhältnis von Arbeit und Freizeit, die als Grundlage und Rahmung der Überlegungen dient.

5 Im vorliegenden Beitrag geht es nur um das Heer. In der Marine entwickelte sich die spezielle Figur des Seeoffiziers, der zwar Übereinstimmung, aber auch erhebliche Unterschiede zum Offizier der Landstreitkräfte vor allem im Spannungsfeld zwischen Technizismus und neo-feudalistischen Habitus zeigt. Zum Marine-Offizier siehe jüngst Christian Jentzsch, Vom Kadetten bis zum Admiral. Das britische und das deutsche Seeoffizierkorps 1871 bis 1914, Berlin 2018.

6 Zum Komplex Militär Krieg und Arbeit auch mit Anschluss an das Spezialthema Offiziere siehe wegweisend Alf Lüdtke, War as Work. Aspects of Soldiering in Twentieth-Century Wars, in: ders./ Bernd Weisbrod (Hg.), No Man's Land of Violence. Extreme Wars in the 20th Century. Göttingen 2006, S. 127–151; Oskar Negt/Alexander Kluge, Kapitel »Krieg als Arbeit«, in: dies., Geschichte und Eigensinn, Frankfurt a. M. 1981, S. 797–862. Auch wenn der Offizier- und das Offizierskorps für viele Nationen in militär-, sozial- und kulturgeschichtlichen Forschungen über das 20. Jahrhundert immer wieder Beachtung gefunden hat, so sind in der Geschichte der Arbeit Offiziere ein eher vernachlässigtes Thema. In einem neueren Band zu ›Military Labor‹ ist er explizit aus der Betrachtung ausgeschlossen. Siehe Erik Jan Zürcher (Hg.), Fighting for a Living. A Comparative History of Military Labour 1500–2000, Amsterdam 2013 (hier S. 17).

7 Dieser Beitrag ist Teil meines größeren Forschungsprojektes, dass sich mit einer Chronogeschichte von Krieg und Militär in der Neuzeit befasst.

8 Zu einem verwandten Bereich der Repräsentation, den Darstellungen des Offiziers in Romanen siehe Hans Richard Brittnacher, Priester und Paria. Der Offizier in der Literatur des Fin de Siècle, in: Ursula Breymayer/Bernd Ulrich/Karin Wieland (Hg.), Willensmenschen. Über deutsche Offiziere, Frankfurt a. M. 1999, S. 189–210.

Ein sinnvoller Zeitraum, um das Beziehungsgeflecht von Arbeit und Freizeit im Feld des Militärs und des Offizierskorps zu untersuchen, ist die Zeit um 1900 – also von den 1880er Jahren bis zum Beginn des Ersten Weltkriegs. In diesem Zeitraum erzeugten die Prozesse der Hochmoderne elementare Verschiebungen in nahezu allen gesellschaftlichen Bereichen. Wandel fand nicht nur innerhalb des etablierten Bezugsrahmens statt. Der Rahmen selbst änderte sich.

Im Zuge der Industrialisierung differenzierte sich das Militär weiter aus. Mit der Entstehung der Massenheere und neuer Kriegsbilder wurde die Militärorganisation immer umfangreicher und damit auf allen Ebenen heterogener. Auch wenn die Rede von dem ›Offizierskorps‹ auf eine vermeintliche Einheitlichkeit hinweist, war dies eher Wunschvorstellung als Realität. Ob Regiment, Garnison, Dienstgrad, Generationszusammenhang, ob Waffengattung, ob Garde, Linie, Landwehr, Landsturm, ob Generalstab oder Truppe, ob Adel oder Bürger – das Militär brach sich bei genauer Betrachtung in einem »verwirrende[n] Kaleidoskop ungleich uniformierter Splittergruppen«[9]. Die neuere Forschung zu Militär, Adel und Bürgertum hat daher ein differenziertes Bild nicht nur vom (preußischen) Offizierskorps gezeichnet.[10] Verschiedene Sphären, etwa die bürgerliche Welt und jene des Adels – beide in sich schon sehr differenziert – waren im Offizierskorps mannigfaltig verflochten, eng aufeinander bezogen, amalgamierten oder gerieten in Konflikt zueinander. In diesem Kontext wurde die Figur des Offiziers während des Fin de Siècle zum Gegenstand breiter gesellschaftlicher Debatten. Was um 1900 noch Debatten waren, holte ab 1914 die Realität des Krieges ein. Im Ersten Weltkrieg professionalisierte sich das Offizierskorps weiter. Die stark nach außen gewandte Seite des Offiziers blich aus, war allenfalls noch Folklore und wich einem neuen *role model*: den Gewaltmanagern und Gewaltarbeitern. Auch während des Krieges lassen sich entlang des Dualismus von Arbeit und Freizeit Neukonfigurationen ausmachen, die auf die Debatten der Zeit um 1900 zurückgreifen, im Detail jedoch an einem anderen Ort behandelt werden müssen.

Die Mehrzahl des hier benutzten Materials stammt aus dem Deutschen Reich und seinen Bundesstaaten mit hilfreicher Ergänzung durch einige wenige andere Beispiele. Diese regionale Beschränkung soll nicht darüber hinwegtäuschen, dass Offiziere zwar nationale Besonderheiten zeigen, es daneben aber auch – zumindest, wenn man die westlich-industrialisierte Welt als Referenz nimmt – viele übernationale Gemeinsamkeiten gibt. Was hier für Preußen und Deutschland herausgearbeitet wird, kann – zumindest als Tiefenströmung – auch für weitere Staaten gelten.

9 Hartwig Stein, Der Bilse-Skandal von 1903. Zum Bild und Zerrbild des preußischen Leutnants im späten Kaiserreich, in: Karl Christian Führer/Karen Hagemann/ Birthe Kundrus (Hg.), Eliten im Wandel. Gesellschaftliche Führungsschichten im 19. und 20. Jahrhundert. Für Klaus Saul zum 65. Geburtstag, Münster 2004, S. 259–278, hier S. 259, auch kompakt hierzu ebd., S. 259–261.

10 Siehe zur Forschung zum Offizierskorps neben den älteren Arbeiten von Karl Demeter, Heiger Ostertag, Wilhelm Deist und der hier zitierten Literatur vor allem die Aufsätze von Marcus Funck sowie die Arbeiten von Eckart Conze, Gundula Gahlen, Wencke Meteling und Mark R. Stoneman sowie für Großbritannien den Überblick von Anthony Clayton, The British Officer. Leading the Army from 1660 to the Present, London New York 2016. Für aktuelle militärgeschichtliche Betrachtungen der Offiziere für den deutschen Fall siehe, insbesondere für die Generalität das laufende Projekt von Thorsten Loch, »Militäreliten in Ost und West 1955–1990 – Die Generalität in Bundeswehr und Nationaler Volksarmee« am Zentrum für Militärgeschichte und Sozialwissenschaften der Bundeswehr, Potsdam.

1. »Arbeit« und »Freizeit« – Eine kurze Notiz

Zunächst unabhängig von ihren Inhalten bieten die Begriffe Arbeit und Freizeit die Möglichkeit, Welt zu ordnen und zu kategorisieren. Die Anführungszeichen in der Kapitelüberschrift markieren jedoch Offenheit, Unbestimmtheit und vor allem die Dynamiken beider Konzepte.[11] Als Container-Begriffe sind sie daher sowohl im zeitgenössischen Gebrauch wie auch in der Analyse unscharf. Zudem sind beide Begriffe und die Phänomene, die sie beschreiben, hoch ideologisiert. Sie werden zum Ort sozialer Aushandlungsprozesse, die untersucht werden können. Die Historische Semantik hat gezeigt, dass Arbeit und Freizeit extrem wandelbare Konzepte sind. Im Laufe der Geschichte haben sie zahlreiche Sinntransformationen und Wanderungsbewegungen erlebt. Ihre Entwicklung lässt sich eher in Konjunkturen und je zeitgenössischen Konstellationen beschreiben, als in eine lineare Meistererzählung pressen.[12]

Ein Allgemeinplatz der Zeitsoziologie ist, dass Zeit von Menschen gemacht ist und überhaupt erst im Herstellen von Bezügen erfahrbar und darstellbar wird.[13] Dass mit diesen Relationen immer Strukturierungen und Ordnungen und damit die Produktion von Sinn einhergehen, ist eine weitere Binsenweisheit. Die Praxis der Relationierung im Umgang des Menschen und von Gesellschaften mit Zeit macht eine Vielzahl von Zeitordnungen denkbar. Das gilt vom einfachen Vorher-Nachher, dem gestern-heute-morgen, bis hin zu komplexen »Zeitschichtungen«.[14]

Industrialismus[15] und Moderne streben nach Eindeutigkeit. Das macht zunächst die Abgrenzung von Zeiträumen möglich, wenn nicht sogar notwendig. Verknüpft mit dem semantischen Feld von Arbeit(szeit) und freier Zeit rückt jedoch die jeweilige unterschiedliche Belegung von Zeiteinheiten mit der Zuschreibung entsprechender Tätigkeiten sowie Wertungen in den Mittelpunkt. In einer schematischen Trennung, die hier als Ausgangspunkt dienen kann, steht daher »Arbeit« für fremdbestimmte Zeit, als Determinationszeit, die der Existenzsicherung dient. »Freizeit« steht für selbstbestimmte Zeit, also Dispositionszeit oder »Eigenzeit«[16], über die der Einzelne souveräne Zeithoheit ausübt. Die Phase der Erholung und Regeneration (Schlafen, Essen, Hygiene etc.), die Obligationszeit, ist eine weitere zweckgebundene Zeiteinheit, eine Zwischenzeit, die sich zwischen das binär codierte Paar Arbeit

11 Reflexionen zum Arbeitsbegriff (wenige zu Freizeit) füllen Regal um Regal in den Bibliotheken. Siehe jüngst die Beiträge in Jörn Leonhard/Willibald Steinmetz (Hg.), Semantiken von Arbeit. Diachrone und vergleichende Perspektiven, Köln 2016; prägnant Jürgen Kocka, Mehr Last als Lust, in: Jahrbuch für Wirtschaftsgeschichte 2 (2005), S. 185–206; Josef Ehmer, Art. Work, History of, in: Neil J. Smelser/Paul B. Baltes (Hg.), International Encyclopedia of the Social and Behavioral Sciences, Bd. 24, London 2001, Sp. 16569–16575; Josef Ehmer/Catharina Lis (Hg.), The Idea of Work in Europe from Antiquity to Early Modern Times, Aldershot 2016.

12 Für Arbeit: Leonhard/Steinmetz (Hg.), Semantiken von Arbeit.

13 Ein kurzer und prägnanter Überblick über die Zeitsoziologie vor dem Hintergrund von Arbeit und Freizeit findet sich in Gabriela Muri, Pause! Zeitordnung und Auszeiten aus alltagskultureller Sicht. Frankfurt a. M. 2004, insbes. S. 21–75. Zum Begriff des »Zeitens«, des Zeit machens, siehe Norbert Elias, Über die Zeit. Arbeiten zur Wissenssoziologie II, Frankfurt a. M. 1984, S. 11, S. 43.

14 Siehe die Aufsatzsatzsammlung Reinhart Koselleck, Zeitschichten. Studien zur Historik, Frankfurt a. M. 2003; eine interessante Weiterentwicklung von Zeitvorstellungen liefert Achim Landwehr, Die anwesende Abwesenheit der Vergangenheit. Essay zur Geschichtstheorie, Frankfurt a. M. 2016.

15 Der Begriff meint hier schlicht eine Idee von Welt, welche die technologischen, ökonomischen und organisatorischen Teilprozesse der Industrialisierung bündelt.

16 Helga Nowotny, Eigenzeit. Entstehung und Strukturierung eines Zeitgefühls, Frankfurt a. M. 1989.

und Freizeit, zwischen Zwang und Selbstbestimmung schiebt.[17] Der Grad der Zeitautonomie ist hier das Kriterium der Differenzierung.

Doch so klar, wie es auf den ersten Blick scheint, ist die temporale Grenzziehung zwischen Arbeit und Freizeit nicht. Im Gegenteil: Zum einen ist sie heftig umstritten. Zum anderen zeigen sich zahlreiche Grauzonen zwischen den verschiedenen Modi im Gebrauch der Zeit. So ergeben sich Sphären der Unschärfe und hybride Zeiträume, in denen Arbeit und Freizeit nicht klar voneinander getrennt sind, ineinanderfließen oder gar eigne Zeiträume mit eigner Qualität bilden können. Beide Begriffe einander gegenüberzustellen, fördert viele Probleme und Fragen zutage. Doch genau in diesen Irritationen liegt der Gewinn. Gerade das reflektierte Infragestellen der Dichotomisierung – sie im Ergebnis zu überwinden oder zu stabilisieren – macht zwei Dinge möglich: Erstens ist die problemgenerierende Setzung Grundlage dafür, Fragen und Fragestellungen zu entwickeln. Zweitens kann der Ansatz helfen, Suchbewegungen in einem komplexen Feld zu strukturieren.

2. Erkundungsgang Eins: Hybride Zeiten – Ein Offizier ist immer im Dienst

Das Militär führt Krieg. Kriege vorzubereiten, möglicherweise zu kämpfen oder durch bloße Androhung von Gewalt diese vielleicht zu verhindern ist die Aufgabe einer militärischeren Organisation. In dieser sind Offiziere die mittleren und höheren Manager der legitimierten und organisierten kollektiven Massengewalt. Das ist das Kerngebiet des Militärischen, und das Töten wie die eigene Todesbereitschaft machen den Offizier zu etwas, dass ihn von anderen zivilen Berufen und Berufungen unterscheidet. Doch Militär und auch Krieg war jeweils mehr als die Formel Militär = Krieg vermuten lässt. Bellizistische wie militaristische Ideen prägten die Gesellschaften um die Jahrhundertwende. Somit ist auch die Rolle des Militärs als politischer Akteur sowie weiche Faktoren, wie wirtschaftliche und kulturelle Bedeutung des Militärs, nicht zu unterschätzen. Zudem war spätestens seit der Zeit der stehenden Heere das Militär Repräsentationsinstrument der Ordnung – speziell im Falle von Monarchien – des Königtums.

Wie Offiziere in diesem komplexen Bezugsystem ihre Zeit verbrachten, nutzten und Sinn generierten, ist Thema des ersten Erkundungsgangs. Er folgt den Spuren, die in Repräsentationen von Zeitnutzen, in Selbstbeschreibungen und in normativen Setzungen der Verhaltenscodizes deutlich werden, um mehr über die Zeitökonomie der Figur des Offiziers zu erfahren. Drei Stichworte zur Strukturierung geben hier die Richtung vor: Dienstalltag, Zeitsteuerung sowie Analogie/Simulation.

Stichwort 1: Dienstalltag

Die Spur des alltäglichen Dienstes führt zunächst in den Generalstab. Wilhelm Groener – eines der später bekannteren Exemplare der Gattung der »Arbeitstiere«[18] – gewährt uns einen Rückblick in seinen Dienst als Hauptmann im Großen Generalstab. In der Eisenbahnabteilung war er für komplexe Zeitberechnungen zuständig, auf denen die Aufmarschpläne und

17 Zu den Begriffen Dispositionszeit, Determinationszeit, Obligationszeit in der Freizeitforschung siehe exemplarisch Horst W. Opaschowski, Pädagogik und Didaktik der Freizeit, 2. Aufl., Opladen 1990. Hier, mit der Begrifflichkeit verknüpft, auch das Plädoyer, die Dominanz der Arbeit und die Determinierungskraft der Arbeit (wie etwa in der Gegenüberstellung von *work* und *non-work*) für andere Formen des Zeitnutzens zumindest nicht als von vornherein gegeben zu übernehmen.

18 Wilhelm Groener, Lebenserinnerungen. Jugend, Generalstab, Weltkrieg, hg. von Friedrich Hiller von Gaertringen, Göttingen 1957, S. 56.

die Mobilmachung basierte. Die Tätigkeit von Generalstabsoffizieren wie Groener war durch Bürotätigkeit und gleichmäßige Rhythmen geprägt. Für Groener begann der Bürotag um 9 Uhr. Meist kehrte er gegen 19 Uhr zum Abendessen heim in seine Wohnung, um dann mit Unterstützung seiner Kameraden und auch gelegentlich seiner Frau weitere Berechnungen oft bis tief in die Nacht vorzunehmen. »Heilige Abende«[19] nannten die Groeners den Samstagabend. Diesen versuchten sie sich frei zu halten, um mit befreundeten Offiziersfamilien gemütliche Lokale zu besuchen. Die Generalstabsarbeit dehnte sich also weit in die Zeit nach dem eigentlichen Dienstschluss aus. Es zeigt sich aber auch, dass die Groeners mit Ritualen freie Zeitphasen für sich definierten, die sie, wenn sie auch selten waren, klar abzugrenzen versuchten.

Einen zweiten Einblick in Alltag und Zeitnutzen eines Offiziers liefert Freiherr von Schoenaich. Der spätere Generalmajor und noch spätere Friedensaktivist tat um die Jahrhundertwende beim 2. Garde-Dragoner-Regiment seinen Dienst. Er beschreibt seinen Alltag rückblickend: »Der Dienst wurde sehr ernst genommen, aber schließlich dauerte er nur 5–6 Stunden täglich. Der ganze übrige Tag«, so Schoenaich, »gehörte den Vergnügungen in allen Abstufungen.«[20]

Auf den ersten Blick scheint es, als würden hier zwei Welten aufeinanderprallen, die des adeligen, preußischen Leutnants der Garde-Kavallerie und die des bürgerlichen württembergischen Generalstabsoffiziers. Doch was beide miteinander verbindet, ist der Versuch, klare Grenzen zwischen Dienstzeit und freier Zeit zu markieren: Dienstbeginn, das Schwellenritual Abendessen, Dauer des Dienstes, freie Abende. Deutlich wird jedoch auch, dass diese Begriffe fluide sind. Groener arbeitete auch nach Dienstschluss weiter an dienstlichen Belangen. Selbst das persönliche Umfeld in der Samstagabendgestaltung ist durch den Umgang mit anderen Offiziersfamilien bestimmt. Hier kolonisiert Arbeit klar den Bereich der freien Zeit. Schöneich hingegen stellt zwar der Intensität des Dienstalltags das Vergnügen gegenüber und trennt diese sprachlich voneinander ab. Doch diese Vergnügungen waren keine freie Dispositionszeit, sondern stark reglementiert und immer an die Pflichten und den vagen aber extrem wirkmächtigen Ehrbegriff des Offizierstandes rückgebunden. Umgekehrt waren die als adäquat erachteten Vergnügungen oft an dienstliche Notwendigkeiten und Aufgaben der Offiziere gekoppelt – man denke nur an das Reiten oder militärschriftstellerische Tätigkeiten.[21] Beide Offiziere lebten und operierten in den hybriden Übergangsräumen scheinbar klar definierter Zeitabschnitte, deren Grenzziehungen jedoch im Alltag destabilisiert wurden.

Stichwort 2: Verhaltenssteuerung = Zeitsteuerung

Der Offizier war einem komplexen Regime der Verhaltenssteuerung unterworfen, das zu einem erheblichen Teil auf das Instrument Zeit zurückgriff. Deutlich formuliert werden Erwartungen und normative Codes an den Offizier ›von oben‹ in Kabinettsordres, Erlassen, Befehlen, in Ehrengerichtsverordnungen und ähnlichen offiziellen Regelungen.[22] Aber auch horizontal, gewissermaßen ›von der Seite‹ zeigen sich Elemente der Selbststeuerung in der

19 Ebd.

20 Paul von Schoenaich, Mein Damaskus. Erlebnisse und Bekenntnisse, Berlin 1926, S. 40, in: Karl-Volker Neugebauer, im Auftrag des MGFA (Hg.), Grundzüge der deutschen Militärgeschichte, Bd. 2, Arbeits- und Quellenbuch, Freiburg i.Br. 1993, S. 217.

21 Siehe hierzu auch Stichwort 3: Analogie in diesem Teil.

22 Siehe hier als Fundgrube die Quellensammlung Militärgeschichtliches Forschungsamt (Hg.), Offiziere im Bild von Dokumenten aus drei Jahrhunderten, Stuttgart 1964.

Militärpublizistik und der rege wachsenden Ratgeberliteratur.[23] Kritische Auseinandersetzungen mit der Lebenssituation der Offiziere vervollständigen das Bild.[24] Dass die normativen Texte nicht immer eine einheitliche Linie aufweisen, und dass sie durchaus widersprüchlich und vage sind, täuscht nicht darüber hinweg, dass sie beständig den Anspruch erheben, klare Verhaltenscodizes zu etablieren, die regeln sollen, wie und mit wem der Offizier seine Zeit nutzen durfte und sollte.

Die Nutzung und die Verfügbarkeit von Zeitressourcen waren, obwohl diese oft und im Verhältnis massig zur Verfügung standen, für den Offizier stark eingeschränkt und reglementiert. Das wird etwa an der Einleitungsordre zur Ehrengerichtsverordnung aus dem Jahr 1874 deutlich. Hier werden einführend die Pflichten des Offiziers erklärt. Der um die Begriffe der Ehre und des Standes gebaute wolkige Wertekanon erhob den Anspruch, dass dieser »auch im äußeren Leben des Offiziers«[25] zum Ausdruck kommen müsse. Hybridisierungen werden auch in den Ehrengerichtsordnungen selbst deutlich. Die Zuständigkeit der Ehrengerichte ist vom Dienst abgegrenzt; Verfehlungen in der Dienstzeit waren als Dienstvergehen zu behandeln. Außerhalb der Dienstzeit wurden Regelübertretungen nicht etwa von zivilen Gerichten nach den Maßgaben des Strafgesetzbuchs verhandelt. Verfehlungen der »Standespflichten« gingen weit über die sonst gültigen Rechtsnormen hinaus oder standen diesen etwa in der Satisfaktions- und Duellfrage entgegen. Ehrengerichte wachten streng über den außerdienstlichen Verhaltenscodex, der für Offiziere galt. Auch hier, in der Unterscheidung der Zuständigkeiten von Disziplinarordnung und Ehrengerichten, scheinen Dienst/Arbeit einerseits und Freizeit anderseits klar voneinander getrennt zu sein. Nach der Dienstzeit wartete auf den Offizier ein breites Feld von Vergnügungen und Annehmlichkeiten. Doch sollte er immer und überall Offizier bleiben. So waren die Grenzen der Zugriffsmöglichkeiten und Reglementierungen extrem durchlässig. Sogar wenn der Offizier seine Uniform, dieses vor Zeichen und Symbolen nur so strotzende Repräsentationsinstrument, für einen Abend erlaubt oder unerlaubt gegen zivile Kleidung tauschte oder nach seiner Dienstzeit für immer auszog, blieb er als Offizier mit wenigen Ausnahmen dem komplexen Regelsystem unterworfen.[26] Offizier ist daher ein ganzheitliches, totales Konzept. Standesehre, Dienstpflichten und mit ihnen die umfassenden Regeln der Selbstregulierung der Gemeinschaft der Offiziere überwölbten und verknüpften Dienst und Freizeit.

Der Offizier sollte »nur diejenigen Kreise für seinen Umgang [...] wählen, in denen gute Sitte herrschend ist«. Er durfte »am wenigsten an öffentlichen Orten aus dem Auge lassen, daß er nicht bloß als gebildeter Mann, sondern auch als Träger der Ehre und der gesteigerten

23 Etwa Justus Scheibert, Offizier-Brevier. Ein Festgeschenk für den jungen Kameraden von einem alten Soldaten, 2. Aufl., Berlin 1884; Camill Schaible, Standes- und Berufspflichten des deutschen Offiziers. Für angehende und jüngere Offiziere des Stehenden Heeres und des Beurlaubtenstandes, Berlin 1891; Karl Krafft, Dienst und Leben des jungen Infanterie-Offiziers. Ein Lern- und Lesebuch, Berlin 1914.

24 Rudolf Krafft, Glänzendes Elend. Eine offene Kritik der Verhältnisse unseres Offizierskorps, 12. Aufl., Stuttgart 1895. Oder in Romanform verkleidete Kritik: Fritz Oswald Bilse (Pseudonym Fritz von der Kyrburg), Aus einer kleinen Garnison. Ein militärisches Zerrbild, Braunschweig 1903; Franz Adam Beyerlein, Jena oder Sedan? Roman, Berlin 1903; Wolf Graf von Baudissin (Pseudonym Freiherr von Schlicht), Erstklassige Menschen. Roman aus der Offizierskaste, Berlin 1904.

25 Einleitungsordre zu der Ehrengerichts-Verordnung vom 2. Mai 1874, abgedruckt in: Demeter, Das deutsche Offizierskorps, S. 287–290: hier auch die folgenden Zitate, alle S. 288.

26 Zur Uniform siehe sehr anregend, Thorsten Voß, Körper Uniformen Offiziere. Soldatische Männlichkeit in der Literatur, Bielefeld 2016.

Pflichten seines Standes auftritt.«[27] Verbote untersagten beispielsweise den Besuch missliebiger Revuen und Theatervorstellungen, den Bezug von bestimmten Zeitschriften, Glückspiel, den Besuch einzelner Lokale, sowie übermäßigen Alkoholkonsum. Aber auch Schlupflöcher und bewusst gewährte Freiräume konnten sich ergeben.

Reglements und Verhaltensregeln schriftlich festzuhalten und regelmäßig zu wiederholen sollte Handlungssicherheit herstellen. Mit der Vergrößerung der Armee zum technologisierten Massenheer waren als notwendig erachtete Sozialisationsbestrebungen verbunden. Zum anderen aber werden erst durch das Aufschreiben und Verkünden von Regeln, wie bei allen Formen der Kodifizierung von Ge- und Verboten, auch die großen und kleinen alltäglichen Regelüberschreitungen kenntlich. Hier zeigen sich auch Widerstandspotenziale gegen die Zugriffe auf die Zeit der Offiziere. Im Übertreten von Regeln werden auch die Möglichkeiten von Offizieren deutlich, zumindest einen Teil ihrer Zeithoheit wieder für sich zu erlangen. Totalitäten schließen immer auch Nischen und Ventile mit ein, die je nach Intensität diese Totalität einerseits gefährden aber auch anderseits stabilisieren können. Überschritten die Regelverstöße ein gewisses, nie klar markiertes Maß, wurden sie mit aller Härte in Verfahren vor dem Ehren- oder Militärgericht verhandelt und gegebenenfalls mit der Entlassung aus dem Dienst bestraft.

Was zeigt sich hier? Die Kaserne, das Casino, der Exerzierplatz, die Offizierswohnung, der Ballsaal, die Straße, das Büro, das Café, das Kriegsgefangenlager – an all diesen Orten wirkt das Militär als eine in gewissem Sinne »totale Institution«, die den Anspruch erhob, sämtliche Lebensäußerungen ihrer Angehörigen zu steuern und zu regeln.[28] Im Falle des Offiziers zeigen sich aber auch Aspekte eines weiteren Typs der Institution, die *greedy institution*:[29] Militär und Offizierskorps verstanden als ›gierige‹, ›besitzergreifende‹ Institutionen. Anders als totale Institutionen übten sie jedoch keinen physischen Zwang aus, um Gefolgschaft zu erreichen, sondern setzten auf sozialen Druck, Rollenerwartungen sowie das Versprechen auf einen attraktiven Lebensstil und eine vermeintlich besondere Stellung. Einen allumfassenden Anspruch auf die Person erheben *greedy institutions* trotzdem. Ein großer Teil der Verhaltenssteuerung funktionierte so innerhalb des Offizierskorps über Aneignungen von Zeit durch die Institution und damit durch chronopolitische Eingriffe in die Zeitökonomie der Offiziere.

Stichwort 3: Analogien und Zeitnutzen – oder vom guten Offizier

Die Geschichte der Kriege und des Militärs ist daher auch eine Geschichte von Versuchen des Militärs, mit Chaos und Zufall zurechtzukommen und Ordnungsprinzipien zu entwickeln sowie vermeintliche Regeln/Gesetze zu identifizieren, um Kontingenz zu bewältigen.[30] Zwei Aspekte sind hier von Bedeutung: Analogiebildung und Simulation.

27 Beide Zitate Einleitungsordre 2. Mai 1874, S. 288.

28 Zum Konzept der »totalen Institution« siehe ursprünglich Erving Goffman, Asylum. Essays on the Social Situation of Mental Parents and Other Inmates, Chicago 1973.

29 Zum Konzept der »greedy instiution« siehe Lewis A. Coser, Greedy Institutions. Patterns of Undivided Commitment, New York 1974. Zur Diskussion der Konzepte der »total« und »greedy institution« für das Militär siehe Ulrich vom Hagen, Homo militaris. Perspektiven einer kritischen Militärsoziologie, Bielefeld 2012, hier das Kapitel 5.

30 Anregend hierzu Hartmut Böhme, Krieg und Zufall. Die Transformation der Kriegskunst bei Carl von Clausewitz, in: Marco Formisano/Hartmut Böhme (Hg.), War in Words. Transformations of War From Antiquity to Clausewitz, München 2010, S. 391–413.

Was für die Kriegführung ihre Planung und den Kampf im Allgemeinen gilt, gilt auch für die Auswahl und Ausbildung des Personals im Speziellen. Was machte einen ›guten‹ Offizier aus? »Modernes Ritterthum« war eine Antwort, die das viel gelesene, offiziell-offiziöse *Militär-Wochenblatt* noch 1889 lieferte.[31] Abstrakte Werte wie Ehre, Charakter, Königs- und/oder Vaterlandsliebe waren zentrale Elemente eines guten Führers auf allen Ebenen der militärischen Hierarchie. Die bereits beschriebene Ratgeberliteratur zu den Standespflichten zeigt schon beim Blick in die Inhaltsverzeichnisse, wie Lebensführung und Kriegshandwerk miteinander verquickt waren. In der Tradition des Höflings wurde vom Offizier erwartet nicht am Buffet, sondern im Salon und auf dem Parkett eine gute Figur zu machen.[32] »Die flotten Tänzer des Ballsaales«, so ein typischer Analogieschluss, waren »auch meist die besten und trefflichsten Vortänzer im blutigen Kriegstanze«.[33] Nach der Jahrhundertwende und in den Weltkriegen verblasste dieses Bild des adelig geboren Gentleman-Offiziers und Kavaliers, der höfische Kultur und Kriegführung kongenial miteinander verband.[34] Aber Analogieschlüsse waren weiterhin beliebt.

So war Sport in den Weiten des britischen Empire ein wichtiges Thema für die Zeitgestaltung, Rekrutierung und Ausbildung. Die Formel »Brains or Polo«[35] und der Hang der Kavallerie-Regimenter zu Ersterem brachte eine zentrale Frage des elitären Zeitnutzens auf den Punkt. In Preußen erregte der sportfanatische junge Gardeleutnant Walter von Reichenau – später ›Sportgeneral‹, Mitglied des Internationalen Olympischen Komitees und NS-Weltanschauungskrieger – Aufsehen. Als Mittelläufer des Berliner Sport-Clubs, spielte er, erkennbar am Monokel, wie kolportiert wurde, Fußball.[36] An der Kriegsakademie hatte er »nicht genug körperliche Betätigung, aber dafür genügend freie Zeit«.[37] Reichenau betrieb allerdings Sport nicht um des Sportes willen, sondern als Mittel zur soldatischen Erziehung. Zwar gab es Vorbehalte gegen das Konzept des Sportes im Militär, doch Reichenaus Vorstellung ist paradigmatisch. In Anknüpfung an die Turnbewegung des 19. Jahrhunderts sollten – trotz der Grabenkämpfe zwischen Sportlern und Turnern – Leibesübungen im Allgemeinen geistige Werte und physisches Können vermitteln und damit der Vorbereitung für den Kampf auf den Schlachtfeldern dienen.[38]

31 Siehe zu diesem Leitbild anonym: Der Offizier, I. Das Moderne Ritterthum, in: Militär–Wochenblatt 74 (1889) 62, Sp.1311–1326.

32 Scheibert, Offizier-Brevier, S. 69.

33 Anonym, Der Offizier, Sp. 1322.

34 Marcus Funck, Vom Höfling zum soldatischen Mann. Varianten und Umwandlungen adeliger Männlichkeit zwischen Kaiserreich und Nationalsozialismus, in: Eckart Conze/Monika Wienfort (Hg.), Adel und Moderne. Deutschland im europäischen Vergleich im 19. und 20. Jahrhundert, Köln 2004, S. 206–235.

35 Eliza Riedi, Brains or Polo? Equestrian Sport, Army Reform and the »Gentlemanly Officer Tradition, 1900–1914, in: Journal of the Society for Army Historical Research 84 (2006) 339, S. 236–253.

36 Carl Diem, »Ein guter Sportsmann wird auch immer ein ausgezeichneter Soldat sein«. Zum Gedächtnis des Generalfeldmarschalls Walter von Reichenau, in: Blätter für Feier und Freizeit 3/5 (1942), S. 196–201, hier S. 196. Nebenbei: Für das Thema der Freizeitgestaltung durch Militärbehörden im Zweiten Weltkrieg sind diese Blätter eine ergiebige Fundgrube.

37 Ebd.

38 Timm C. Richter, Generalfeldmarschall Walter von Reichenau, Kriegsverbrecher und IOC-Mitglied, in: Diethelm Blecking/Lorenz Peiffer (Hg.), Sportler im »Jahrhundert der Lager«. Profiteure, Widerständler und Opfer, Göttingen 2012, S. 44–51, hier S. 47f. Siehe auch die Literatur zum

Das Prinzip der Analogieschlüsse zeigt, wie eng vermeintliche Freizeit und Dienstzeit argumentativ mit den vermeintlichen Aufgaben und Fähigkeiten des Offiziers im Krieg verwoben waren. Auch hier fließen Zeiträume ineinander, beziehen sich aufeinander und entziehen sich einer eindeutigen Charakterisierung.[39] Dass diese Verschränkung auch im Krieg gilt, zeigt eine im britischen kollektiven (militärischen) Gedächtnis tief verankerte Episode. Captain Wilfried ›Billie‹ Nevill kaufte auf Heimaturlaub vier Fußbälle und kickte zum Beginn der Somme-Offensive 1916 die Bälle ins Niemandsland zwischen die Gräben. Einer trug die Aufschrift »The great European Cup – The Final – East Surreys v Bavarians, Kick Off: Zero Hour«. Captain Nevill starb schnell im Maschinengewehrfeuer. Doch folgt man dem Bericht des Reporters des *Daily Telegraph*, »still the footballs were booted onwards, with hoarse cries of encouragement or defiance«.[40] *Fighting spirit* und *sporting spirit* waren, das zeigt diese Inszenierung deutlich, für die Zeitgenossen äquivalent, wenn nicht eins.

3. Erkundungsgang Zwei: Zeitlos? Der Offizier als privilegierter Außenseiter in den Zuschreibungen der Satire

> *»Garde meist sehr exklusiv / vom feudalen Geist / [...] / In der schneidgen Uniform / Knappheit prononciert! / In der Haltung / in der Form / Schlappheit zart markiert. / Schultern etwas vorgehängt / ein Parfüm am Leib /das pikant zusammendrängt / Stall und Sekt und Weib / [...] / Donnerwetter, Donnerwetter wir sind Kerle«.*[41]

Die Zeilen stammen aus der erfolgreichen Jahresrevue »Donnerwetter – tadellos!«[42] des Berliner Metropol-Theaters. In diesem Stück parodierte der bekannte Beau und Sänger Joseph Giampietro den preußischen Garde-Leutnant. Zum großen Erfolg der Show trug sicher auch bei, dass Kaiser Wilhelm II., preußischer König und oberster Kriegsherr, seinen Offizieren den Besuch der Revue untersagte.[43] Doch das (zeitweilige) Verbot hinderte weder Offiziere noch, wie kolportiert wurde, den vergnügungssüchtigen Kronprinzen Wilhelm daran, unerlaubt und in Zivil ins Nachtleben abzutauchen, das Theater in der Berliner Behrensstraße zu besuchen und vielleicht ein wenig über sich selbst oder die Kameraden von den Garderegimentern zu lachen.

Die jungen Leutnante der in Berlin und Potsdam stationierten Garderegimenter waren beliebte Figuren im Repertoire der Satire und hervorragende Zielscheiben für Veralberung. Als die Revue 1908 uraufgeführt wurde, hatte das Stereotyp des Gardeleutnants auf dem

»Wehrsport« sowie Norbert Elias/Eric Dunning, Sport und Spannung im Prozeß der Zivilisation, Gesammelte Schriften, Bd. 7, Frankfurt a. M. 2003.

39 Das vom Feuilleton seit den 1990er Jahren beobachtete stetig sich selbst optimierende Subjekt, taucht zwar hier noch nicht ganz so individuell, aber doch schon prominent auf.

40 Galant East Surreys. A Charge with Footballs, Daily Telegraph 12.7.1916.

41 Donnerwetter – tadellos! Musik Paul Linke, Text Julius Freund, 1908.

42 Zu einer der erfolgreichsten Revuen in Berlin um 1900 siehe Nils Grosch/Carolin Stahrenberg, Nationaler »Kitsch« als ästhetisches Problem im populären Musiktheater, in: Kathrin Ackermann/Christopher F. Laferl (Hg.), Kitsch und Nation: Zur kulturellen Modellierung eines polemischen Begriffs, Bielefeld 2016, S. 168f.; Jens-Uwe Völmecke, Die Berliner Jahresrevuen 1903–1913 und ihre Weiterführung in den Revue-Operetten des ersten Weltkrieges, Köln 1997, S. 101–111.

43 Franz-Peter Kothes, Die theatralische Revue in Berlin und Wien. 1900–1938. Typen, Inhalte, Funktionen, Wilhelmshaven 1977, S. 61.

Rennplatz, am Spieltisch, in der Liebe und im Manöver bereits einen festen Platz in der populären Kultur des Kaiserreichs. Einen erheblichen Anteil daran hatten auch Satirezeitschriften und Witzblätter mit ihrer ikonografischen Darstellung des Offiziers. Diesem Stereotyp des satirisch gezeichneten Offiziers spürt dieser zweite Erkundungsgang nach und fragt nach den in diesen Zuschreibungen verborgenen temporalen Strukturen. Zuvor allerdings sind kurze quellenkritische Einordnungen notwendig, die wichtig für die Historisierung sind und zur Stabilisierung der Argumentation dienen.

Einschub: Militärkarikatur und Witze als Quelle

Die Militär-Karikatur und die Veralberung des Militärs war kein Randphänomen.[44] Sie war ein sehr beliebtes Genre der Zeit um 1900.[45] Verlage brachten sogar *best-ofs* als großformatige Bildbände auf den Markt.[46] Die Bilder stellen in der Regel Gesprächssituationen dar. Künstlerische Darstellungen und Text stehen aber selten in einem direkten Bezug zueinander. Die Bilder und ihre Inhalte sind repetitiv. Sie zeigen immer wiederkehrende Situationen sowie feste Stereotype. Die Darstellung der Offiziere in den Zeichnungen ist, was das Detail angeht, sehr genau und zeugt von der Kenntnis der Welt des Militärs. Uniformen, die Farben der Regimenter, Ausrüstung etc. sind präzise dargestellt. Im Falle von Eduard ›Ed‹ Thöny, dem produktiven und stilbildenden Zeichner des *Simplicissimus*, kam ihm seine Erfahrung in der Historien- und Schlachtenmalerei sicherlich zu gute.[47]

Die Mehrzahl der Karikaturen und Artikel, die in regelmäßiger Folge in den Ausgaben der Witzblätter erschienen, verhandeln allgemeine Situationen ohne Referenz auf bestimmte tagespolitische Ereignisse. Andere beziehen sich auf bestimmte Anlässe, wie etwa innen- und außenpolitische Entscheidungen oder vor allem Skandale innerhalb des Militärs. Wenn man die Blätter in ein politisches Spektrum einordnen möchte, so reicht dieses vom liberalen bürgerlichen bis ins linke Milieu. Bis zum Beginn des Ersten Weltkrieges nahmen die Zeitschriften eine eher kritische bis gespaltene Haltung als Beobachter der Zustände im Reich ein. *Simplicissimus*, *Wahrer Jacob*, *Jugend*, *Ulk*, *Lustige Blätter* und andere waren jedoch keine antimilitaristischen Zeitschriften. Das Verhältnis der Publikationen zum Militär war ambivalent. So ist Kritik hier nicht als gleichbedeutend mit der Ablehnung des Militärs als Ganzem zu verstehen. Im Fall der bayerischen Zeitschriften, wie etwa dem *Simplicissimus*,

44 Für die Hilfe bei der Recherche danke ich Katharina Mensch und Niels Kuebart, die mir als Praktikant_innen im ZMSBw sehr beim Suchen und Finden der Karikaturen und Witze geholfen haben.

45 Zu Militär und Satire Emma-Karoliin Kurki, Dashing Defenders of the Fatherland. The Image of the Prussian Officer in Simplicissimus, 1896–1914, http://urn.fi/URN:NBN:fi:hulib-201703273668 (letzter Zugriff 15.6.2018) auch mit einer Verschlagwortung der von ihr gefunden Karikaturen. Ann Taylor Allen, Satire and Society in Wilhelmine Germany. Kladderadatsch and Simplicissimus, 1890–1914, Kentucky 1984, hier das Kapitel: Köpenick Revisited. The Satirists Look at War and Militarism, S. 103–137.

46 Exemplarisch Eduard Thöny, Der Leutnant. Album, München 1900; Franz Conring, Das deutsche Militär in der Karikatur. Seltene und amüsante Karikaturen aller Länder und Zeiten, Stuttgart 1907.

47 Thöny arbeitete während seines Kunststudiums in München auch an Schlachtengemälden des bekannten Militärmalers Lois Braun mit. Während des Nationalsozialismus kehrte er als vom Regime geschätzter Künstler wieder zur epischen glorifizierenden Darstellung zurück – etwa dem Ölgemälde »Waffen-SS im Einsatz«, das auch als Bildpostkarte gedruckt wurde. Wie viel Anpassung und Satire hier noch zu finden sind, müssen Thöny-Biographien klären.

schwingt auch immer ein anti-preußisches Ressentiment mit, für das die Figur des preußischen Operettenoffiziers stellvertretend steht. In ihrer Kritik sind die Blätter jedoch differenziert. Im Kern wird in ihnen die Frage verhandelt, welche Form des Militärs, die richtige, die zeitgemäße sei. Zudem schwang neben dem Spott oft etwas Bewunderung mit, was es den Offizieren erlaubte, stolz auf ihren Stand zu bleiben.[48] Und ob sich Offizierswelten sogar an die normativen Setzungen und Klischees der Witzblätter annäherten bleibt eine spannende Frage. Zumindest die Karikatur selbst beantwortete sie positiv; etwa wenn ein Leutnant den anderen nicht erkennt, weil dieser nicht aussieht, wie eine Thöny-Zeichnung.[49]

Topos Zeitverschwendung 1: Müßiggang und Totale Freizeit

In den Karikaturen findet man die Offiziere selten bei der Arbeit. Meist flanieren die Leutnante und Majore über die Boulevards, reiten durch den Berliner Tiergarten, sind beim Pferderennen, speisen im Casino oder trinken Sekt in Amorsälen.[50] Sie sind an allen nur erdenklichen Freizeitorten zu finden. In der Kaserne oder bei der vermeintlichen Ausübung militärischer Dinge, der Vorbereitung auf einen Krieg, da sind sie bis auf die eher seltenen Szenen theatralischer Manöverinszenierungen fast nie zu finden. Demonstrativer Müßiggang ist der fundamentale Bestandteil des gezeichneten Klischees vom Offizier. Diesen zur Schau gestellten Müßiggang beschrieb bereits der zeitgenössische Soziologe Thorstein Veblen so zynisch wie treffend als »*conspicious leisure*«[51] und lieferte so einen ausgezeichneten Interpretations- und Deutungsrahmen. Das temporale Prestige eines ungeheuren Zeitluxus verknüpft mit dem aus ihrer Sicht falschen, weil nicht nützlichen und funktionalen Gebrauch der Zeit, ist der Ansatzpunkt für den Witz der Satiriker. Die Humoristen platzieren den Offizier damit in einer ›müßigen Klasse‹, die tief in einer vormodernen aristokratischen Haltung wurzelte und sich über die öffentliche Inszenierung der unendlichen Verfügbarkeit von Zeit vom Rest der Gesellschaft abgrenzte. Auch wenn das Offizierskorps eine aristokratische Haltung bewusst als Trennendes hervorhebt, um das Funktionieren von Befehl und Gehorsam zu begründen,[52] so zeigt der Witz, dass um 1900 dieses Modell der Lebensführung nicht länger – im doppelten Wortsinne – zeitgemäß schien. Ein ›Recht auf Faulheit‹ konnte dem Offizierskorps nicht mehr ohne Weiteres zugestanden werden.

Topos Zeitverschwendung 2: Totale Langeweile

Viel Material für einen kurzzeitigen Perspektivwechsel, weg vom bunten Treiben in Berlin, hin zum Leben der Offiziere in einer Grenzgarnison, bot den Karikaturisten der Skandal um das von Leutnant Fritz Oswald Bilse unter Pseudonym geschriebene Buch *Aus einer Kleinen*

48 Siehe zu dieser Interpretation Tobias Becker, Inszenierte Moderne. Populäres Theater in Berlin und London, 1880–1930, Berlin 2014, S. 97–98; Kothes, Die theatralische Revue, S. 41, 63.

49 »Mono-Thöny« in: Lustige Blätter 1902, abgedr. in: Conring, Das deutsche Militär in der Karikatur, S. 104.

50 Aufgrund der ständigen Wiederholungen der Inhalte und Stereotypen wären sehr viele einzelne Belege für die jeweiligen Topoi aus dem Korpus möglich. Die ausgewählten Beispiele sind die aussagekräftigsten und problemlos verallgemeinerbar. Viele der Satireblätter sind auch als Digitalisate online zugänglich.

51 Thorstein Veblen, The Theory of the Leisure Class. An Economic Study in the Evolution of Institutions, New York 1899, v. a. das Kapitel *Conspicious Leisure.*

52 Karl Krafft, Dienst und Leben des jungen Infanterie-Offiziers. Ein Lern- und Lesebuch, Berlin 1914, S. 214.

Garnison.[53] Der vom Dienst frustrierte und enttäuschte Bilse schilderte nur leicht verschleiert gravierende Missstände in einem in Forbach/Lothringen stationierten Regiment. Die scheinbar grenzenlose Verfügbarkeit von Zeit ist auch hier der Anknüpfungspunkt. In den Karikaturen und Witzen im Zusammenhang mit dem Bilse-Skandal wurde vermeintlicher Spaß und Genuss der freien Zeit zu öder Langeweile und Eintönigkeit des Dienstes. Die Folgen waren Exzesse alkoholischer, moralischer und dienstlicher Art in ›preußisch Sibirien‹. Aus der Vielzahl der Witzfiguren soll ein Major, umringt von Sektflaschen, zu Wort kommen, der den Zeitgebrauch seiner Kameraden explizit thematisiert. Er spricht zu uns voller Empörung:

> *»Es ist betrübend, auf welche moralischen Abwege Offiziere geraten können, wenn sie nicht wissen, was sie mit ihrer freien Zeit anfangen sollen. Dagegen gibt es nur ein Mittel: angestrengte geistige Tätigkeit. Ich zum Beispiel habe, seitdem ich in dieser kleinen Garnison stehe, schon sechs neue Bowlenmischungen erfunden.«*[54]

Totale Freizeit und totale Langeweile gehen hier in der Satire ineinander über. Gemeinsam ist beiden Formen, dass sie mit der Zurschaustellung die Ineffizienz des Militärs verdeutlichen wollen. Gemessen am Zweck moderner Militärorganisationen verkörpern die dargestellten Offiziere den falschen Zeitnutzen und die sinnlose Vergeudung von Zeitressourcen. Die Karikaturen und Witze nehmen so eine überkommene, dekadente, ja inkompatibel gewordene Gesellschaftsformation humoristisch aufs Korn.

Topos Arbeit: Nichts für Offiziere

Der demonstrative Müßiggang markiert Ablehnung und Abgrenzung von nützlicher, produktiver Arbeit. Eine Karikatur mit dem Titel *Geplagte Menschen* bringt das explizit zum Ausdruck. Hier fragt eine ältere Dame einen jungen Ulanen, der sie begleitet: »Und, wie gefällt Dir der Dienst[,] Edgar?« Die Antwort: »Na, ne Beschäftigung muß der Mensch ja schließlich haben, sie darf nur nicht in Arbeit ausarten.«[55] Szenenwechsel ins Casino: Hier spricht ein Offizier zu seinem Kameraden voller Entsetzen über die Folgen des Kartenspiels: »'ne Stunde gejeut – und gleich Hände wie en Arbeiter!«[56] Körperliche und geistige Arbeit erscheinen den jungen Offizieren nicht nur fremd, gerade deren Vermeidung wird zum wesentlichen Bestandteil ihres Selbstverständnisses erklärt.[57] Erwerbsarbeit stößt bei ihnen auf Unverständnis, erregt sogar – folgt man der Satire – Ekel. Weder dient ihre Tätigkeit – der Dienst – der Existenzsicherung, noch bringen sie materielle oder immaterielle Güter hervor. Sie produzieren noch nicht einmal Sicherheit, im Gegenteil: Ihr Verhalten wird als militärisch ineffizient gedeutet.

Ein Offizier, der nicht arbeiten will oder muss ist jedoch nur die eine Seite. Die andere ist die eines Offiziers, der gar nicht fähig zur Arbeit ist. Auch dieses Stereotyp bedient der Witz: Etwa wenn Offiziere als dümmliche, snobistische Banausen karikiert werden, die bildungs-

53 Bilse, Aus einer kleinen Garnison. Siehe auch Stein, Der Bilse-Skandal; Reinhard Reissmüller, Aus einer kleinen Garnison. Der Roman des Leutnant Bilse aus dem Jahr 1903. Aktuelle Wirkung und späte Folgen einer frühen Wilhelminismus-Kritik, in: Imprimatur 10 (1982), S. 272–294.

54 »Der Herr Major«, Zeichner unbekannt, Simplicissimus 8 (1903) 37, S. 298 (Beiblatt).

55 »Geplagte Menschen«, Zeichner Ed Thöny, in: Simplicissimus 5 (1900) 50, Titelblatt.

56 »Fatal«, Zeichner Ed Thöny, in: Simplicissimus 7 (1902) 18, S. 140.

57 Manifest wird dies auch in den Konventionen seit dem späten 19. Jahrhundert für die Behandlung von Kriegsgefangenen, die explizit Offiziere von der Möglichkeit des Arbeitseinsatzes ausnehmen.

bürgerliche Werte ablehnen. Deutlich wird dies, wenn die dargestellten Leutnante auf meist bürgerliche und studierte Einjährig-Freiwillige und Damen aus dem Bürgertum treffen.[58] Diese Scherze ziehen ihre Lacher aus einer unterstellten Bildungsferne und daraus, dass der Offizier für geistige, intellektuell fordernde Arbeit nur schwerlich zu gebrauchen sei. Was für den Geist galt, galt auch für den Körper. Dargestellt als blasser, langgezogener Schlacks mit eingefallenen Schultern, Monokel, Zigarette und mit leicht nach vorn gebeugtem Gang, den Reiter mimend, bildete der Gardeleutnant den Gegenentwurf zu zeitgenössischen Körperkonzepten, wie sie sich im Bürgertum oder der Arbeiterschaft finden ließen.[59]

Topos Lebensstil: (Unverdienter) Luxus

Vor allem die oft in den Karikaturen verulkten Garderegimenter waren sehr exklusiv. Mit dem Dienst darin war auch ein luxuriöser, als verschwenderisch gebrandmarkter Lebensstil verbunden: »Was Kameraden, es ist doch wirklich jroßartig von der Vorsehung – kaum is die Austern-Saison vorbei, jeht's mit den Krebsen los«, [60] spricht in einer Karikatur ein Meerestiere und Kupferberg Gold schlürfender Offizier bei Kempinski, einem damals mondänen Weinhaus in der Berliner Friedrichstrasse, zu seinen Kameraden am gut gedecktem Tisch. Demonstrativer Müßiggang koppelt hier mit demonstrativem Konsum – *conspicious consumption*.[61]

Dass es in regelmäßigen Abständen Kritik am Luxus nicht nur durch die satirischen Journale, sondern auch durch die Militärverwaltung bis hin zu König und Kaiser gab, hatte in der Praxis nur geringe Auswirkungen.[62] Der Luxus war nicht durch den Sold verdient, den man einer hochgeschätzten Berufsgruppe hätte zukommen lassen können. So zu denken, wäre aber Denken in den falschen Kategorien, die dem Selbstbild, Ehrkonzept und dem Dienstethos des Offiziers fundamental entgegenstanden. Die Gehälter für Offiziere waren gering.[63] Erst ab dem Dienstgrad eines Majors – der berühmten ›Majorsecke‹ – konnte in eher bescheidenen Verhältnissen eine Familie ernährt werden. Offizier zu sein war daher mit einem schwammigen Konzept von Opfermut, Ehre, Pflicht und Dienen sowie mit Ansehen und hohem Prestige verbunden. Ein Weg zum Reichtum war der Offiziersberuf nicht. So lehnt auch einer der bereits erwähnten Ratgeber zur Lebensführung der Offiziere Orientierung an materiellen Gewinnen ab. Wer reich sei, solle »sein Geld aus[geben] zur Repräsentation seines Standes«, aber ganz wichtig: »nicht zur Befriedigung seiner Eitelkeit«.[64] Der ärmere Offizier teile sein Vermögen ein, so dass er zumindest »[ü]berall anständig auftreten kann.«[65] Repräsentation als Funktion und Pflicht des Offiziers scheint hier als wichtiger Faktor seiner Existenz.

58 Siehe die Sammlung bei Rüdiger Lentz, Vom Kadetten zum General. Das Militär in der Karikatur, Dortmund 1980, insbes. S. 142–148.

59 Zur Körpergeschichte siehe Maren Lorenz, Leibhaftige Vergangenheit. Einführung in die Körpergeschichte, Tübingen 2000.

60 »Kempinski« Zeichner Ernst Heilemann, in: Lustige Blätter 1901, abgedr. in: ebd., S. 78.

61 Veblen, Leisure Class, v. a. das Kapitel *Conspicous Consumption*.

62 Etwa Kabinettsordre Kaiser Wilhelms II. über den Offiziersstand (29. März 1890), in: Militär-Wochenblatt 75 (1890) 35, Sp. 1009–1012; Karl Demeter, Das deutsche Offizierskorps in Gesellschaft und Staat, 1650–1945, Frankfurt a. M. 1962, S. 220.

63 Siehe für die Aufstellungen Neugebauer, Grundzüge der deutschen Militärgeschichte, Bd. 2, S. 223.

64 Justus Scheibert, Offizier-Brevier, S. 59.

65 Ebd., S. 59.

Diese Art der Repräsentationsarbeit[66] erforderte einen großen materiellen Darstellungsaufwand. Vor allem die Zugehörigkeit zu und der Lebensstil in einem prestigeträchtigen Garderegiment waren daher sehr oft von privaten Zuschüssen abhängig oder mit Schulden verbunden. »Volk – Hauptlasten für Armee! Alles Quatsch! Mein alter Herr muß mir allein zehntausend Mark monatlich zuschießen«[67] – so beschreibt ein Kürassier seine Situation. Eine Kernaussage der satirischen Kritik ist, dass der herausgehobene Lebensstil und mit ihm die gesellschaftliche Positionierung nicht mit ehrlicher, eigener Arbeit verdient war. Damit verstieß der Offizier gegen Prinzipien, die Leistung und Produktivität als Referenzrahmen gesellschaftlichen Status ansahen.

Topos Edelparasit: Schuldner und Gatte

Die Spannung zwischen Erwerbsarbeit und Luxusleben wird auch in einer Zote aus dem *Simplicissimus* deutlich markiert. Ein hoch verschuldeter Leutnant schreibt an seinen Vater und erhält als Antwort: »›In meiner Jugend war ich arm, aber ich habe Tag und Nacht gearbeitet und mich geplagt, um etwas zu verdienen.‹« Die Reaktion des ganz in seiner Rolle aufgehenden Leutnants: »›Blöde Zivilistenbande‹ […] rackert sich ab um Geld zu bekommen, uns hat Gott zu diesem Zwecke das Ehrenwort verliehen.‹«[68] Eng an das Leben im Luxus und die Ablehnung von Arbeit sowie einen überkommenen Ehrbegriff gekoppelt ist die unaufhörlich thematisierte Frage der Schulden. Im Witz wird der Offizier oft als blasierter Snob oder vergesslicher und unzuverlässiger Schuldner dargestellt. Gemeinsam ist beiden, dass sie – sei es durch Geburt oder sei es durch Verschuldung – auf Kosten anderer ihr luxuriöses Leben genießen. Die verschuldeten Offiziere arbeiten, so die Botschaft, nicht für ihren Unterhalt, sie leben auf Pump oder auf Kosten der (auch zweifelhaften) ökonomischen Basis ihrer Familien. Ein nicht abreißendes Motiv ist daher die Suche des Offiziers nach einer Quelle für seinen teuren Lebensunterhalt. Aktivitäten wie Pferderennen, Wetten oder andere Glücksspiele waren hier beliebte Motive. Eine andere, nachhaltigere Lösung für den Offizier von verarmtem altem Adel war die Geldheirat mit einer Tochter aus bürgerlichem Hause.

Topos »Feminisierung« und »Infantilisierung«: Bedingt Einsatzbereit

Der Topos der Heirat mit einer Frau wegen ihres Reichtums deutet in der Umkehrung des bürgerlichen Rollenbilds vom männlichen Ernährer auch eine »Feminisierung« der Offiziere an. In der Karikatur verwischen in diesem Szenario die Grenzen von Weiblichkeit und Männlichkeit entlang der ihnen zeitgenössisch zugeschriebenen Ästhetiken und Eigenschaften. In einer Zeichnung von Max Hahn in der Zeitschrift *Jugend* ist eine junge Frau in Unterwäsche abgebildet und spricht voller Stolz: »Det neie Corset hat mir mein Leitnant jeschenkt! Er hat'n Abschied jekriegt, nun brauch er't nich mehr!«[69] Im Allgemeinen führt hier die Karikatur mit der Verweiblichung der Aristokratie wesentliche Bestandteile bürgerlicher Adelskritik seit dem 18. Jahrhundert fort und überträgt diese auf das Offizierskorps. Vor allem in den Karikaturen im Zuge von Militärskandalen zeigen sich weitere Formen der Feminisierung oder zumindest des »Unmännlichen«. Im Zuge der sogenannten Eulen-

66 Der Begriff »Repräsentationsarbeit« entstand zusammen mit Christian Jaser im Rahmen der Ringübung »Figuren der Freizeit« des Mittelbaus am Institut für Geschichtswissenschaften der HU Berlin im Sommersemester 2015.

67 »Ungleiche Lasten«, Zeichner Ed Thöny, in: Simplicissimus 16 (1912) 51, S. 896.

68 Rubrik »Lieber Simplicissimus«, in: Simplicissimus 8 (1903) 37, S. 298 (Beiblatt).

69 Militär-Effecten, Zeichner Max Hagen, in: Die Jugend 7 (1902) 3, S. 42.

burg-Affäre, als Vorwürfe von Homosexualität im Umfeld des Kaisers laut wurden, traten homophobe Themen in der Karikatur auf. Offiziere wurden mit weiblichen Rollenklischees der Zeit um 1900 belegt.[70]

Das gleiche gilt auch für den Topos der Infantilisierung. Im Skandal um das bereits erwähnte Buch *Aus einer kleinen Garnison* wird dies deutlich. Der starke Einfluss der Gattin des Kommandeurs auf die Führung des Regiments war ein Thema, das die Blätter beherzt aufgriffen. So sitzt etwa ein bübisch und als hörig dargestellter Offizier auf dem Schoß der – so der Titel – »Frau Oberst«.[71] Im Modus von Feminisierung und Infantilisierung lieferten die Karikaturen das Bild der Negation soldatischer Männlichkeit. Sie verknüpften diese mit mangelhafter militärischer Effizienz und stellten somit die Legitimation des Offizierskorps als privilegiertem Stand in Frage. Zudem wird der Offizier durch Infantilisierung und Feminisierung aus der (im Bürgertum männlich besetzten) Erwerbsgesellschaft ausgeschlossen, die sich über Teilhabe an Arbeit definierte.

4. Inkongruente Zeiten – oder: Wo bitte ist der Witz?

Im Rückblick nach mehr als einem Jahrhundert wirken die Witze, Zoten und Karikaturen veraltet und wenig lustig. In zeitgenössischen Kontexten eingebettet ist dies jedoch anders. Legt man die skizzierten Topoi übereinander, dann führt ihr zeitgenössischer Humor auf die Spur der Auseinandersetzungen um die normativen Vorstellungen von einer richtigen Zeitnutzung. Der Offizier benutzt Zeit nach Meinung der Humoristen falsch und liefert ihnen so den deutlichen Kontrast zu der sich abzeichnenden Formierung der Arbeitsgesellschaft und den mit ihr einhergehenden Zeitregimen. Diese Inkongruenz der Zeitregime erzeugt jene Irritationen, welche die Witze funktionieren lässt. Die normative Grenzziehung zwischen Arbeitszeit und Freizeit wird so mithilfe des Offiziers als Grenzverletzer sichtbar gemacht.

Analytisch gewendet: Das Zeitregime der Moderne entwirrt das vermeintlich vormoderne ›Zeitknäuel‹ sich überlagernder Zeiten und Zeitnutzungen und ›packt‹ es auf einen gerichteten linearen Zeitpfeil. Mithilfe der Uhrzeit rhythmisiert, taktet und synchronisiert das moderne Zeitregime Prozesse in der sich funktional ausdifferenzierenden, arbeitsteiligen Gesellschaft. In einer so regulierten Gesellschaft, in der Zeit in immer gleiche Abschnitte eingeteilt werden kann, wird sie zur Einheit und Ware, die eindeutig belegt sein muss. *Time orientation* – eine Ausrichtung auf Arbeitszeit – setzt sich mit E.P. Thompson gesprochen normativ in diesem Zusammenhang gegenüber einer *task orientation* – einer Orientierung auf Aufgaben und Produkte – durch.[72] Damit entstehen klar voneinander abgegrenzte Zeiträume, die mit spezifischen Tätigkeiten gefüllt werden. Für einen aufmerksamen wie kritischen Beobachter wie Friedrich Nietzsche war die Trennung von Arbeit und Muße/Freizeit ein wesentliches Merkmal der Epoche.[73] Das moderne Zeitregime strukturiert aber nicht nur den Tag in Phasen entlang der Kategorien Arbeitszeit und freie Zeit, sondern wirkt sich auf die gesamte Lebenswelt aus, die im 20. Jahrhundert immer weiter verregelt wurde: in der Woche

70 »Aus dem Soldatenleben«, in: Der Wahre Jakob 24 (1907) 558, S. 5638; »Eine Reform des Kürassierpanzers«, in: Der Wahre Jakob 24 (1907) 556, S. 5598.

71 »Die Frau Oberst«, Zeichner: F. von Neznicek, in: Simplicissimus 8 (1903) 37, S. 239.

72 Wegweisend und immer wieder aufgegriffen und weiter ausdifferenziert E. P. Thompson, Time, Work-Discipline, and Industrial Capitalism, in: Past & Present 16 (1967) 38, S. 56–97.

73 Jörn Leonhard/Willibald Steinmetz, Von der Begriffsgeschichte zur historischen Semantik von ›Arbeit‹, in: dies. (Hg.), Semantiken von Arbeit, S. 9–59, hier S. 57.

mit dem arbeitsfreien *weekend*; im Lauf des Jahres mit (bezahltem) Urlaub; und bezogen auf den Lebenslauf mit den Abschnitten Kindheit, Erwerbsleben und Ruhestand. Im Alltag der Menschen um 1900, ob in der Fabrik, der Kaserne, dem Büro oder dem Offizierskasino, mischten sich allerdings noch vielfach Zeiten miteinander und die normative Kraft des Zeitregimes begann sich erst allmählich aber beständig zu entfalten. Nichtsdestotrotz ließ sich der Offizier, wie ihn die Witzblätter zeichneten, in dieses temporale Raster, welches sich um das Konzept der Erwerbsarbeit bildet, nicht einordnen.

5. Dienst oder Arbeit. Der Offizier und die Arbeitsgesellschaft

In den Konjunkturen von Wertschätzung und Nichtwertschätzung von Arbeit schlug das Pendel um 1900 deutlich in Richtung einer sehr positiven Besetzung von Arbeit aus.[74] Der Offizier stand als pars pro toto für eine als dekadent und parasitär empfundene Adelsgesellschaft. Das höfisch-feudale Leitbild, dass ein guter Gentleman, Hofmann und Tänzer auch gleichzeitig immer ein guter Offizier sei, und dass gerade im Nichtstun, der Leichtigkeit, der Lässigkeit, der *sprezatura* seine potenzielle Leistungsfähigkeit gründete, geriet in diesem Kontext in eine tiefe Krise.[75] Max Weber beschreibt diesen Wandel zeitgenössisch prägnant wie einfach: »Auch das moderne Massenheer ist ein bürokratisches Heer, der Offizier eine Sonderkategorie des Beamten im Gegensatz zum Ritter, Kondottiere, Häuptling oder homerischen Helden. Auf der Dienstdisziplin beruht die Schlagkraft des Heeres.«[76]

Vor dem Hintergrund dieser Strömungen war der Typus des karikierten Offiziers dysfunktional geworden. In diesen Kontext gestellt, verkörpert der von den satirischen Magazinen und Verhaltenscodizes hervorgebrachte Offizierstyp einen aristokratischen Atavismus, der in seiner Zurschaustellung von Nichtstun nicht mehr Bewunderung und Anerkennung erfahren konnte. Aus dem sich zumindest normativ verdichtenden industriellen Arbeitszeitregime und den Vorstellungen einer modernen Arbeitsgesellschaft fiel der Offizier in seiner überspitzen Karikierung als preußischer Gardeleutnant heraus.

Ähnliches lässt sich auch für die Freizeit feststellen. Vor allem in den bürgerlichen Gesellschaften galt das falsche Nutzen von Zeit als große Gefahr. Das ›Freizeitproblem‹ entstand Ende des 19. Jahrhunderts mit der Regelung und Verkürzung der Arbeitszeiten mit Blick auf die Arbeiter_innenschaft. Freizeit konnte, aus Sicht von Sozialreformern, nicht den Arbeiter_innen selbst überlassen werden.[77] Zu groß war die Angst vor Ausschweifungen und den Angeboten der Vergnügungsindustrie, von Kneipen[78] bis Varieté, aber auch vor Träumerei, Bummeln, und nutzlos verbrachter Zeit bis hin zur Revolutionsgefahr. Freizeit musste gestaltet, sinnvoll genutzt, also kanalisiert und kontrolliert werden. Müßiggang sollte

74 Ebd. S. 56f.

75 Siehe zu diesem Leitbild anonym: Der Offizier, I. Das Moderne Ritterthum, Eine Reaktion auf den Beitrag bringt der Kladderadatsch mit dem Hinweis, dass dies im Militär-Wochenblatt gesagt doch alles nur ironisch gemeint sein könne. »Das erlösende Wort«, in: Kladderadatsch 42 (1889) 36, S. 143.

76 Max Weber, Wirtschaft und Gesellschaft, II. Teil, Kapitel 9, 8. Abschnitt 8, § 3.

77 Jürgen Reulecke, »Veredelung der Volkserholung« und »edle Geselligkeit«. Sozialreformerische Bestrebungen zur Gestaltung der arbeitsfreien Zeit im Kaiserreich, in: Gerhard Huck (Hg.), Sozialgeschichte der Freizeit. Untersuchungen zum Wandel der Alltagskultur in Deutschland, Wuppertal 1980, S. 141–160.

78 Roy Rosenzweig, Eight Hours for What We Will. Workers and Leisure in an Industrial City, 1870–1920, Cambridge/New York 1983, hier v. a. das Kapitel zum Salon.

nicht möglich sein und bedrohte die Ordnung.[79] Die Witze gegenüber dem aristokratischen Offizierstyp projizieren dieses Verständnis von Freizeit und Arbeit sowie Kritik an dieser Lebenshaltung ›nach oben‹. Die militärischen Regelsysteme waren ein ähnlicher Eingriff in die Zeitautonomie, aber an völlig andere Inhalte und Ziele gekoppelt.

In den normativen Kategorien von Arbeit und Freizeit der modernen Arbeitsgesellschaft wird der Offizier nicht greifbar. Sein Zeitnutzen lässt sich nirgendwo festmachen. Im Kategoriensystem, das Arbeit und Freizeit liefern, erscheint er allenfalls als flüchtige Existenz. Er überschreitet zwar Grenzen. Auch dehnt sich Arbeit in Freizeit und Freizeit in Arbeit aus. Als Werte oder Zeiträume haben diese jedoch keine Bedeutung für ihn. Damit wird der Offizier zum vermeintlichen Außenseiter und zu einer tatsächlichen Witzfigur in einer Gesellschaft, die sich weniger über Dienst und dienen, sondern immer mehr über Teilhabe an Arbeit – genauer Erwerbsarbeit – zu identifizieren begann.[80] In der Zeit um die Wende vom 19. zum 20. Jahrhundert verzahnte sich Leistung mit einem auf die Produktion materieller und immaterieller Güter gerichteten Arbeitsbegriff.[81] Plakativ gesprochen war Erwerbsarbeit eine möglichst effizient verrichtete, definierte Tätigkeit während eines bestimmten Zeitraums, für den die Arbeitenden entlohnt wurden. Diesem auf Erwerb ausgerichteten Arbeitsethos stand ein Dienstethos des Offiziers gegenüber, dem eine völlig andere Zeitökonomie zugrunde lag. Dienst leisten – und das gilt für den Beamten wohl in ähnlicher Form – war weniger ökonomisch, technisch und physisch definiert, sondern auf den Monarchen und/oder den Staat, sowie auf Werte wie Treue, Pflicht und Ehre ausgerichtet, die keine Arbeitszeit, allenfalls Zeiten der Bewährung kannten.[82] Dienst war immer – selbst wenn es gleichsam nichts oder auch übermäßig viel zu tun gab.

6. Nomadische Existenzen: Rück- und Ausblicke

Die beiden Erkundungsgänge haben die komplexen temporalen Rahmungen der Sozialfigur des Offiziers deutlich gemacht. In der Innenperspektive und den Selbstzuschreibungen zeigen sich in der Alltagspraxis der Offiziere zum einen Tendenzen, Zeiträumen voneinander abzugrenzen, die als Freizeit und Arbeit begriffen werden können. Zum anderen werden diese Zeiteinheiten miteinander verschaltet. In seinem Zeitnutzen ist der Offizier einem strikten Regime der Verhaltenssteuerung und Repräsentationspflichten sowie konkreten Erwartungshaltungen im eigentlichen Dienst und auch danach unterworfen. Komplexe Regeln – die ›Standespflichten des Offiziers‹ – erheben den Anspruch, rund um die Uhr bis ans Lebensende gültig zu sein. Außerdem wird deutlich, dass es vermeintliche Freizeitaktivitäten, wie der elegante Auftritt in Gesellschaften, der Tanz oder Sport und ähnliche Ausdrucksformen jenes Gentlemanideals waren, dessen Charakter und Fähigkeiten man zeitgenössisch mit den Anforderungen an einen ›guten‹ militärischen Führer gleichsetzte. Daran schließt die Außenperspektive an. Durch die Brille der Satire erscheint der Offizier als eine von aristokratischem

79 Gabriele Stump, Müßiggang als Provokation, in: Wolfgang Asholt/Walter Fänders (Hg.), Arbeit und Müßiggang 1789 bis 1914, Frankfurt a. M. 1991, S. 181–190.

80 Zum Diener siehe die anregende Studie Markus Krajewski, Der Diener. Mediengeschichte einer Figur zwischen König und Klient, Frankfurt a. M. 2010.

81 Nina Verheyen, Die Erfindung der Leistung, Berlin 2018, insbes. S. 130–139.

82 Zur möglichen Vergleichsfolie des Beamten siehe das Projekt von Therese Garstenauer zu Österreichischen Staatsbediensteten und deren Standesgemäße Lebensführung (1918–1940) an der Universität Wien. Ein Blick in den Projektblog lohnt immer: https://homepage.univie.ac.at/therese.garstenauer (letzter Zugriff 20.10.2018).

Standesdünkel geprägte Figur, die zwischen totaler Freizeit und totaler Langeweile oszilliert, in (Zeit-)Luxus lebt und gleichzeitig produktive Arbeit vehement ablehnt. Diese Distinktionsmechanismen, die die Offiziere tatsächlich inszenierten und welche die Karikaturen aufgriffen und überspitzten, werden in den Augen der Humoristen jedoch den militärischen Anforderungen der Jahre um 1900 nicht gerecht. Mit der Leitvorstellung moderner Erwerbsarbeit und der entsprechenden Aufteilung und Zurichtung von Zeiträumen lässt der Offizier sich nicht fassen.

Zwang und Freiheit lassen sich daher in der Welt der Offiziere nicht voneinander trennen. Zeiten und Zeiträume fließen ineinander und kolonisieren sich gegenseitig. Bezogen auf die Grenze von Arbeit und Freizeit ist der Offizier mehr als nur ein regelmäßiger Grenzgänger: Viel eher durchstreift er als nomadische Existenz die Landschaften der Zeit. Ist der Offizier damit ein Sonderfall, ein Anachronismus? Sicherlich nicht. Auch wenn er durch seine Bereitschaft zum Töten und Getötetwerden eine Sonderstellung einnimmt, befindet er sich in guter Gesellschaft mit anderen Sozialfiguren. Dass Zeiten ineinanderfließen und Menschen in hybriden, und unklaren Zeiträumen agieren, gilt auch für den Dandy, die Studentin, den Privatdozenten oder die Wissenschaftlerin, den Beamten, für die Unternehmerin, den Eintänzer, die Schwarzarbeiterin, sicherlich auch für First Ladies, First Gentlemen, den Nationalspieler und die Betriebssportlerin, den Überstundenmacher, die Start-up-Mitarbeiterin, den Heimwerker und viele mehr.

Die Erkundungen an der Grenze von Arbeit und Freizeit haben gezeigt, dass eine klare, strikt gezogene Grenze zwischen Arbeit und Freizeit nur schwer zu identifizieren ist, aber von vielen angestrebt, eingefordert und durchzusetzen versucht wird. Stattdessen zeigen sich mannigfaltig verschränkte Kontaktzonen und Übergangsräume. In einer Perspektiverweiterung rücken mit der Vermessung dieser temporalen Grenzregionen deshalb Normen und Praktiken der Grenzziehung, Grenzverschiebung, Grenzüberschreitung, Grenzverwischung und der kompletten Grenzaufhebung und mit ihnen die Frage nach Kontakten, Zirkulationen, aber auch nach Konflikten und Abschottungsversuchen in den Mittelpunkt des Interesses. So können die Relationen von Arbeit und Freizeit in ihrer Komplexität und in ihren Wechselwirkungen, wie sie am Beispiel des Offiziers in Umrissen deutlich geworden sind, weiter betrachtet werden. »Im Nichtstun«, so ein Laotse zugeschriebener Aphorismus, »bleibt nichts ungetan« – und das gilt sicherlich auch umgekehrt.

■ Rósa Magnúsdóttir

Living Socialism:

An Icelandic Couple and the Fluidity between Paid Work, Voluntary Work, and Leisure

The Icelandic couple Þóra Vigfúsdóttir and Kristinn E. Andrésson were married from 1934 until Kristinn's death in 1973, their joint story spanning fifty years in the turbulent 20th century.[1] Devoted socialists and friends of the Soviet Union, Þóra Vigfúsdóttir (1897–1980) and Kristinn E. Andrésson (1901–1973) dedicated their adult lives to working for the socialist cause in their native country of Iceland. Their strong belief in socialism defined everything they did, completely blurring the boundaries between work and leisure. Moreover, in spite of abundant proof to the contrary, they believed in the superiority of socialism for their whole lives and remained openly loyal to the Soviet system, even Stalinism.

In many ways, Kristinn and Þóra led privileged lives. They were members of the transnational European creative intelligentsia who traveled widely; corresponded diligently with members of the Icelandic and European cultural elite; had a large and loyal group of friends; and spent most of their time reading, writing, and thinking. They both – at varying times – held paid positions but notably, their working lives always reflected their political views. In addition, their social lives, consisting mostly of voluntary work and leisure time, were so closely connected to their paid work that the boundaries between them were continually unclear, even non-existent. This was only possible because the leitmotif of their lives – their unwavering belief in socialism – provided a connection and blurred the lines between time spent on work and leisure.

This article uses a biographical approach to cast light on the blurred boundaries between work and leisure in the lives of these two Icelandic intellectuals. It argues that their devotion to socialism and to the Soviet Union, i.e. their strong ideological belief, sustained the evident fluidity between paid work, voluntary work, and leisure in the lives of Kristinn and Þóra. While the time Kristinn and Þóra spent on ideological work can be categorized according to the dichotomy of work and leisure, it is important to note, that when Kristinn and Þóra wrote about work (paid and voluntary) and leisure, it was always in relation to their ideological goals. They measured the value of all of their activities (or time spent) in terms of how they succeeded in advancing the socialist cause. In their privilege as intellectuals, they had control over their time (also in most of their paid positions) and in line with their socialist worldview, they »worked on themselves« during their leisure time.[2] Throughout this article, I emphasize that for the two of them, work was omnipresent as it was engrained in their lives' mission. They do not often differentiate between paid or voluntary work in their own

1 In this paper, I will adhere to the Icelandic tradition of addressing people by first name. It should also be noted, that this paper is a part of a larger project, which focuses on the lives of Kristinn E. Andrésson and Þóra Vigfúsdóttir in much more detail.

2 Vadim Volkov, The Concept of kul'turnost: Notes on the Stalinist Civilizing Process, in: Sheila Fitzpatrick (Ed.), Stalinism: New Directions, London 2000, pp. 210–230.

writings, but they address the meaning and value of time spent on work in general. When they discuss what we theorize as leisure time, it is usually as a synonym with purposeful restoration, which, as we will see, was an ingrained part of the ideological mission of socialism.

To be sure, it was Þóra and Kristinn's idealism and unshaken conviction that sustained their ability to dedicate their whole lives, both their working lives and their leisure time, to advocating for socialism. Socialist values, however stringent they may seem, were under constant attack in Kristinn and Þóra's lifetime. The article therefore discusses how they devoted their lives to an ideological belief system, which in Kristinn and Þóra's case was as firmly grounded in anti-Americanism as it was in their adherence to Soviet socialism. Throughout their lives, they never wavered in their conviction, even as many of their compatriots and friends changed their minds, for instance during the momentous events of 1956 and later in 1968. Indeed, by dedicating their lives to the socialist cause and the moral and cultural education of Icelandic youth, farmers, and workers, Kristinn's and Þóra's lives were lived in close accordance with Marx's definition of »meaningful work.«[3] However, Moscow (and East Berlin) frequently contributed to their goals with direct and indirect funding; allowing Kristinn to earn a living (however unstable) and contributing to the Soviet propaganda and ideology work Kristinn took responsibility for in Iceland. Moreover, as will become clear, the official structure of socialist leisure (or »meaningful leisure«) aimed to confirm in loyal socialists the continued meaning of advocating for the cause. This paper argues that the mental restoration of international socialists was strategic and played an important role in their ongoing support.[4] Indeed, the socialist propaganda and agitation system anticipated the need to provide for both »meaningful work« and »meaningful leisure« in the lives of its followers, as exemplified in the lives of Kristinn and Þóra.

The Icelandic Context: Ideology and Socialist Intellectuals

During the Second World War, Iceland was occupied by the Allies: first by the British in 1940, then as of 1941, by the US military. The war years were economically prosperous for Iceland and in 1944 Iceland declared independence from German-occupied Denmark. Kristinn was a Member of Parliament for the Socialist Party from 1942 to 1946 and the editor of Þjóðviljinn, the socialist newspaper, in 1946/47 and was therefore in the midst of several political storms both during and immediately after the war. Only recently independent from Denmark, postwar Iceland had strong cultural ties to the Nordic countries but the long struggle for independence (dating back to the 19th century) and the allied occupation of Iceland during the Second World War, contributed to a strong sense of patriotism. This patriotism became especially apparent during the early days of the Cold War, when the Icelandic parliament granted the US-American military use of Keflavik airport for transit purposes in 1946 and later, in 1949, when Iceland became a founding member of NATO. Then, in 1951, with the Korean War raging, the United States and Iceland signed a Defense Agreement, which brought American soldiers back on Icelandic ground.[5]

3 Richard J. Arneson, Meaningful Work and Market Socialism, in: Ethics 97 (1987) 3, pp. 517–545.

4 This builds on Diane Koenker's argument about travel and leisure in the Soviet Union. See her book: Club Red: Vacation Travel and the Soviet Dream, Ithaca/NY 2017.

5 Valur Ingimundarson, Immunizing Against the American Other: Racism, Nationalism, and Gender in US-Icelandic Military Relations During the Cold War, in: Journal of Cold War Studies 6 (2004) 4, pp. 65–88, here p. 65.

Because of all this, Icelandic nationalism manifested itself in part as cultural resistance to American modernity. At the same time both superpowers had launched a full frontal propaganda war, which was noticed throughout the world.[6] This propaganda war took the form of an actual cultural Cold War in Reykjavík with both sides relying heavily on cultural relations to win the hearts and minds of the Icelandic population.[7] The financial means, organizational, and administrative structures of cultural relations of the superpowers varied a great deal, yet misinformation and mutual suspicion had both sides believing that they were engaging in an uphill battle in the fight for Icelandic popular opinion.

It is important to note that while efforts to establish and maintain cultural relations in the postwar period relied in many ways on earlier initiatives from the 1930s, the Second World War only strengthened people like Kristinn and Þóra in their belief. The victory of the Allies, especially the war effort of the Soviet Union, was celebrated amongst Icelandic socialists who felt justified in their fight for socialism and viewed the ensuing Cold War as an attack on the Soviet value system. In addition, the Icelandic Socialist Party took part in government from 1944 to 1947 and in the postwar years, supported by close to a fifth of the electorate in its openly pro-Soviet and violently anti-American stance.[8]

After the war, socialists all over the world found new energy advocating for the Soviet peace initiative and Þóra and Kristinn were no exception. In Iceland, the intense but ambivalent relationship with the United States gave local socialists a sense of urgency: in addition to maintaining the peace they had to fight the allure of the American way of life with all their might. Kristinn and Þóra were at the forefront of this ideological war, devoted to showing the Icelandic population that the Soviet modernity was morally superior to its American counterpart. They experienced the Soviet Union and Soviet people first hand: as of the mid-1930s, Kristinn and Þóra traveled regularly to the Soviet Union and Eastern Europe and they hosted Soviet artists and visitors in their private home in Reykjavík when they visited Iceland. They spent most of their time with likeminded individuals, at home and abroad, indicating their unwavering devotion to the fight for socialism in Iceland and globally. When financial worry was draining Kristinn, Moscow, and sometimes East Berlin, repeatedly stepped in and contributed to his cultural and socialist projects in Iceland. Both granted direct funding, but also provided all-inclusive invitations to health resorts in the Soviet Union and Eastern Europe to help them both maintain the energy and motivation to advocate for socialism in Iceland.

Paid Work, Voluntary Work, and Leisure in the Life Course of Kristinn and Þóra

Þóra and Kristinn left a large collection of personal sources, including diaries and letters that cast light on their inner lives, thoughts and reflections about their daily goals, interactions with colleagues and friends, and their overall idealism. The sources are rare in the sense that Þóra and Kristinn constantly reflected on global events as well as on local politics and culture.

6 For more on Soviet ideology and propaganda in the postwar years, see Rósa Magnúsdóttir, Enemy Number One: The United States of America in Soviet Ideology and Propaganda, 1945–1959, Oxford 2019.

7 See Rósa Magnúsdóttir, Menningarstríð stórveldanna á Íslandi, 1948–1961, BA Thesis, University of Iceland, 1999, and ibid, Menningarstríð í uppsiglingu: Stofnun og upphafsár vinafélaga Bandaríkjanna og Sovétríkjanna á Íslandi, in: Ný saga 12 (2000), pp. 29–40.

8 See, e. g. Ingimundarson, Immunizing Against the American Other.

They describe the Cold War from the frontlines of the battlefield, fighting a propaganda war against the very powerful American presence in the small country of Iceland with the support of Soviet propaganda chiefs. The nature of the sources allows the historian to see instances of reflections on work, rest/leisure, and retirement, and in the case of Þóra and Kristinn, to show the fluidity of these categories when it comes to how they spent their time. It should also be noted that after Kristinn's death, it was Þóra herself who curated and donated their personal papers to the Icelandic National Library, indicating that she was aware of the value they might have for future historians.[9] There is no indication, however, that they consciously differentiated between the value of paid work, voluntary work, and leisure. Rather, their industriousness in all aspects of their lives is analyzed with regard to the ideological belief that motivated them, and Soviet efforts to sustain their drive. Þóra and Kristinn lived their lives in line with Soviet propaganda at the time, when the construction of the »new Soviet man« introduced the concept of »working on oneself.«[10] In their free time, or leisure time, their efforts to advance their understanding of socialism through reading and writing were therefore entirely in line with Soviet propaganda about how to be a good communist.[11]

Kristinn and Þóra met in 1933, which is also the year they started their life-long devotion to communism and each other.[12] Kristinn had just returned home from Germany where he had studied Nordic and German Literature. He traveled to Italy in 1928 and was appalled by Italian Fascism; he saw Hitler – cheered on by Goebbels – giving a speech in Berlin in the early 1930s and was equally disgusted by the spectacle.[13] Soon after returning to Iceland in February 1932, he became chairman of the prewar Icelandic Friends of the Soviet Union Society (*Sovétvinafélagið*), the first of many voluntary positions Kristinn would take on in his lifetime. Two years later, in 1934, he and Þóra got married and traveled to the Soviet Union for the first time.[14] They were completely in awe of what they witnessed there, and they were not alone. Numerous Western intellectuals visited the young Soviet Union in the 1920s and 1930s to witness the »great experiment« and as Michael David-Fox has said, these tours »must be regarded as one of the most consequential cross-cultural encounters of the twentieth century.«[15]

The 1934 visit was certainly consequential for Kristinn and Þóra. Like many intellectuals, Kristinn came home and published a travelogue based on the visit, thereby contributing to a much-valued genre in the propaganda department, i.e. materials written about the Soviet Union from the outsider perspective. Soviet authorities highly appreciated travelogues that provided the Soviet project with legitimacy and international prominence, and from the very beginning, Kristinn was on favorable terms with his Soviet friends.[16] Later, when reflecting

9 In the larger project, the subjectivity of the diaries and letters is discussed in much more detail.

10 See Volkov, The Concept of kul'turnost.

11 Þóra and Kristinn identified as communists and therefore, the terms socialist and communists are here used interchangeably.

12 Rósa Magnúsdóttir, Þóra, Kristinn og kommúnisminn: Ævisagan og hið stóra samhengi sögunnar [Þóra, Kristinn, and Communism: Biography and the larger historical context], in: Skírnir 187 (2013) 1, pp. 116–140.

13 Kristinn E. Andrésson, Enginn er eyland: Tímar rauðra penna, Reykjavík 1971, p. 51.

14 Ibid., p. 60.

15 Michael David-Fox, The Fellow Travelers Revisited: The »Cultured West« through Soviet Eyes, in: The Journal of Modern History 75 (2003) 2, pp. 300–335.

16 Kristinn's book, *Frá Reykjavík til Odessa* [From Reykjavik to Odessa], was published by the Icelandic Friends of the Soviet Union Society in 1934.

on some of the Soviet Union's most difficult moments internationally, Kristinn would return to the 1934 visit as the basis for his own conviction about the righteousness of the Soviet project: what he saw in 1934 justified all actions Soviet leadership had taken in order to achieve its goals ever since.[17]

This strong belief in the Soviet socialist project is also reflected in the paid work, voluntary work, and leisure activities of both Þóra and Kristinn. Þóra trained as a massage therapist in Denmark in the late 1920s and worked as such for a few years in Akureyri and Reykjavík, but she did not work in her profession after she married Kristinn. Earlier, she had received good reviews as an actress but as of the 1930s, she was first and foremost a wife, an activist and a homemaker. However, she also held various small jobs, such as maintaining the women's page of the socialist newspaper, founding and editing a feminist-socialist journal, and translating and writing numerous articles about travelling to socialist countries, literature, fashion, and culture in general. Some of the work she conducted was certainly paid work, but many of her efforts were not; she took them on anyway because she believed they were important to the socialist cause. Þóra also took stints at working part time in her husband's publishing house and bookstore. Equally important, she repeatedly hosted large and small groups of friends, in addition to entertaining delegations from socialist countries and the employees of Kristinn's publishing house. Her compatriots often noted her natural charm and intellect, and it was in large part due to her skills as a hostess that the home of Kristinn and Þóra, at various places in Reykjavík, was renowned for highly intellectual discussions about culture and contemporary events that often went on late into the night.

Kristinn was educated as a literary scholar in Iceland and Germany in the 1920s and the 1930s and wrote several books and hundreds of articles on literature and cultural issues in general. He wore many different hats in his lifetime: he was a politician, teacher, newspaper editor, and publisher. As mentioned before, in his wage-earning working life, he served as a Member of Parliament for the Socialist Party from 1942 to 1946, and editor of the socialist newspaper Þjóðviljinn from 1946 to 1947. Already in 1937 he had become the chief executive officer at one of the leading publishing houses in Iceland, *Mál og menning*, which was officially affiliated with radical and socialist writers and at times received generous financial support from Moscow. He held this position for over thirty years, until he retired in 1970.[18] Without a doubt, Kristinn's main identity was that of a publisher. He used his status in the intellectual community, in Iceland as well as in the Soviet Union and the Eastern Bloc, to raise funds and awareness for his various literary and socialist projects. His diaries and letters also show that Kristinn did not have a steady, monthly income, but was paid to the best ability of the publishing house at each point in time, which can be seen as yet another piece of evidence to the ideological incentive behind all this work.

Kristinn was always very active in voluntary work, taking on much responsibility in several cultural organizations. He had been one of the initiators of the Society for Revolutionary Writers in Iceland (*Red Pens*) which was founded in 1933 as well as a small publishing house established in 1934, *Heimskringla*. Both were a result of the Comintern urging Icelandic

17 This is clear in Kristinn's autobiographical book, *Enginn er eyland,*which is written in essay form and focuses mostly on the 1930s.

18 On the funding of Nordic Communist and Socialist Parties, see Morten Thing (ed.), Guldet fra Moskva: Finansieringen af de nordiske kommunistpartier 1917–1990, Copenhagen 2001, especially the chapter on Icelandic funding: Jón Ólafsson, At tjene landet – og partiet: de islandske socialister, ibid., pp. 187–205.

communists to organize their cultural work[19] and Kristinn was heavily involved in all initiatives from this time, not only in the world of literature and publishing. He also took on the role of chief coordinator of both the 1930s organization, *Friends of the Soviet Union*, and the Cold War Soviet-Icelandic Friendship Society, *MÍR*, established in 1948. Additionally, Þóra and Kristinn were members of several international socialist front organizations and attended meetings and conferences all over the world. For example, Þóra was active in the Women's International Democratic Federation (WIDF) and Kristinn participated in the World Peace Council.

These various organizations were described as »public societies« in the Soviet Union but it was common knowledge that they were not independent of the Soviet government. Similarly, even if all the work Kristinn did for these societies was of voluntary nature, it was so closely intertwined with his overall cultural and educational goals in the service of socialism that he considered it a natural consequence to devote his time to these voluntary organizations. Kristinn had control over his daily schedule, which allowed him to spend time on his various voluntary work obligations when needed; and if his publishing house needed to be prioritized, he made sure that it was.

All of the work Kristinn did for these various organizations overlapped with his faith in socialism. As both a scholar and organizer of culture and propaganda related activities in Iceland, Kristinn wrote several reports to the Comintern and later to the *All-Union Society for Cultural Relations with Foreign Countries* (VOKS). He also frequented the Soviet Embassy in Iceland to update them directly on the political mood of the country, advocating for stronger cultural relations, or recommending people for travel or study in the Soviet Union and the Eastern Bloc. Furthermore, there are lengthy reports on conversations he had with officials in Moscow and East Berlin every time he visited, showing the importance of the cultural work he was doing as well as the encouragement and guidance he received from the relevant authorities.[20] On such occasions, for example, he negotiated financial agreements with Soviet officials who contributed to the construction of the building that housed his publishing house and the associated bookstore as well as paving the way for friends and others to visit the Soviet Union as guests of the socialist state, meaning the Soviet state covered the costs for both him and Þóra, if she was with him.[21]

Finally, both Kristinn and Þóra were nature lovers. Taking long walks in nature, either just outside Reykjavík or on their trips abroad, was an important way for them to restore their energy and spend time together. Their leisure time, however, was often spent reflecting on their ideological goals as seen in the fact that their restorative stays at socialist sanatoriums were often planned in relation to Kristinn's work. But they also spent countless hours hiking or in the company of family and friends. If, nonetheless, leisure seems to have played a minor role in their lives, it is because their social networks mostly consisted of likeminded individuals.

Meaningful Work – Meaningful Leisure

In Kristinn's and Þóra's diaries and letters, the overlap between work and leisure is visible in their repeated stays at health resorts in the Soviet Union and the German Democratic Republic, where they spent up to two months gathering strength after exhausting themselves

19 Hannes Hólmsteinn Gissurarson, Íslenskir kommúnistar, Reykjavík 2011, p. 100.
20 See various archives, mainly in Moscow but also in Berlin.
21 Jón Ólafsson, Kæru félagar: Íslenskir sósíalistar og Sovétríkin, 1920–1960, Reykjavík 1999.

with work and financial worries over lengthy periods. One such stay, at Schloss Teupitz about 60 km southeast of Berlin, took place in 1960. Very typically, Þóra and Kristinn combined the trip with work, starting out by spending a few days in Copenhagen, meeting people and running errands. From there, in company with Danes and Norwegians, they traveled by train and ferry to Rostock for an organizational meeting regarding the upcoming Baltic Week.[22] From Rostock, they caught a car ride to Berlin where they stopped briefly, only to continue to Leipzig to attend the yearly Book Fair. Kristinn wrote in his diary that after some difficulty in finding accommodation, they were given the best hotel, the Astoria, but after that was settled, he went »straight to work.«[23]

Kristinn attended as a publisher, editor, and writer. He worked hard to get book contracts and spent most of his time at the book exhibit or in meetings. In a letter to her foster daughter, Halla Hallgrímsdóttir, Þóra wrote that Kristinn had spent all day at the book fair »and felt like he was in a sort of book-paradise.«[24] After Leipzig, they went back to Berlin, where Kristinn continued to meet with publishers and representatives of the Ministry of Commerce. Here, Þóra again described their activities in more detail than Kristinn, who focused on the business side of things. She wrote that Kristinn had just as much to see to in Berlin as in Iceland, making sure that books were printed for the publishing house and meeting with people. But her letter also recounts how they took advantage of the cultural life in Berlin, as they attended the theater several times and in general had a lovely time.[25]

Finally, on March 12, they reached Schloss Teupitz where they were supposed to spend two weeks resting. On that day, Kristinn wrote in his diary that upon arrival, he headed straight to the library to look at all the books available. He had brought several books with him and started out by reading his own books that very first morning before later turning to the depository at the library. Kristinn noted the strict schedule of the day in terms of carefully timed meals and the focus on outdoor activities, but this was not surprising. Socialist tourism was supposed to be both restorative and meaningful. Other studies have shown that even the library books at these health spas were chosen for their appropriateness, i.e. in terms of how representative they were of socialist values and ideology.[26] Kristinn and Þóra were nature lovers and as such they were in the habit of taking long walks, which they also did at Schloss Teupitz, but Kristinn likewise wrote about how he had diligently studied Russian history, taking detailed notes about his readings and observations in his diary. Apparently, the library allowed him to catch up on the premodern history of several European countries, »exhausting the available books on the subject in a few days« although he found it conspicuous that the library held no books on Greece. The Soviet campaigns for culturedness in the 1930s had encouraged reading of the literary canon and historical knowledge in order to advance the new Soviet man and woman. Kristinn's detailed account of his time at Schloss Teupitz shows

22 For more on the Baltic Week, which was a response to the West German Kiel Week, see Valur Ingimundarson, Targeting the Periphery: The Role of Iceland in East German Foreign Policy, 1949–89, in: Cold War History 1 (2001) 3, pp. 113–40, especially pp. 128–129.

23 The Diary of Kristinn E. Andrésson, National and University Library of Iceland (NULI), Lbs25 NF.

24 Letter from Þóra Vigfúsdóttir to Halla Hallgrímsdóttir, March 26, 1960, Private Archive.

25 Ibid.

26 See Molly Wilkinson Johnson, Review of Die politische Rolle des FDGB-Feriendienstes in der DDR: Sozialtourismus im SED-Staat by Thomas Schaufuss, in: The English Historical Review 130 (2015) 542, pp. 256–258.

well how he, like a good socialist, »worked on himself« as a part of his mental and physical restoration and was never idle.[27]

During the stay, Kristinn and Þóra received letters and were visited by friends and colleagues. Translators and publishers sought out Kristinn, and he remained active the whole time they were at Schloss Teupitz, showing how even time reserved for restoration and leisure was optimized for work when appropriate. Their stay was prolonged until April 4, after which they spent three »very busy« days in Berlin before arriving in Moscow on April 7. Kristinn also had a busy schedule in Moscow, meeting with representatives of ministries and public organizations to plan and discuss the work of his publishing house as well as the activities of the Soviet-Icelandic Friendship Society. Þóra ended up sick and spent the majority of their stay in Moscow in a hospital.[28]

They were back in Copenhagen by the end of April and spent a month there. Copenhagen was like their second home, Þóra had studied there in the 1920s and they had lived in Copenhagen for two years in the late 1940s. As the old Icelandic metropole, Copenhagen was the place where Kristinn often went to conduct business for his publishing house, to meet other intellectuals, and to get some writing done away from the busyness of the everyday life at home. Þóra focused on getting back to health, and visited her foster daughter in Sweden.[29] Kristinn, however, focused on his writing and extended his stay in order to finish what he was writing before going home: »where he expects he will not have much time to write.«[30] He came home a week after Þóra, who upon return had spent a whole day sorting through the mail and the papers. She was busy the whole week and Kristinn also »had enough to see to« when he finally came home; moreover, many people wanted to visit now they were finally both home.[31] Kristinn did not finish the writing he set out to do in Copenhagen. He was involved in the official Icelandic committee, tasked with negotiating with the Danish government about returning some of the saga manuscripts home, and ended up having to attend many meetings.[32] He still felt the stay had been good for him, »even if he could not complete what he had set out to accomplish.«[33] All in all, they spent about four months away from home in the spring of 1960, with a large part of the trip devoted to rest and meaningful leisure, often overlapping with paid and voluntary work. The way they spoke of their everyday life and routines demonstrates how much they valued industriousness; it was natural for them to have a lot to see to and their travel and stays abroad were always a mix of work and leisure, with the boundaries between the two ever so unclear. Still, traveling abroad offered a recluse from Kristinn's and Þóra's everyday lives and they used the time abroad to unwind and recharge.

In a way, Kristinn and Þóra were living the Marxist idea of the right to »meaningful work.« The rationale behind meaningful work was that all citizens in advanced industrial societies, as the American philosopher Richard Arneson put it, would have

27 See Volkov, The Concept of kul'turnost.
28 The Diary of Kristinn E. Andrésson, NULI, Lbs25 NF.
29 Letter from Þóra Vigfúsdóttir to Halla Hallgrímsdóttir, April 30, 1960, Private Archive.
30 Ibid.
31 Letter from Þóra Vigfúsdóttir to Halla Hallgrímsdóttir, June 26, 1960, Private Archive.
32 The repatriation of the Icelandic manuscripts was an ongoing story, originating in the 19th century and culminating with the Danish decision to return some of the manuscripts in 1965.
33 Letter from Þóra Vigfúsdóttir to Halla Hallgrímsdóttir, June 26, 1960, Private Archive.

»a right to employment in which the work for which pay is received is interesting, calling for intelligence and initiative, and in which the worker has considerable freedom to determine how the work is to be done and a genuinely democratic say over the character of the work process and the politics pursued by the employing enterprise.«[34]

In the Soviet Union, the concept of work was of course, in theory, very clear, as well as its relationship to class and social identity. Work was an obligation, »the foundation of personal worth« and it »ennobled; it was mankind's highest calling.«[35] Furthermore, as the historian Diane Koenker has argued, the Soviet system agitated for *meaningful* leisure, which in the Soviet Union applied to both tourist activities and rest (*otdykh*). This meant that the Soviet state also aspired to control its citizens' and visitors' recreational activities. In early Soviet times, »the health spa vacation was the norm,« building on aristocratic habits of spending time away from the cities, where the privileged could restore their energy. As the Soviet project progressed, spa vacations gained »a high degree of purposefulness« and prioritized industrial workers. The goal was »to allow the vacationers to recover their health and energy and return to production stronger than before.«[36] In addition to the purposefulness of the spa vacation, socialist rest and restoration advocated for industriousness at all times – Kristinn's account bears witness to the pervasiveness of this narrative.

The Soviet Union understood that in order to maintain the »necessary conditions for productive labor« it would have to include rest and restoration as an important part of the socialist structure.[37] The Soviet state strived to »repair« workers, allowing them to restore their strength under the supervision of medical personnel, so that they could continue to work in the factory for another year.[38] As members of the creative intelligentsia, Þóra and Kristinn were able to structure their working lives independently and were unrestrained by aspects that every ordinary factory worker would have had to consider, be it inside and outside the Soviet Union. Nevertheless, the »restoration« of creative and ideological workers was just as important, as exemplified in their repeated stays at socialist health spas.

Judging from the writings of Þóra and Kristinn they were never idle and they valued hard work. Their time was devoted to one idea, namely socialism, and they spent their whole lives working toward increasing knowledge about the socialist project and socialist culture. If they showed signs of anguish, it was not related to if and how they should divide attention between work and leisure, it was more in terms of whether or not they felt accomplished and productive. For example, in January 1957 Kristinn wrote a letter to Þóra from Copenhagen where he was trying to get some work done:

»The days are passing, and for nothing. I have not even given myself time to see anyone, or to take care of any errands. I have not wanted to, not had the energy to, and not been in the mood to do it. And then I will come home as a beaten dog, embarrassed and ashamed for not having gotten any work done. And how am I supposed to apologize to you, for having spent the days doing nothing? How can I face you, and how will you ever trust me again?«

34 Arneson, Meaningful Work, p. 517.

35 Koenker, Club Red, p. 12.

36 Ibid., pp. 2–4, quotes on p. 3 and p. 4. For more on leisure in the Soviet Union, see f.ex. Katharina Kucher, Der Gorki-Park. Freizeitkultur im Stalinismus, 1928–1941, Köln 2008.

37 Koenker, Club Red, p. 12.

38 Ibid.

He then proceeded by telling Þóra that he would stay a few extra days to see if he would eventually be able to write a bit, hoping that the thinking he was doing would eventually lead to something in writing.[39] Kristinn's letter shows several things. It displays the struggle of intellectual work; how he has been isolating himself in order to be productive but has been too mentally exhausted to get »any work done.« Ultimately, it reveals his fear of being perceived as lazy and unworthy of representing the socialist way of life in general.

The type of ideological work they did would most certainly have been impossible without unconditional faith in socialism and vice versa. Communist party leaders in the Soviet Union and the German Democratic Republic were well aware of this quality of Kristinn E. Andrésson and supported him and Þóra in every way they could so that they would continue advocating for socialism. Even if Þóra's work for socialism was not always acknowledged publicly, at the end of his life, Kristinn noted how they had always »worked hand in hand, devoted to our common ideals«[40] and gave her full credit for her part in their joint efforts.

»Although I now retire […] I am not at all dying or leaving work«

In late 1970, Kristinn decided to stop working. What he meant by leaving work, was to quit the busy and challenging paid work at the publishing house as well as resign from the various voluntary positions he held in cultural organizations – but he was not going to spend his time in idleness. Þóra had been asking Kristinn to retire for a long time. His health had been declining for a while and he finally agreed to let go of his many responsibilities and claimed he wanted to focus on his writing in retirement.[41] Kristinn had a difficult time walking up the stairs to their third floor apartment, and Þóra was tired of the constant bills and demands made of him, especially on behalf of the publishing house. It seems that Kristinn had run the publishing house mainly on passion, solving the financial side continuously, often at the cost of their personal financial security. Kristinn wrote in his diary, that no one knew better than Þóra how difficult his work had been at *Mál og menning*, »how insoluble it had seemed to keep the firm alive, because of the financial issues and the amount of debt, but the strong intention and the ambition to never remit, but to always start a new offensive and find new and new ways when the prospects were at their worst.«[42]

Kristinn finally followed the advice of Þóra and his doctors but had no intention to sit around doing nothing after he retired. He was going to write. The endless struggles to find undisturbed time and space to write would now finally stop and he carved out an ambitious plan for writing about his two passions: Icelandic literature and communism. Þóra encouraged him, saying that he was »the only one who could cast light on the times we live in, tell the truth about them, otherwise everything that has happened in our time will be misrepresented and falsified.«[43] Kristinn did not get to write as much as he wanted, but he published two books before he died in 1973 and his last diaries show that he was diligent about writing and always hard at work during retirement.

39 Letter from Kristinn E. Andrésson to Þóra Vigfúsdóttir, January 17, 1957, NULI, Lbs25 NF.
40 Letter from Kristinn E. Andrésson to Ambassador Sergei Astafiev, October 14, 1970, p. 6, NULI, Lbs25 NF (in English).
41 The Diary of Kristinn E. Andrésson, October 6, 1970, NULI, Lbs25 NF.
42 Ibid.
43 Ibid.

Upon his retirement, Kristinn was awarded the Soviet jubilee medal devoted to the centenary of Vladimir I. Lenin. He wrote a thank you letter (in English) to Sergei Astafiev, the Soviet Ambassador in Iceland, asking him to pass on his gratitude to the Presidium of the Supreme Council of the Soviet Union. In the letter, he took the opportunity »to clear up with you some personal and common problems combined to my lasting friendship with the Soviet Union, my activities and my experiences.«[44] After going over some business matters with the bookstore and the difficulties with marketing and selling Soviet books in Iceland, Kristinn turned to what he called »personal problems«: »I will not anymore be working as manager of Mál and menning or any other of our enterprises. I have on the advice of doctors, because of illness and old age, to retire from such a hard work.«[45] In the long letter, he felt a need to go over his most important obligations, and accounted for his working life in the following way:

> *»Next year I become seventy years old and I have been manager of Mál og menning since its start 1937 and also of the publishing house Heimskringla since 1933, and the founder and now chairman of our printing work, Hólar, since 1946, and later inspiratory and manager of Vegamót, our new modern building in the centre of Reykjavík since 1958. And now, when I retire at the end of this year, this enterprises possess valuable properties, the printwork together with its buildings [...] big building Vegamót in the centre of Reykjavík, now locating the biggest bookshop in the city.«*[46]

It was important to Kristinn to list what he had accomplished in his time as manager of the publishing house. He had worked hard his whole life and even if the ideological war was still ongoing, he had much to show for his efforts. Kristinn had made sure that his protégé succeeded him at the publishing house. He also resigned from all of the various organizations he had volunteered for, some for over thirty years. After many years as one of the most influential members of the intellectual movement, a younger generation, somewhat less politically orthodox had taken charge.

Kristinn also went over some of the more turbulent times in his professional and personal life. For example, the »reactionary« US military presence in Iceland (especially the NATO base in Keflavík) and the political turmoil following »the unveiling of terrible crimes in the Stalin times and the hysterical reaction to it« in 1956, when he managed to »at least safe *Mál og menning* and my authority on the cultural front.« Kristinn must have felt a need to safeguard his legacy, knowing that the younger generation thought him and Þóra too strident in their beliefs. Moreover, Kristinn noted in the letter to Astafiev (which he called »a confession«) that »[i]n some way we sometimes feel as outlaws, and I must say I even feel more at home in the Soviet Union or East Germany among your people and our friends there.«

This was perhaps not too unusual. Kristinn wanted to make sure he was remembered for his contributions to the cause and wanted his Soviet friends to know that he was still loyal and doing well. His reflections on retirement clearly show his attitude towards the value of his working life:

44 Letter from Kristinn E. Andrésson to Ambassador Sergei Astafiev, October 14, 1970, NULI, Lbs25 NF (in English).

45 Ibid.

46 Ibid.

»Although I now retire from Mál og menning, I am not at all dying or leaving work. On the contrary, I, may be, have my most valuable work still to do. As you may be know, I have not only been a publisher, a politician, a communist member of Parliament, the leader of Friendship Societies with the Soviet Union since 1932, secretary of the Peace movement in Iceland and a member of the World Council of Peace, but I have also been a writer, an editor of literary Periodical since 1935, even chief editor of Thjodviljinn for two years and author of some few books, f.i. History of Modern Icelandic Literature, translated into Russian and Swedish, but my first one was a small travelling booklet with the title: From Reykjavík to Odessa, published after my first trip to the Soviet Union in 1934.«[47]

Kristinn expressed his wish that the books he would write in retirement would be published in English, German, and Russian, as he felt that his life's work could be of interest to others. He claimed that he would as of now, »concentrate all [his] energy on this work.«[48] In his reflections, Kristinn did not differentiate between paid work, voluntary work, or literary writings. It all mattered equally in relation to his ideological mission, which he would now continue during retirement with a focus on writing.

For Kristinn and Þóra, retirement came with failing health and ideological isolation. History has not been kind to such strong believers of the socialist system as Þóra and Kristinn.[49] Their eloquent writings show how their value system was always unshaken: what others considered fallacy, they saw as their lives' purpose. The encouragement they received from their likeminded friends and acquaintances in socialist circles everywhere they went helped maintain their faith in the socialist system, which again contributed to the ever present overlap of work and leisure in their lives. The trails of their lives show how the Soviet project was navigated, displayed, and interpreted in the small country of Iceland. Furthermore, their joint life story depicts how loyal supporters of the Soviet Union defended Soviet socialism and adapted their propaganda methods in the face of fierce and constant criticism at home. The dramatic turnaround they experienced in interest and access to the Icelandic public in the wake of the 1956 Secret Speech and the Soviet invasion of Hungary, however, did not have an impact on Kristinn's or Þóra's own devotion and beliefs. They adapted their ideological work in Iceland to the changes in Soviet cultural relations that took place in 1958[50] and made sure that Soviet-Icelandic cultural exchanges continued, even if they had to reduce their ambition and only invite loyal communists to participate in delegations and events.

Kristinn and Þóra passed away in 1973 and 1980 respectively. They never lost their faith in communism, and the incredibly rich nature of the sources they left behind make their story relevant, not only for the cultural and political history of Iceland or for their international intellectual networks, but also for transnational history as such. Kristinn and Þóra had strong

47 Ibid.

48 Ibid.

49 David Caute, The Fellow Travellers: Intellectual Friends of Communism, New Haven 1988, and Paul Hollander, Political Pilgrims: Travels of Western Intellectuals to the Soviet Union, China, and Cuba 1928–1978, Lanham/New York 1990. As members of the Icelandic Socialist Party, Þóra and Kristinn were not fellow-travelers, but openly committed to socialism at every level. David Caute argued that »fellow-travelling involves commitment *at a distance* which is not only geographical but also emotional and intellectual« (p. 3), which certainly does not describe Þóra and Kristinn.

50 The structure of the Soviet organizations involved in cultural relations with foreign countries was changed in 1958 and they were reflected in the national organization of cultural relations. See Magnúsdóttir, Enemy Number One, p. 124.

relationships with leading figures in Soviet and European cultural and political life but at the same time they were far removed from the dangers of Stalinism or the daily struggles of Soviet life. This special position makes their diaries and inner conflicts all the more interesting because unlike Soviet citizens, they lived in a democratic society and were exposed to forceful anti-Soviet campaigns in Iceland throughout their lives. Both Kristinn and Þóra devoted their lives to advancing people's understanding of Communism and in light of how much of their time they invested in this project, it is perhaps understandable that they did not renegade. It has also been argued that in the absence of religion, Soviet people found meaning and purpose in life through the active participation in clubs and socialist associations' activities.[51] In a way, this could also apply to Þóra and Kristinn, who sought the company of likeminded individuals and were in the forefront of socialist cultural organizations and institutions in Iceland. Their socialist identity was based on Soviet core values, such as purposefulness and industriousness, which throughout their lives defined their time spent on paid and voluntary work, as well as their leisure activities.

51 Gleb Tsipursky, Meaning and Purpose in a Non-Western Modernity, in: International Journal of Existential Psychology and Psychotherapy 6 (2016) 1, pp. 1–13.

■ Sepp Linhart

Nationale und internationale Diskurse über Arbeit und Freizeit in Japan

Das menschliche Leben besteht aus Zeit, die wir für Arbeit und Ausbildung, Freizeit sowie zur Erfüllung gewisser physiologischer Notwendigkeiten, wie Schlafen, Essen, und Körperpflege, verwenden. Obwohl jede menschliche Aktivität in eine dieser drei Kategorien eingeordnet werden kann, oft auch zugleich in zwei oder sogar alle drei, ist die Variation der Zuordnung dieser Aktivitäten in die einzelnen Kategorien je nach Kultur, aber auch innerhalb einzelner Kulturen enorm. Globalisierungstendenzen und die weltweite Migration verdeutlichen zusätzlich, wie variabel und teils willkürlich nationale oder kulturelle Zuschreibungen in Sachen Arbeit und Freizeit oftmals sind. Trotzdem halten sich nationale Stereotype, einzelnen Kulturen werden Attribute wie »arbeitsam«, »fleißig«, »arbeitsscheu« oder »faul« zugewiesen, wobei sich diese je nach historischem Kontext, politischer Konstellation und Intention durchaus ändern können oder sogar austauschen lassen.

In diesem Beitrag möchte ich dies am Beispiel von Japan zeigen und danach fragen, wie sich die westlichen und die japanischen Zuschreibungen bezüglich des Verhaltens der Japaner_innen in Arbeit und Freizeit von 1853[1] bis zur Gegenwart veränderten. Diese Änderungen des Images von japanischer Arbeit und Freizeit waren in diesem Zeitraum immer wieder stark abhängig von den Einstellungen der nichtjapanischen Kommentatoren und Kommentatorinnen und nicht von empirischen Befunden. Ergänzend zu diesen westlichen Sichtweisen werden japanische Diskurse aufgezeigt, vor allem solche, die über Japan hinaus Aufmerksamkeit erregten und wiederum die westlichen Diskurse beeinflussten.

Japanische Einflüsse auf westliche Diskurse werden überwiegend in den Bereichen Ästhetik, Religion und Philosophie, menschliche Werte, Kriegsstrategien und Sozialorganisation verortet. Die realen und fiktiven japanischen Verhaltensmuster in den Lebensbereichen Arbeit und Freizeit und deren Wahrnehmung außerhalb Japans für die vorindustrielle, die industrielle und die nachindustrielle Welt waren jedoch weit über Japan hinaus sehr einflussreich.

Als Quellen für diesen Aufsatz verwende ich für die Zeit bis zum Ersten Weltkrieg vor allem Berichte von westlichen Beobachter_innen. Von den 1870er Jahren bis zum Ersten Weltkrieg war Japan in vielen Ländern Europas und in den USA Objekt einer ungeheuren Neugierde, das viele Menschen mit eigenen Augen sehen wollten. Zahlreichen Reisenden genügte die Anschauung jedoch nicht und sie berichteten nach einem Japan-Aufenthalt von ihren Beobachtungen. So erschienen im besagten Zeitraum hunderte Japan-Bücher, die die

1 1853/54 erzwang der amerikanische Marineoffizier Matthew Calbraith Perry (1794–1858), der den Ehrentitel Commodore führte, mit einem kleinen Geschwader von zunächst vier und ein Jahr später acht amerikanischen Kriegsschiffen die Öffnung Japans für amerikanische Schiffe. Damit leitete er das Ende der japanischen Isolationspolitik ein, die 1639 begonnen hatte. Nach diesem Präzedenzfall folgten bald Verträge zwischen Japan und weiteren Nationen, so dass Perry tatsächlich das Verdienst zukommt, Japan für die Welt geöffnet zu haben.

japanische Kultur aus der Sicht der Japan-Reisenden vorstellten.[2] Da eine Japan-Reise mit erheblichen Kosten verbunden war, dominierten unter den Berichten des 19. Jahrhunderts Angehörige des Adels und der wohlhabenderen Schichten.[3] Ergänzt wird die Sichtweise der Japan-Reisenden durch Aussagen von westlichen Fachleuten, den sogenannten *o-yatoi gaikokujin,* die in der zweiten Hälfte des 19. Jahrhunderts im Dienst der japanischen Regierung in großer Anzahl an der Modernisierung der japanischen Wirtschaft mitarbeiteten. Sie und Analysen von japanischen Wissenschaftlern und Wissenschaftlerinnen aus der Zeit nach 1945 lassen Interpretationen über die Einstellungen zu Arbeit und Freizeit einerseits des Volkes aber andererseits auch über die von der herrschenden Schicht geforderten und geförderten Verhaltensweisen des Volkes zu. Strukturelle und soziale Veränderungen in Japan sollen somit mit der Fremdwahrnehmung kontrastiert werden.

Ab dem Russisch-Japanischen Krieg 1904/05 bis zum Ausbruch des Zweiten Weltkriegs wurde der Diskurs vermehrt von westlichen Journalisten und Journalistinnen geführt, während die Berichte von Japan-Reisenden seltener wurden. In den 1930er Jahren erschienen im Zusammenhang mit der politischen Annäherung zwischen Deutschland und Japan wieder vermehrt deutschsprachige Bücher über Japan, doch nach der japanischen Kriegsniederlage schwand das Interesse an japanischem Arbeits-/Freizeitverhalten im Westen zugunsten von Berichten über die Kämpfe im Pazifik. Der westliche Diskurs über Arbeit und Freizeit in Japan setzte erst nach 1955, vor allem nach dem Beginn der hohen Wachstumsperiode (*kōdo seichō-ki*) der japanischen Wirtschaft ab der zweiten Hälfte der 1950er Jahre wieder ein und erreichte in den 1970er und 1980er Jahren seinen Höhepunkt. Seine Proponenten waren nun westliche Wissenschaftler_innen sowie Journalisten und Journalistinnen, doch auch Politiker_innen und Vertreter_innen der westlichen Gewerkschaften erhoben vermehrt ihre Stimmen und fanden teils viel Beachtung. Dabei nutzten auch japanische Wissenschaftler_innen sowie Gewerkschafter_innen das internationale Interesse am japanischen Arbeits- und Freizeitleben zunehmend, um ihre eigenen nationalen Anliegen international öffentlich zu machen.

Nachdem die sogenannte »Seifenblasenwirtschaft« (*babburu keizai*) Japans um 1990 platzte, verfiel das Land in eine lang anhaltende Rezession, was in den »verlorenen 20 Jahren« (*ushinawareta nijūnen*, 1991–2010) zu einem fast völligen Verschwinden des Diskurses über das Arbeitsverhalten in Japan führte. An seine Stelle trat nun ein Diskurs, der sich mit dem »coolen Japan« beschäftigte und nicht nur von Journalistinnen und Journalisten sowie Wissenschaftler_innen, sondern auch von der japanischen Regierung mitgetragen wurde. Diesem neuen Japan sind zahlreiche Kulturelemente zuzurechnen, die ganz eindeutig zum Freizeitbereich gehören.

Wegen des breiten Zugangs in diesem Aufsatz kann ich die Veränderungen, die sich in Japan in den Bereichen Arbeit und Freizeit während der letzten 165 Jahre vollzogen, und auch die entsprechenden Diskurse nur sehr kursorisch schildern. Dennoch ist es faszinierend zu

2 Einen guten Überblick über die deutschsprachigen Japan-Reisenden im 19. Jahrhundert, ausgehend von deren publizierten Berichten, gibt Claudia Schmidhofer, Fakt und Fantasie. Das Japanbild in deutschsprachigen Reiseberichten 1854–1900, Wien 2010. Hingegen ist Thomas Pekar, Der Japan-Diskurs im westlichen Kulturkontext (1860–1920). Reiseberichte – Literatur – Kunst, München 2003, auf die imaginierte ›Geisha‹ fokussiert.

3 Eine Ausnahme stellt Fritz Kummer, Eines Arbeiters Weltreise, Stuttgart 1913 (Japan: S. 218–351) dar, ebenso etwas später Alma M. Karlin, Einsame Weltreise, Die Tragödie einer Frau, Minden/Berlin/Leipzig 1930 (Japan: S. 182–217), die sich beide das Reisekapital unterwegs erarbeiteten.

sehen, wie sich die nationalen Japan-Diskurse während dieser langen Zeitspanne veränderten und was sie zu den internationalen Diskursen über Arbeit und Freizeit beitragen konnten.[4]

Japanische Begriffsgeschichte

Um zu demonstrieren, dass es in der japanischen Geschichte eine Fülle von Begriffen zu den Konzepten Arbeit und Freizeit gab, möchte ich zunächst die einschlägigen japanischen Vokabeln kurz vorstellen.[5] In der japanischen Agrargesellschaft der vorindustriellen Zeit wurde das Leben in helle (*hare*), dunkle (*ke*) und schmutzige (*kegare*) Abschnitte unterteilt, wie die Kulturanthropologin Emiko Namihira und andere analysierten.[6] Der Gegensatz von *hare* und *ke* (oder *fudan*, gewöhnlich) entspricht dem von Feiertag und Alltag, von Besonderem und Gewöhnlichem. Diesem Gegensatz entsprechen Unterschiede in der Kleidung, im Essen, Trinken und sogar im Wohnen. An den heiligen, hellen Tagen trugen die Menschen Festtagskleidung, aßen besondere Leckerbissen wie weißen Reis oder Fisch und tranken Sake. Reichere Bauern hatten für solche Anlässe ein eigenes Festtagszimmer. An den normalen Arbeitstagen trugen die Bauern und Bäuerinnen Arbeitskleidung oder gewöhnliche Kleidung, aßen Hirse und andere als minderwertig erachtete Getreide und Bohnen, tranken keinen Alkohol und meist auch keinen Tee, sondern nur heißes Wasser. Namihira ergänzte, dass es neben dem Alltag und den *hare*-Feiertagen auch besondere *kegare*-Ereignisse gab, wie Begräbnisse, Geburten, Menstruation, die zwar besonders waren, aber als unrein, als schmutzig eingeschätzt wurden. *Hare*-Zeiten waren allerdings nicht solche, die nach eigenem Gutdünken gestaltet werden konnten, sondern solche, die mit der Dorfgemeinschaft verbracht werden mussten. Wegen dieses Zwangscharakters der Festzeiten entsprechen sie nicht unserem modernen Begriff von Freizeit, der untrennbar an den Freiheitsbegriff gebunden ist. Manchmal wird auch behauptet, dass die in japanischen Firmen bis heute beliebten Firmensportfeste aus dieser Tradition heraus entstanden sind und natürlich den Firmenangehörigen die Teilnahme nicht freistellen.

Der Alltag, und damit natürlich auch die Arbeit, also *ke*, wurden in diesem Schema mit einer Vokabel benannt, die mit den Wörtern für Wunde (*kega*) und für schmutzig (*kegarashii*) in Zusammenhang zu bringen ist, so dass es für Arbeit/Alltag also linguistisch keine positive Konnotation gab. Mit der Verstädterung, Modernisierung und Industrialisierung

4 Zum Thema dieses Aufsatzes in japanischer Sprache vgl. Haruhito Takeda, Shigoto to Nihonjin (Die Arbeit und die Japaner), Tokyo 2008, und Seppu Rinharuto (= Sepp Linhart)/Shōichi Inoue (Hg.), Nihonjin no rōdō to asobi. Rekishi to genjō (Arbeit und Vergnügen der Japaner. Geschichte und Gegenwart), Kyoto 1998.

5 Für diesen Abschnitt habe ich auf Shōtarō Sakurai, Yoka no nihonteki tokushitsu (Japanische Besonderheiten der Freizeit), in: Shakaigaku ronsō 28 (1964), Toshinobu Yasunaga, Yoka no shisō. Seisanteki risei hihan (Ideen von Freizeit. Kritik an der produktiven Vernünftigkeit), in: Tenbō 164 (1972), und Sepp Linhart, The Development of ›Typical‹ Japanese Attitudes towards Work and Leisure, in: Gordon Daniels (Hg.), Europe Interprets Japan, Tenterden/Kent 1984, S. 207–214, zurückgegriffen. Auf die Schwierigkeiten bei der Anwendung des europäischen Freizeitbegriffs auf Japan habe ich in Sepp Linhart, Die Anwendbarkeit des Freizeitbegriffs auf Japan, in: Leviathan. Zeitschrift für Sozialwissenschaft 17 (1989) 2, S. 204–215, hingewiesen. Shingo Shimada, Arbeitsbegriffe in der japanischen Gesellschaft des 20. Jahrhunderts, in: Jörn Leonhard/Willibald Steinmetz (Hg.), Semantiken von Arbeit. Diachrone und vergleichende Perspektiven, Köln/Weimar/Wien 2016, S. 309–317, betont die Andersartigkeit der Begriffe Arbeit und Freizeit in Japan.

6 Emiko Namihira, Kegare no kōzō (Die Struktur von Kegare), Tokyo 1984.

ab der zweiten Hälfte des 19. Jahrhunderts war der Gegensatz zwischen *hare* und *ke* nicht länger aufrechtzuerhalten. Wer in die Stadt gezogen war, konnte immer Sake trinken und weißen Reis essen, wenn das nötige Geld vorhanden war, und er oder sie konnte auch über die arbeitsfreie Zeit nach eigenem Gutdünken verfügen, wie der Pionier der japanischen Volkskunde Kunio Yanagita (1875–1962) bereits 1931 feststellte.[7]

Außer *hare* gibt es die Ausdrücke *hima* oder *itoma* für Nichtarbeitszeit. In der Feudalzeit nahmen sich die Bediensteten freie Zeit (*hima o toru*), wenn sie beispielsweise zu Neujahr zu ihren Familien zurückkehrten, ihre Arbeitgeber gaben sie ihnen (*hima o yaru*). Eine höfliche Abschiedsformel lautet bis heute *o-itoma itashimasu*, »ich nehme mir freie Zeit!«. Ein weiterer Ausdruck für arbeitsfreie Zeit lautet *tesuki* oder *teaki*, »die Hände sind frei«. *Ito(ma)* findet man auch im Wort *itonamu*, »arbeiten, fleißig sein«, das wiederum mit *ito nashi*, fleißig, wörtlich also »keine freie Zeit haben«, zusammenhängt. Dass Arbeit und Arbeiten definiert wird als »Zeit, in der man keine freie Zeit hat«, deutete linguistisch auf eine positive Bewertung der freien Zeit und eine negative der Arbeit hin, was ein wenig an den Bibelspruch »Im Schweiße deines Angesichts sollst du dein Brot essen!« erinnert, mit dem nach jüdisch-christlichem Glauben die Menschen aus ihrem Freizeitparadies vertrieben wurden.

Eine andere wichtige Unterscheidung, auf die wiederum Kunio Yanagita in seinem Essay *Yama no kyūjitsu* (Feiertage in den Bergen) von 1948[8] aufmerksam machte, ist die zwischen *ikoi* und *yasumi*. Beide bedeuten »sich ausruhen«, wobei *ikoi*, das sich von *iki koi*, »die Götter um Atem bitten«, herleitet, das alltägliche Ausruhen nach der Arbeit ist, *yasumi* hingegen, abgeleitet von »die Götter wohnen (*sumi*) auf dem Dach (*ya*)«, das Ausruhen an Feiertagen, an welchen man gar nicht arbeitet, bezeichnet.

Wenn jemand von konkreter Arbeit spricht, wird in der Regel das Wort *shigoto* verwendet, ein Kompositum, das aus dem Zeitwort *tsukaeru* (dienen, tun, sinojapanische Lesung *shi*), und dem Hauptwort *koto*, Sache, zusammengesetzt ist und daher wörtlich eine Sache tun bedeutet. Das sinojapanische Kompositum *rōdō*, Arbeit, wird eher für allgemeine Begriffe verwendet, wie Arbeitsrecht (*rōdōhō*), Arbeitszeit (*rōdō jikan*), Arbeiterklasse (*rōdōsha kaikyū*) oder Gewerkschaft (*rōdō kumiai*). Man verwendet es auch im Gegensatzpaar *rōdō* (Arbeit) und *yoka* oder *rejā* (Freizeit, vom engl. *leisure*). *Rōdō* wurde erst zu Beginn des 20. Jahrhunderts als Übersetzung für das englische *labour* eingeführt, wobei beide Schriftzeichenkomponenten »arbeiten« (*hataraku*) bedeuten, während das Fremdwort *rejā* für Freizeit erst seit den 1950er Jahren verwendet wird. Die sinojapanische Zusammensetzung *yoka* besteht aus den Schriftzeichen *amaru* (übrigbleiben) und *hima* (arbeitsfreie Zeit) und definiert Freizeit als Restkategorie, als Zeit, die übrigbleibt, wenn man alle Aufgaben erledigt hat. Ein weiteres Gegensatzpaar ist in den Verben *hataraku* (arbeiten) und *asobu* (spielen, sich unterhalten, vergnügen) gegeben. Mit Letzterem hat sich bereits der Kulturhistoriker Johan Huizinga (1872–1945) in seinem berühmten Werk *Homo Ludens. Vom Ursprung der Kultur im Spiel* (1938) auseinandergesetzt. Der Charakter dieses Wortes ist zweideutig und reicht vom Ausdruck der höchsten Höflichkeit und Ehrerbietung wie etwa in *asobasu*, geruhen etwas zu tun, bis zu deutlicher Geringschätzung in Ausdrücken wie *asobinin* (Vergnügungsmensch), dessen positiven Gegensatz *hatarakimono*, ein Arbeitsmensch, bildet.

7 Kunio Yanagita, Meiji-, Taishō-shi. Sesō-hen (Geschichte der Meiji- und der Taishō-Periode: Zeitströmungen), Tokyo 1993 (Erstausgabe 1931), S. 29.

8 Moderner Abdruck in Yanagita Kunio-shū. Teihon 31 (Sammlung der Werke von Kunio Yanagita. Standardausgabe Band 31), Tokyo 1970.

Das vorindustrielle Japan 1853–1886[9]

Zum Zeitpunkt von Japans zweiter Öffnung[10] 1853/54 hatte in der westlichen Welt bereits das industrielle Zeitalter mit der Erfindung der Dampfmaschine durch James Watt im Jahr 1765 begonnen. Daher sahen viele westliche Beobachter, die die Folgen der frühen Industrialisierung bedauerten, in Japan ein im Westen verloren gegangenes Paradies und beschworen die Japaner_innen, ihre Lebensweise nie zu ändern und immer so zu bleiben, wie sie waren. Ihrer Meinung nach sollten sie auf ihren 3.000 Inseln ihr Arkadien bewahren, denn für sie war Japan ein Land ähnlich dem Traumland des Rokoko, in welchem dessen Bewohner_innen nur so viel arbeiteten, wie sie es für nötig hielten; ein Land, in dem man noch keine Stechuhren benutzte, um die Arbeiter_innen zu kontrollieren, in dem man während der Arbeitszeit beliebig viele Pausen einlegen konnte, den ganzen Tag lang kleine Schlückchen Tee zu sich nahm und, wann immer es einem beliebte, mit seinen Arbeitskollegen und -kolleginnen Konversationen pflegte. Für diese Personengruppe war Japan während der zu Ende gehenden Tokugawa- oder Edo-Zeit (1603–1868) und bis zur Mitte der neuen Meiji-Periode (1868–1912) ein Land der Freizeit, in dem Handwerker wunderbare kleine Dinge herstellten wie *netsuke* (kleine Elfenbeinschnitzereien), Farbholzschnitte, Keramiken, Eisenplastiken, Puppen, handgeschöpftes Papier usw., alles Dinge, die man in Europa und in den USA bald begeistert sammelte. Ihre Arbeit wurde als freizeitähnliche Betätigung eingeschätzt, vergleichbar einem Hobby. Die solcherart beschriebenen japanischen Arbeiter_innen waren hauptsächlich Bewohner_innen der Städte Edo (das später in Tokio umbenannt wurde) und Yokohama und nicht die Bauern und Bäuerinnen auf dem Lande, die vielleicht anders beschrieben worden wären.

Wie eindringlich jene Vorstellungen über das japanische Leben fern von Arbeit dargestellt wurden, mögen einige Beschreibungen von westlichen Japan-Reisenden und in Japan ansässigen Personen aus dem Westen illustrieren. Der amerikanische Musikkritiker Henry T. Finck (1854–1926) hielt in seinem weit verbreiteten Buch *Lotos-Time in Japan* aus dem Jahr 1895 Japan für eine überlegene Zivilisation, als er schrieb:

> »*The Japanese are too wise to continue the chase of the dollar after they have earned enough to end their days in comfort. They altruistically give others a chance by voluntarily dropping out of the race and competition, and spending the latter part of their life in elegant leisure, enjoying nature, travel, art, literature, and the society of relatives and friends.*[11] *[...] Our Japanese neighbours have learned that happiness consists not in having all you*

9 1886 stellte Japan seine Währung auf den Silber-Standard um, was einen Boom an Betriebsgründungen auslöste, weshalb dieses Jahr meist als Beginn der Industrialisierung Japans gesehen wird.

10 Zur zweiten Öffnung siehe Fußnote 1. Die erste Öffnung Japans für Europäer fand bereits im 16. Jahrhundert statt, nachdem der Portugiese Fernão Mendes Pinto (1509, 1510 oder 1514 bis 1583) als erster dokumentierter Europäer 1542 auf der südjapanischen Insel Tanegashima gelandet war, dem in rascher Folge viele weitere Europäer, meist Portugiesen, Spanier und Engländer, folgten. Von 1639 bis 1854 war der japanische Verkehr mit dem europäischen Ausland auf die Niederlande als Handelspartner beschränkt, daneben gab es aber während dieser Zeit regulierten Handel mit den Ainu im Norden Japans, mit Korea und mit China.

11 Tatsächlich gibt es im vorindustriellen Japan den Begriff des »angenehmen Ausgedinges« (*rakuinkyo*), das beispielsweise vom berühmten Prosaschriftsteller Saikaku Ihara (1642–1693) in mehreren Romanen beschrieben wird.

want but in wanting no more than you have. […] Miss Bacon[12] *says that they ›have still time to enjoy their holidays and their little gardens, and have more pleasure and less hard work than those under similar circumstance in our own country.‹ So that in every sphere we find more pleasure and less grinding work than with us. Is not that the goal of our civilization; the object of all our labor unions and industrial wars? Yet we fancy it is our mission to civilize the Japanese! […] In Japan the humblest artisan, making the humblest kitchen utensil, enjoys his work because he uses his brain and his taste as well as his hands in shaping and adorning it. How much the greatest happiness of the greatest number is raised by this, is obvious.*«[13]

Für Japan sah Finck allerdings eine Gefahr: »There is a great danger ahead for Japan – danger, that she will introduce our factory chimneys, and whistles, and soot, and machinery, and division of labor, and thus destroy the artistic joy in work, which is the highest product of her civilization.«[14]

Während Finck also vor der industriellen Zerstörung der japanischen Welt von Freizeit und Arbeitsfreude warnte, trauerten andere Besucher aus dem Westen der vorindustriellen Zeit nicht nach, sondern beschrieben die Japaner als ein »faules Pack«, das zur Arbeit komme und gehe, wann immer es ihm beliebe, und das sich überhaupt nicht um Pünktlichkeit schere. Für viele waren Japaner schlichtweg ungeeignet für jede Form der Industriearbeit. Der Historiker Adolf Freitag, der 1939 ein Buch über die Ansichten der während der Meiji-Periode in Japan lebenden Deutschen schrieb, fasste deren Urteil folgendermaßen zusammen:

»*Seine impulsive, unruhige, leicht ablenkbare Art verführt ihn [den Japaner] zur Sprunghaftigkeit, Oberflächlichkeit und damit zur Unzuverlässigkeit. Wir suchen vergebens nach Stetigkeit und Kontinuierlichkeit. Rasch geht der Japaner ans Werk, aber sehr bald erlahmt das Interesse.*«[15]

Udo Eggert (1848–1893), Finanzwissenschaftler und einer der Begründer des modernen japanischen Genossenschaftswesens, der von 1887–1893 an der Universität Tokyo lehrte, meinte: »Das *Dolce far niente* wechselt zu häufig ab mit anstrengender körperlicher oder geistiger Tätigkeit. Anhaltende, systematische Arbeit, wie sie uns Nordländern anerzogen ist, ist hier im Durchschnitt unbekannt.«[16]

Der Volkswirtschaftler Karl Rathgen (1856–1921) wiederum schrieb über die neuen japanischen Industriearbeiter im Jahr 1891:

»*Was in Japan bisher wenig bekannt ist, das ist das stetige Arbeiten. Wesentlich darin scheint mir der Grund für die von allen Fremden bestätigte Erfahrung zu liegen, dass*

12 Alice Mabel Bacon (1858–1918) aus New Haven war eine amerikanische Beraterin der japanischen Regierung in Fragen der Frauenerziehung. Als solche war sie zweimal in Japan und schrieb drei Bücher und zahlreiche Aufsätze über Japan.

13 Henry T. Finck, Lotos-Time in Japan, New York 1895, S. 329–331.

14 Ebd., S. 332.

15 Adolf Freitag, Die Japaner im Urteil der Meiji-Deutschen, Tokyo 1939, S. 83.

16 Udo Eggert, Japans Politik und Wirtschaft im Jahre 1890, Allgemeine Zeitung. Beilage 1891, zitiert nach Freitag, Japaner, S. 84–85.

japanische Arbeiter verhältnismäßig wenig leisten, da alle Arbeit nur langsam vorwärts kommt. Von den üblichen Touristenurteilen über den ungeheuren Fleiß der Japaner weicht das wesentlich ab.«[17]

Schließlich konstatierte Hans Paalzow (1862–1945), der anscheinend nicht selbst in Japan war, sondern die existierende Literatur zusammenfasste, in seinem Japan-Buch 1908:

»Der japanische Arbeiter ist wenig geneigt, sich der soldatischen Disziplin zu fügen, die in der modernen Fabrik nach unseren Begriffen herrschen muss. Er nimmt sich seinen Feiertag, wie es ihm gefällt, kommt an und geht, wie es ihm beliebt, und wenn man ihn deswegen ausschilt, geht er seiner Wege.«[18]

Für westliche Industrielle waren die japanischen Arbeiter bemitleidenswerte Gesellen mit überhaupt keiner oder nur einer sehr niedrigen Arbeitsmoral, denen man nicht trauen durfte. In der internationalen Stadt Yokohama beschäftigten deshalb viele Europäer_innen und Amerikaner_innen lieber Chinesen anstelle der Japaner als Dienstboten, weil jene einen besseren Ruf als Arbeitskräfte hatten.[19]

In den westlichen Berichten über das Japan dieser frühen Zeit der Begegnung wird nur selten über die landwirtschaftliche Arbeit gesprochen. Aus wirtschaftshistorischer Perspektive ist die japanische Landwirtschaft jedoch sehr wichtig. Der Wirtschaftshistoriker Akira Hayami (geb. 1929) stellte zuerst 1976[20] und danach immer wieder fest, dass sich auf dem Land in

17 Karl Rathgen, Japans Volkswirtschaft und Staatshaushalt, 2 Bde., Leipzig 1891, S. 422, zitiert nach Freitag, Japaner, S. 85.

18 Hans Paalzow, Das Kaiserreich Japan, Berlin 1908, S. 86. Ähnliche Kommentare von A.E. Heber 1912 und Ernst Schulze 1913 finden sich bei Erich Pauer, Arbeit und Unternehmen in historischer Sicht, in: Peter Hanau/Saburo Kimoto (Hg.), Die Arbeitswelt in Japan und in der Bundesrepublik Deutschland – ein Vergleich, Neuwied 1985, S. 117–133, hier S. 125–126.

19 Z.B. Julia Crouse Houser, Letters from Japan Written by an American Girl Traveling in the Far East to her Friends at Home, New York 1910, S. 24. Vgl. auch Freitag, Japaner, S. 84.

20 Wie Hayami in den Fußnoten zu seinem Artikel *Kinsei Nihon no keizai hatten to Industrious Revolution* (Der Wirtschaftsaufschwung des neuzeitlichen Japan und die Industrious Revolution), in: Akira Hayami/Osamu Saitō/Nobuya Sugiyama (Hg.), Tokugawa shakai kara no tenbō. Hatten, kōzō, kokusai kankei (Ein Blick von der Gesellschaft der Tokugawa-Zeit. Aufschwung, Struktur und internationale Beziehungen), Tokyo 1989, S. 19–32, hier S. 31, anmerkt, hat er diese Hypothese bereits 1976 zum ersten Mal vorgetragen. Auf der European-Association-for-Japanese-Studies-Konferenz 1985, als er sich mit der *great transformation* von einer statischen zu einer dynamischen Wirtschaft während der Tokugawa-Zeit beschäftigte, hatte er angekündigt, dass er sich mit der dieser Transformation zugrunde liegenden *Industrious Revolution* bei einer anderen Gelegenheit auseinandersetzen werde (Akira Hayami, A Great Transformation: Social and Economic Change in Sixteenth and Seventeenth Century Japan, in: Erich Pauer (Hg.), Silkworms, Oil and Chips…, Bonn 1986, S. 3–13, hier S. 6). Hayamis englischer Aufsatz über die *Industrious Revolution* (Akira Hayami, Working Hours: A Tradition? The Industrious Revolution, in: Look Japan, July 1992, S. 8–10) wurde auch in einen 2009 erschienenen Sammelband (Akira Hayami, Population, Family and Society in Pre-Modern Japan, Folkstone 2009) seiner Aufsätze aufgenommen. Francks schreibt in einer Rezension dieser Aufsatzsammlung, dass dieser Aufsatz für Hayami untypisch und in Vergessenheit geraten wäre, wenn nicht De Vries (Jan De Vries, The Industrious Revolution: Consumer Behavior and the Household Economy, 1650 to the Present, New York 2008) daraus ein Modell für das vorindustrielle Wachstum in Europa entwickelt hätte (Penelope

Japan um 1700 eine *Industrious Revolution*, eine Revolution des Fleißes, vollzog, lange bevor es in Japan zu einer industriellen Revolution kam. Hayami fand durch die Auswertung von Mikrodaten einer bestimmten Region heraus, dass es um diese Zeit in gewissen Regionen zu einer Produktivitätszunahme gekommen war, ohne dass irgendwelche Investitionen getätigt worden waren. Daher müssen die Bauern intensiver gearbeitet haben oder mehr Stunden oder Tage auf den Feldern verbracht haben. Hayami zufolge war die *Industrious Revolution* eine wichtige Vorbereitung für die *Industrial Revolution*, die langsam ab 1870 einsetzte.

Obwohl sie nicht von allen Wirtschafts- und Sozialhistoriker und -historikerinnen, die sich mit der vorindustriellen Zeit beschäftigen, anerkannt ist, wird Hayamis Theorie von einer *Industrious Revolution*, die einer erfolgreichen *Industrial Revolution* vorausgeht, heutzutage international diskutiert. Der Begriff *Industrious Revolution* ist zu einem *terminus technicus* der historischen Wissenschaften geworden, der seinen Ursprung in Japan hat. Im Westen war der amerikanische Wirtschaftshistoriker Jan De Vries (geb. 1943) von der University of California in Berkeley mit seinem 2008 erschienenen Buch *The Industrious Revolution: Consumer Behavior and the Household Economy, 1650 to the Present* sehr einflussreich in der Propagierung von Hayamis Begriff, den er auch erfolgreich auf die wirtschaftliche Entwicklung Europas anwandte, allerdings deutlich abweichend vom ursprünglichen Konzept Hayamis.[21]

Auch die Überlegungen des Sozialhistorikers Yoshio Yasumaru (1934–2016), der die Bedeutung der Entstehung einer populären Alltagsmoral (*tsūzoku dōtoku*) betonte, die sich während der zu Ende gehenden Tokugawa-Zeit ausbreitete, unterstützt die Theorie Hayamis. Genügsamkeit, Sparsamkeit und Fleiß waren laut Yasumaru die wichtigsten Elemente dieser Moral, die in den Städten von der synkretistischen Shingaku-Lehre propagiert wurde, während auf dem Lande viele neue Sekten und Kulte Ähnliches taten.[22] Hier gibt es Ähnlichkeiten mit dem kontinentaleuropäischen Pietismus und mit dem englischen und nordamerikanischen Puritanismus des 17. und 18. Jahrhunderts. Bereits 1957 hatte Robert Bellah (1927–2013), ein Soziologe der University of California und neben Clifford Geertz (1926–2006) der prominenteste Schüler des berühmten amerikanischen Soziologen Talcott

Francks, Buchbesprechung: Akira Hayami, Population, Family and Society in Pre-Modern Japan und Bettina Gramlich-Oka and Gregory Smits (Hg.), Economic Thought in Early Modern Japan, in: Japan Forum 23 (2011) 2, S. 301–304, hier S. 302–303). 2015 erschien schließlich ein Buch Hayamis in englischer Sprache (Akira Hayami, Japan's Industrious Revolution: Economic and Social Transformations in the Early Modern Period, Tokyo 2015), in dem die Beschäftigung mit diesem Phänomen aber nur wenige Seiten ausmacht. Das entsprechende Kapitel *The Rise of Industriousness in Early Modern Japan* umfasst nur neun Seiten (ebd., S. 95–103), und auch die Rezensentin Francks hält fest, dass mit diesem Buch nicht die erwartete grundlegende Aufarbeitung des Begriffs *industrious revolution* stattgefunden habe (Penelope Francks, Akira Hayami, Japan's Industrious Revolution: Economic and Social Transformations in the Early Modern Period (Rezension), in: The Economic History Review 69 (2016) 1, S. 381–383, hier S. 381). Dem Verfasser gegenüber behauptete Hayami im April 1995, dass es sich bei diesem Aufsatz nur um ein Wortspiel handle, und dass er den Aufsatz nicht ernst nehmen solle.

21 Jan De Vries erste Publikation zur *Industrious Revolution* stammt aus dem Jahr 1994 (Jan De Vries, The Industrial Revolution and the Industrious Revolution, in: The Journal of Economic History 54 (1994) 2, S. 249–270, sein umfassendes Buch dazu von 2008 (De Vries, Industrious Revolution).

22 Zuerst in seinem Buch Nihon no kindaika to minshū shisō (Die Modernisierung Japans und das Denken des Volkes), Tokyo 1974, in einer Taschenbuch-Ausgabe mit dem gleichen Titel Tokyo 1999.

Parsons (1902–1979), der wiederum enorm von Max Weber (1864–1920) beeinflusst wurde, das Buch *Tokugawa Religion: The Values of Preindustrial Japan* publiziert, in dem er die Wichtigkeit der Shingaku-Lehre und anderer populärer Religionen als Grundlage für die Modernisierung Japans betonte.[23] Yasumarus Arbeiten sind quasi eine Erweiterung und Festigung dieses Ansatzes, empirisch weit besser belegt als bei Bellah.

Während also Hayami auf der Grundlage von Analysen von Dorfstatistiken des 18. Jahrhunderts und Yasumaru durch minutiöse geistesgeschichtliche Untersuchungen der Verbreitung populärer Sekten im agrarischen Japan die Herausbildung einer Moral des Fleißes auf dem Land vor dem Beginn der Industrialisierung betonen, beschreibt das Buch *Mura no asobibi: kyūjitsu to wakamonogumi no shakaishi* (Die arbeitsfreien Tage in den Dörfern: eine Sozialgeschichte der Jungmännergruppen und der Feiertage, 1986) von Sadao Furukawa (geb. 1931) die Sehnsucht nach mehr Tagen, die man Vergnügungen widmen konnte, unter der japanischen Dorfjugend während der zu Ende gehenden Tokugawa-Zeit.[24] Furukawa wies anhand von genauen Quellenstudien in zahlreichen Dörfern nach, dass die Zahl der Tage, an welchen man nicht arbeiten durfte, die sogenannten ›Vergnügungstage‹, vom Ende des 18. Jahrhunderts bis in die 1850er Jahre in vielen Dörfern von 20 bis 30 Tagen auf 50 bis 60 Tage anstieg, dass also das Drängen der Junggesellengruppen nach mehr freier Zeit durchaus erfolgreich war. Viele dieser neuen arbeitsfreien Tage hatten einen völlig weltlichen Charakter und beinhalteten keine religiösen Verpflichtungen. Obwohl die Resultate von Furukawa für mich genauso sensationell sind wie die Thesen Hayamis und Yasumarus, bekam sein Buch nie die Aufmerksamkeit, die man Hayami zollte. Dies liegt vermutlich am Zeitpunkt, an dem Furukawas Buch erschien. Das Stereotyp der fleißigen Japaner, denen Freizeit und Vergnügungen nichts bedeuten, hatte sich sowohl in Japan als auch außerhalb Japans bereits so verfestigt, dass die Thesen eines Wissenschaftlers aus der Provinz, eines Lokalhistorikers der Präfektur Nagano, das Stereotyp offensichtlich nicht erschüttern konnten.

Das industrielle Japan 1886–1955

Entgegen den Warnungen der westlichen Romantiker begann sich Japan mit Fabriken im Staatsbesitz und vom Staat gemanagt zu industrialisieren. Die sogenannte Take-Off-Phase fand um 1890 statt. Heute ist uns das Schicksal von Millionen Bauerntöchtern gut bekannt, die, von ihren Eltern für ein bescheidenes Handgeld für mehrere Jahre verkauft, unter sklavenähnlichen Bedingungen in den Fabriken des sich modernisierenden und industrialisierenden Japans zu arbeiten gezwungen waren. Interessanterweise berichteten zeitgenössisch nur sehr wenige westliche Besucher über sie. Ihre unmenschlichen Arbeitsbedingungen passten ganz offensichtlich nicht in das romantische Japan-Bild der meisten westlichen Reisenden oder waren ihnen von zu Hause bekannt.

Die Fabrikarbeiterinnen mussten ihren Lebensstil an die Maschinen anpassen: Es gab meist einen Zweischichtbetrieb zu je zwölf Stunden, zwei Mädchen teilten sich ein Bett im Firmenheim. Wegen unhygienischer Verhältnisse fand die Tuberkulose große Verbreitung und alljährlich mussten zahlreiche junge Frauen wegen dieser Krankheit den Dienst quittieren. Innerhalb einer kurzen Zeitspanne verschwand das gelobte oder kritisierte freizeitähn-

23 Robert Bellah, Tokugawa Religion: The Values of Preindustrial Japan, Glencoe 1957.

24 Sadao Furukawa, Mura no asobibi: kyūjitsu to wakamonogumi no shakaishi (Die arbeitsfreien Tage in den Dörfern: eine Sozialgeschichte der Jungmännergruppen und der Feiertage), Tokyo 1986, erw. Neuaufl. 2003.

liche Leben. Osaka mit seinen vielen Kanälen war von den frühen Besuchern Japans noch als das »Venedig Japans« beschrieben worden, doch da es zu einem Zentrum der japanischen Textilindustrie wurde, hatte es um 1900 bereits den zweifelhaften Ruf, das »Manchester von Japan« zu sein, eine Stadt erfüllt von Industrielärm und -smog. Der k.u.k. Offizier Theodor Edler von Lerch (1869–1945), der 1910 bis 1912 als Ski-Instruktor für die japanische Armee in Japan weilte, schrieb in seinen Memoiren Mitte der 1920er Jahre: »Zur Zeit meiner Anwesenheit in Japan waren die Massen der Arbeiter nichts mehr als Arbeitstiere mit geringem Lohn und vielstündiger schwerer Arbeitszeit. Halbwüchsige Mädchen und Kinder standen in den Fabriken.«[25] Dieses Urteil entsprach auch dem der Pioniere der japanischen Sozialwissenschaften im ersten Viertel des 20. Jahrhunderts. So zeichnete etwa der Journalist Gennosuke Yokoyama (1871–1915) 1899 in seinem Buch *Nihon kasō shakai* (Die Unterschichtsgesellschaft Japans) ein auf vielen Statistiken aufbauendes erschreckendes Bild der Arbeitsverhältnisse während der ersten Phase der Industrialisierung. Auch der Schriftsteller Wakizō Hosoi (1897–1925), der als Maschinist in einer Baumwollspinnerei und Ehemann einer Spinnereiarbeiterin teilnehmende Beobachtung betrieb, schuf mit dem Titel seiner Sozialreportage *Jokō aishi* (Die traurige Geschichte der Fabrikarbeiterinnen, 1925) ein weithin bekannt gewordenes Schlagwort für die Situation der Fabrikarbeiterinnen in der japanischen Textilindustrie.

Neben den strukturellen und sozialen Veränderungen durch die Industrialisierung wirkte sich auch die Institution des Militärs auf den Lebensstil der Japaner aus. Jeder männliche Japaner, mit nur wenigen Ausnahmen, musste ab 1873 drei Jahre lang aktiven Militärdienst ableisten. Die Fabriken und das Militär erzogen die Masse der japanischen Bevölkerung und gewöhnte sie an Drill, Durchhaltevermögen, das Ertragen von Leiden, Pünktlichkeit und vielleicht auch Fleiß, wobei immer an das Pflichtgefühl gegenüber ihren Ahnen und ihren Familien und natürlich gegenüber dem Tennō appelliert wurde.[26]

Schließlich war die Einführung der allgemeinen Schulpflicht 1873, unter der sich der Schulbesuch im kurzen Zeitraum bis 1900 fast hundertprozentig durchsetzte, enorm wichtig für die Schaffung von Werten, die Hingabe an das Vaterland und die Aufopferung für dieses, verkörpert durch den Tennō, einerseits in Kriegszeiten im Wehrdienst und andererseits im Alltag durch die pflichtgetreue Erfüllung der Arbeit. Zum unbestrittenen Modell des pflichtbewussten, arbeitsamen Japaners wurde zu Beginn des 20. Jahrhunderts Kinjirō oder Sontoku Ninomiya (1787–1856), der Sohn armer Bauern, dem es durch unermüdliche fleißige Arbeit gelang, den Hof, den seine Eltern verkaufen hatten müssen, zurückzukaufen und außerdem zu einem wichtigen Berater des Fürsten aufzusteigen. Seine auf Sparsamkeit, Fleiß und richtigem Wirtschaften zum Wohle der Allgemeinheit beruhende Moral- und Wirtschaftslehre bildete das Kernstück der 1875 gegründeten und sich auf ihn berufenden Hōtoku-Vereinigung, die bis 1945 in vielen japanischen Dörfern eine erhebliche Rolle spielte.

25 Theodor von Lerch, Erinnerungen eines österreichisch-ungarischen Generals an Japan, in: Sepp Linhart/Harald Pöcher (Hg.), Wie der alpine Skilauf nach Japan kam. Das Wirken Theodor von Lerchs 1910–1912. Erinnerungen eines österreichisch-ungarischen Generals an Japan sowie Aufsätze zu seiner Person und zum alpinen Skilauf in Japan, Wien 2015, S. 9–226, hier S. 205.

26 Auf die große Bedeutung der allgemeinen Wehrpflicht für die Modernisierung Japans hat als erster westlicher Japanologe der kanadische Diplomat E. Herbert Norman (1909–1957) in seinen Publikationen Japan's Emergence as a Modern State; Political and Economic Problems of the Meiji-Period, New York 1940, und Soldier and Peasant in Japan: The Origins of Conscription, New York 1943, hingewiesen.

In den Schulen wurde 1911 das Lied von Kinjirō Ninomiya in den Kanon der Schullieder aufgenommen:

Ninomiya Kinjirō

Reisig sammeln, Seile drehen, Sandalen machen
Den Eltern helfen, den Bruder betreuen
Mit den Geschwistern einträchtig die Kindespflichten erfüllen
Unser Vorbild ist Ninomiya Kinjirō

Keine Mühe scheuen, sich der Arbeit hingeben
Nach dem Abendessen lesen und lernen
Auch in der Hetze des Alltags unermüdlich studieren
Unser Vorbild ist Ninomiya Kinjirō

Den Familienbetrieb wichtig nehmen, unnötige Kosten vermeiden
Auch Kleinigkeiten sorgfältig machen
Immer an das Vorwärtskommen denken, aber auch den Anderen helfen
Unser Vorbild ist Ninomiya Kinjirō.[27]

Vor fast allen Schulen des Landes wurde eine Figur aufgestellt, die den kleinen Kinjirō zeigte, wie er ein Bündel Reisig vom Wald nach Hause trägt und dabei ein Schulbuch studiert. Die Freizeit des Volkes sollte sich nach dem Willen der regierenden Schicht auf die wenigen Festtage des Jahres beschränken – im Alltag hatte sie eigentlich keinen Platz gemäß dem aus dem konfuzianischen Großen Lernen (*Dà Xué*) stammenden Sprichwort: *Shōjin kankyo shite fuzen o nasu* – »Menschen von niedrigem Stande machen nur Unfug, wenn sie freie Zeit haben«.[28]

Die Arbeitsbedingungen oder die Arbeitsethik der japanischen Arbeiter_innen waren zwischen 1886 und 1945 kaum Teil des westlichen akademischen Diskurses über Japan, obwohl Japan bereits nach dem Ersten Weltkrieg als eine der großen Industriemächte der Welt anerkannt wurde und Gründungsmitglied des Völkerbundes und der internationalen Arbeitsorganisation ILO war. Es gab allerdings eine Reihe journalistischer Berichte über das japanische Arbeitsleben, wie den des ungarischen Journalisten Edgar Lajtha (geb. 1910), der 1936 seinen Reisebericht *Japan gestern, heute, morgen* in Berlin und in London als *The March of Japan* publizierte. Für ihn war der entscheidende Faktor für den Erfolg der japanischen Industrie – um 1930 war *Made in Japan* bereits in den meisten Industrieländern gefürchtet – »der Geist, der die japanische Arbeit beseelt. Er ist ein anderer als der aller Industriestaaten der Erde. Der Geist der japanischen Arbeit, das ist das Geheimnis der billigen japanischen Ware.«[29]

27 N.N., Shiryō79: Monbushō shōka »Ninomiya Kinjirō« (Material Nr. 79: Das vom Unterrichtsministerium approbierte Schullied »Kinjirō Ninomiya«), in: Chiisa na shiryōshitsu (Kleines Archiv), o. J., http://www.geocities.jp/sybrma/79syouka.ninomiyakinjirou.html (letzter Zugriff 28.6. 2018).

28 Daigaku no meigen 5: Shōjin kankyo shite fuzen o nasu (Berühmte Sprüche aus dem Großen Lernen 5: »Menschen von niedrigem Stande machen nur Unfug, wenn sie freie Zeit haben«), http://www5f.biglobe.ne.jp/~mind/knowledge/words1/daigaku005.html (letzter Zugriff 1.12.2018).

29 Edgar Lajtha, Japan gestern, heute, morgen. Erlebnis einer Reise, Berlin 1936, S. 134.

Lajtha bezog sich dabei auf einen Bericht einer Kommission der Föderation der Britischen Industrien, die 1934 drei Wochen lang nach Japan und in den japanischen Puppenstaat Mandschukuo gereist war und zu folgendem Ergebnis kam:

> *»Abgesehen von den modernen Fabriken und ihrer rationalisierten Organisation besitzt Japan in seinem nationalen Geist ein unerschöpfliches, ein großartiges Aktivum. Von früher Kindheit an werden den Japanern und den Japanerinnen die Prinzipien der Disziplin und der Loyalität eingeprägt. Jeden Tag erweisen die Schulkinder, bevor sie mit dem Unterricht beginnen, dem Porträt des Kaisers, das das Symbol ihrer Religion ist, die größten Ehren. Ihre Loyalität und Religion sind untrennbar verknüpft mit ihrem Leben. Und der Geist, der die japanische Industrie beseelt, ist die Pflicht gegenüber ihrem Vaterland. Der Japaner arbeitet nicht für sich selbst! Sondern für sein Vaterland! Der japanische Arbeiter fühlt, dass er durch seine Arbeit nicht nur den Lebensunterhalt verdient, sondern dass er auch hilft, die Größe Japans zu sichern. Dieser Geist der nationalen Solidarität ist derselbe, der auch das Volk Groß-Britanniens während des großen Krieges beflügelte. Es ist das große Leitmotiv der japanischen Industrie, der japanischen Erfolge.«*[30]

Fernand Maurette, Abteilungsdirektor des Internationalen Arbeitsamtes beim Völkerbund, besuchte im April des gleichen Jahres Japan und schrieb in seinem Bericht ganz ähnlich:

> *»Meine Eindrücke waren sehr gut. Ich habe viele Fabriken besucht, die Verhältnisse in ihnen beobachtet und mit zuständigen Regierungsbeamten und Arbeiterführern Fragen erörtert. Ich habe in den Fabriken und bei den Arbeitern einen sehr guten Geist vorgefunden. Die japanische Arbeitsorganisation und die Rationalisierung in den Fabriken sind eindrucksvoll, aber noch eindrucksvoller erscheinen mir die japanischen Arbeiter. Aktiv, begeistert, glücklich und leistungsfähig, sind sie alle sehr intelligente Leute, und ich halte sie für das wertvollste Kapital des japanischen Staates.«*[31]

Die japanischen Arbeiter_innen waren in den westlichen Augen um 1930 ganz andere geworden als die Arbeiter_innen 50 Jahre zuvor. Und durchaus lässt sich diese Veränderung zunächst als das Ergebnis eines lang andauernden Erziehungsprozesses zu Industriearbeitern und -arbeiterinnen sowie eines Umerziehungsprozesses zu Nationalisten und Nationalistinnen deuten, denn Nationalismus war vor der Meiji-Restauration von 1868 in Japan völlig unbekannt.

Die doch recht umfangreiche deutschsprachige Literatur zu Japan während der NS-Zeit, ganz gleich ob Sachbücher oder Belletristik, wurde denn auch nicht müde, die Rolle des Geistes, der Aufopferung für das Vaterland, in allen Lebensbereichen zu betonen.[32] Japan seinerseits beobachtete das deutsche »Kraft durch Freude«-Programm mit großem Interesse und versuchte es zu imitieren, was beweist, dass zu diesem Zeitpunkt auch der japanische Staat erkannt hatte, dass die arbeitenden Menschen Freizeitaktivitäten benötigen. So wurde beispielsweise der Tourismus in die Kolonie Korea und den japanischen Puppenstaat

30 Ebd., S. 134.

31 Zitiert in Johannes Stoye, Japan. Gefahr oder Vorbild, Leipzig 1936, S. 278.

32 Vgl. Sepp Linhart, Das heroische Japan – Deutschsprachige Japan-Literatur zwischen 1933 und 1945, in: Martin Kubaczek/Masahiko Tsuchiya (Hg.), Bevorzugt beobachtet. Zum Japanbild in der zeitgenössischen Literatur, München 2005, S. 41–65.

Mandchukuo gefördert[33] und Theaterinitiativen mit patriotischen Stücken wurden in die Betriebe entsandt. Wegen der raschen Ausweitung des Krieges im Pazifik nach dem japanischen Angriff auf Pearl Harbor im Dezember 1941 konnte diese Initiative allerdings keine nachhaltigen Erfolge zeitigen.[34]

Im Gegensatz zum Ersten Weltkrieg, in dem Japan zu den Siegern gehörte, war Japan nach dem Zweiten Weltkrieg besiegt und weitgehend zerstört. Etwa fünf Jahre lang verharrte das Land in einer Art Lethargie, aus der es erst durch den Korea-Krieg (1950–1953) aufgeweckt wurde. Besonders nachdem in der japanischen Politik das sogenannte (19)55er-System etabliert wurde, das langfristig konservative Regierungen und damit eine konservative Wirtschaftspolitik garantierte, und nachdem die großangelegten Demonstrationen der Linken gegen den Sicherheitsvertrag (Anpo) mit den USA 1960 erfolglos zu Ende gegangen waren, begann in Japan eine Periode des hohen Wirtschaftswachstums, die abermals die ganze Welt nach Japan schauen ließ.

Das Japan des hohen Wirtschaftswachstums 1955–1990

Die Modernisierung Japans, *Nihon no kindaika*, worunter man die Industrialisierung und die Verwestlichung Japans versteht, war eines der wichtigsten Teilgebiete der sogenannten internationalen Modernisierungsstudien, die ab den 1950er Jahren von der Universität Princeton ihren Ausgang nahmen. Für mindestens eine Dekade war Sozialforschung über Japan fast ausschließlich Modernisierungsforschung, ehe in den 1970er Jahren die Kritiker_innen der Modernisierungsstudien auftraten. In den Modernisierungsstudien galt die Aufmerksamkeit der Forscher_innen der japanischen Erfolgs-Story seit Beginn der Meiji-Periode, wohingegen die Opfer und Verlierer der Modernisierung kaum Beachtung fanden. Das kapitalistische außereuropäische Land Japan musste im Kalten Krieg ein positives Beispiel für alle sich entwickelnden Länder in Asien, Afrika und Südamerika sein, denen suggeriert wurde, dass sie der japanischen Entwicklung folgen sollten, freilich ohne Japans Militarisierung und seinen Imperialismus.[35] Die Geschichten der vielen Opfer der unmenschlichen Arbeitsbedingungen und der Umweltzerstörung, die als Folge der raschen wirtschaftlichen Entwicklung auftrat, passten nicht in das rosige Bild und wurden daher auch lange Zeit nicht erzählt, genauso wie

33 Kenneth J. Ruoff, Imperial Japan at its Zenith. The Wartime Celebration of the Empire's 2600th Anniversary, Ithaca 2010, S. 82–147.

34 Vgl. Daisuke Tano, »Strength through Joy« in Japan: Mutual Perceptions of Leisure Movements in Germany and Japan, 1935–1942, in: Sven Saaler/Akira Kudō/Nobuo Tajima (Hg.), Mutual Perceptions and Images in Japanese-German Relations, 1860–2010, Leiden/Boston 2017, S. 287–312.

35 Der US-amerikanische Wissenschaftler, der maßgeblich für diese neue Rolle Japans verantwortlich war, war wohl der Historiker Edwin Oldfather Reischauer (1910–1990), der von 1961 bis 1966 auch amerikanischer Botschafter in Japan war. Besonders deutlich wird das in seinem Buch Wanted: An Asian Policy, New York 1955. Über die Modernisierung Japans gab es eine Reihe von internationalen Konferenzen, die als *Studies in the modernization of Japan* jeweils von Princeton University Press publiziert wurden, beginnend mit Marius Jansen (Hg.), Changing Attitudes towards the Modernizaton of Japan, Princeton 1965. Interessanterweise waren die Einstellungen zu Arbeit und Freizeit nicht explizit Thema dieser sich über viele Jahre erstreckenden Konferenzserie, obwohl es einen eigenen Band zur gesellschaftlichen Entwicklung gibt, nämlich Ronald P. Dore (Hg.), Aspects of Social Change in Modern Japan, Princeton 1967.

die Periode vom Kriegsbeginn 1931 bis Kriegsende 1945 zunächst einfach nicht behandelt wurde.

Allerdings tauchte zu ebendieser Zeit ein neuer Diskursstrang auf, der sich der Organisation der modernen japanischen Großunternehmen widmete. Da die Großbetriebe die Hauptkonkurrenz der westlichen Industrie darstellten, bestand natürlich im Westen auch ein erhebliches Interesse daran, wie dort gearbeitet wurde. Der erste westliche Wissenschaftler, der nachdrücklich argumentierte, dass die industrielle Organisation Japans derjenigen der USA überlegen sei, war James C. Abegglen (1926–2007) mit seinem viel gelesenen und zitierten Buch *The Japanese Factory* von 1958.[36] Darin beschreibt er innerbetriebliche Mechanismen der Arbeitsorganisation, die seines Erachtens eine hohe Arbeitsmotivation nach sich ziehen: die lebenslange Beschäftigung (*shūshin kōyō*), die den Arbeitnehmern in den japanischen Großbetrieben unausgesprochen garantiert wurde und völlig konträr war zum amerikanischen System des *hire and fire;* die Bezahlung in Form von Senioritätslöhnen (*nenkō joretsu*) mit zusätzlich zwei beträchtlichen Bonuszahlungen in der Jahresmitte und am Jahresende, die allerdings je nach Geschäftsgang variierten und mit den Gewerkschaften bei den jährlichen Lohnverhandlungen ausgehandelt wurden; die einmal jährlich stattfindende Anstellung von ähnlich ausgebildeten Mitarbeiter_innen, wobei es sich um die Anstellung von Personen handelte, die gerade die Schule verlassen hatten und noch in keinem anderen Betrieb tätig gewesen waren; die innerbetriebliche Aus- und Weiterbildung, nämlich die Anstellung von Arbeitern auf Grund ihrer persönlichen Qualitäten und nicht wegen ihrer spezifischen Kenntnisse, welche nach der Anstellung durch On-The-Job-Training vermittelt wurden; die Existenz von Unternehmensgewerkschaften mit eigenen Gewerkschaften in allen großen Unternehmen, die positive Sichtweise auf Gewerkschaftsfunktionen als förderlich für eine Managementkarriere; und schließlich die weitverbreitete Existenz von betrieblichen Wohlfahrtsmaßnahmen. Diese Praktiken seien laut Abegglen nicht nur verantwortlich für die Motivation der japanischen Arbeitnehmer_innen, für ihre Firma alles zu geben, sondern zugleich die Grundlage eines spezifischen »japanischen Managements«. Es ist darauf hinzuweisen, dass diese japanischen Praktiken vielen europäischen Ländern vertrauter waren als den USA, und dass die europäische Managementorganisation wohl irgendwo in der Mitte zwischen der amerikanischen und der japanischen lag. Nichtsdestotrotz war Abegglens Buch über Jahre das am meisten zitierte soziologische Buch über Japan, vor allem in den USA, deren Forscher_innen nach dem Zweiten Weltkrieg die sozialwissenschaftliche Japanforschung dominierten.

Abegglens Pionierwerk hatte zur Folge, dass sich sowohl in Japan als auch im Westen etliche weitere Wissenschaftler_innen in dieser Richtung betätigten. In Japan selbst war Hiroshi Hazama (geb. 1929) die Person, die sich am meisten mit der Erforschung des japanischen Managementsystems und seinen Implikationen für die Arbeitnehmer_innen beschäftigte. Er publizierte ab 1963, als sein berühmtes Werk *Nihonteki keiei no keifu* (Die Genealogie des Managements japanischer Art) erschien, zahlreiche Bücher über dieses Thema. Da japanische Sozialwissenschaftler_innen selbst heute noch kaum auf Englisch publizieren, konzentrierten sich einige westliche Sozialwissenschaftler_innen, die der japanischen Sprache mächtig waren, auf diesen Forschungskomplex, unter welchem Ronald P. Dore (1925–2018) der einflussreichste Wissenschaftler wurde, nachdem er 1973 *British Factory – Japanese Factory. The Origins of National Diversity in Industrial Relations* publiziert hatte. Dore wies unter anderem darauf hin, dass der japanische Unternehmenspaternalismus sehr stark vom Paternalismus

36 James C. Abegglen, The Japanese Factory. Aspects of its Social Organization, Glencoe 1958.

nach Krupp, wie wir ihn in Österreich von der Berndorfer Metallwarenfabrik[37] kennen, beeinflusst wurde. Wie das Buch von Abegglen wurden die vergleichenden Studien von Dore[38] sehr einflussreiche sozialwissenschaftliche Bücher, die über den Kreis der Japan-Spezialisten und Spezialistinnen hinaus bekannt wurden. Das Interessante daran ist, dass viele japanische Sozialwissenschaftler_innen während der 1960er und 1970er Jahre das in ihren Augen patriarchalische japanische Management als veraltet einstuften und darauf hinarbeiteten, es möglichst schnell durch ein moderneres westliches oder amerikanisiertes System zu ersetzen, das ihnen rationeller und weniger paternalistisch erschien. In den USA und in Europa hingegen versuchten zahlreiche Manager zumindest Elemente des japanischen Managementsystems zu übernehmen, weil die japanische Wirtschaft von 1960 bis 1990 überaus erfolgreich war, weswegen auch das japanische Personalmanagement aus ihrer Sicht dem westlichen einfach überlegen sein musste.

Während der 1960er und 1970er Jahre zogen Japaner_innen nicht nur wegen des paternalistischen Managements in den Großunternehmen, sondern auch wegen ihres angeblich nie ermüdenden Einsatzes in der Arbeit als *workmaniacs* (jap. nach dem Englischen: *wākahorikku*) die Aufmerksamkeit der Welt auf sich. »Wie ein Japaner arbeiten« wurde für viele in Europa und Amerika ein Schimpfwort, für andere hingegen ein Ausdruck der Hochachtung. Viele hiesige Gewerkschafter_innen fürchteten japanischen Einfluss und warnten davor, dass die Arbeit nach japanischer Art in Zukunft ein Modell für die ganze Welt werden könnte und dass westliche Firmen von ihren Arbeitnehmern und Arbeitnehmerinnen eine ähnliche Einstellung erwarten würden. Anders ausgedrückt wurde den Japanern und Japanerinnen vorgeworfen, soziales Dumping zu betreiben, weil sie sich in ihren Berufen überdurchschnittlich und auf jeden Fall mehr als die europäischen und amerikanischen Arbeiter_innen engagierten. Dadurch bestünde die Gefahr, dass die gewerkschaftlichen Errungenschaften der letzten 100 Jahre verschwänden. Die Gewerkschaften – etwa der Österreichische Gewerkschaftsbund ÖGB[39] oder die IG Metall in Deutschland[40] – gaben etliche Studien in Auftrag, welche japanische Managementmethoden verdammten. Auch die Wissenschaft blieb von diesem Diskurs nicht unberührt. Der deutsche Soziologe Christoph Deutschmann veröffentlichte 1987 eine Untersuchung zur Arbeitszeit in Japan, in der er den japanischen Unternehmen die

37 Der Unternehmer Arthur Krupp (1856–1938) war berühmt für seine Sozialleistungen für die Mitarbeiter_innen seiner Berndorfer Metallwarenfabrik Arthur Krupp AG. Neben Wohnungen ließ er in Berndorf eine Kirche, ein Arbeitertheater und Schulen erbauen, in welchen den Schülerinnen und Schülern in eigenen Stilklassenzimmern fremde Kulturen nahegebracht werden sollten.

38 Siehe auch sein nachfolgendes Buch (mit Mari Sako), How the Japanese Learn to Work, London 1989.

39 Kyoko und Arthur Baier, Vorbild Japan?, in: Institut für arbeitswissenschaftliche Forschungen Info 2 (1982).

40 »Modell Japan« für die Bundesrepublik Deutschland? Sonderheft der WSI Mitteilungen 34 (1981) 6. Das WSI ist das Wirtschafts- und Sozialwissenschaftliche Institut des Deutschen Gewerkschaftsbundes. Sehr spät erschien Manfred H. Bobke/Wolfgang Lecher, Arbeitsstaat Japan, Köln 1990, eine Publikation der Otto-Brenner-Stiftung der IG Metall mit einem Vorwort ihres Ersten Vorsitzenden Franz Steinkühler. Eine der ersten Publikationen von zwei Journalisten, die ihre Nähe zur deutschen Gewerkschaftsbewegung betonten, war das in der Reihe rororo aktuell erschienene, äußerst polemische Taschenbuch von Ariane Dettloff/Hans Kirchmann, Arbeitsstaat Japan. Exportdrohung gegen die Gewerkschaften, Reinbek bei Hamburg 1981. Diese Auflistung ist sicherlich nicht vollständig für das, was von deutscher Gewerkschaftsseite gegen die »japanische »Bedrohung« publiziert wurde.

»Rundumnutzung« ihrer Mitarbeiter vorwarf,[41] ein Konzept, das in der deutschsprachigen Japanforschung einige Zeit gerne gebraucht wurde. Die Arbeitswissenschaftlerin Angelika Ernst wurde nicht müde darauf hinzuweisen, dass es in Japan neben der Elite der Arbeitnehmer_innen in den im Westen bekannten Großbetrieben ein Heer von Arbeitnehmern und Arbeitnehmerinnen gab, das zu wesentlich schlechteren Arbeitsbedingungen beschäftigt war und quasi als ›Reservearmee‹ der Industrie diente.[42]

Als in den 1970er und 1980er Jahren die japanische Wirtschaft in die ganze Welt expandierte und viele westliche Arbeiternehmer_innen plötzlich merkten, dass sie nun für Betriebe von japanischen Firmen arbeiteten oder dass sie keine Arbeit mehr hatten, weil ihr bisheriges Unternehmen von einem japanischen Unternehmen vom Markt verdrängt worden war, erschien die Drohung, künftig »wie ein Japaner« arbeiten zu müssen, noch realistischer. Der amerikanische Film *Gung Ho* aus dem Jahr 1986 ist ein gutes Beispiel für den Konflikt zwischen der amerikanischen und der japanischen Weise zu arbeiten und für die Rezeption der ›japanischen Gefahr‹ in der amerikanischen Populärkultur. Ein japanischer Automobilkonzern, angeworben von dem ehemaligen Vorarbeiter Hunt, gespielt von Michael Keaton, übernimmt eine marode Autofabrik in einer Kleinstadt in Pennsylvania, die bisher von der Fabrik lebte. Die neuen japanischen Manager setzen vermeintliche japanische Methoden durch: keine Gewerkschaften, niedrigere Löhne, alle Arbeiter_innen müssen alle Jobs kennenlernen, werden immer wieder versetzt und müssen schließlich ungeheure Produktionsziele erfüllen. Als diese nicht erreicht werden, droht die abermalige Schließung der Fabrik, aber als Hunt und der japanische Manager, der wegen Nichterfolgs in Japan in die USA versetzt wurde, allein die Arbeit fortsetzen, beeindruckt dies die Arbeiter_innen so, dass sie sich anschließen und das Produktionsziel fast erreichen, woraufhin die Fabrik weiter bestehen kann.[43] Der Film vermittelt Zuschauenden, dass Kooperation zwischen Management und Arbeitnehmern und Arbeitnehmerinnen oft für beide Seiten zielführender ist als gegenseitiges Misstrauen und Pochen auf den eigenen Rechten, dass also die amerikanischen Arbeitnehmer_innen durchaus von der japanischen Art zu arbeiten profitieren könnten. *Gung Ho* bedeutet »zusammen arbeiten«, jedoch nicht auf Japanisch, sondern auf Chinesisch, was Hollywood offensichtlich egal war.

Dass man es mit der Unterscheidung zwischen Menschen aus China und Japan in den USA nicht immer so genau nimmt, zeigt auch der tragische Fall der Ermordung des 27-jährigen chinesisch-amerikanischen Vincent Chin im Jahr 1982 in Detroit. Dieser wurde von einem Betriebsleiter des Automobilkonzerns Chrysler und dessen Stiefsohn für einen Japaner gehalten, für die Entlassungen bei Chrysler verantwortlich gemacht und mit einem Baseball-Schläger erschlagen.[44] Wie dieser Extremfall zeigt, war die Abneigung gegen die japanische Art zu arbeiten zu einem gewissen Zeitpunkt unter amerikanischen Arbeitnehmern und

41 Christoph Deutschmann unter Mitwirkung von Claudia Weber, Arbeitszeit in Japan. Organisatorische und organisationskulturelle Aspekte der ›Rundumnutzung‹ der Arbeitskraft, Frankfurt a. M./New York 1987.

42 Z. B. Angelika Ernst, Japans unvollkommene Vollbeschäftigung: Beschäftigungsprobleme und Beschäftigungspolitik, Hamburg 1980, und mehrere andere.

43 Eine ausführliche Inhaltsangabe findet man unter http://en.wikipedia.org/wiki/Gung_Ho_(film) (letzter Zugriff 28.10.2018).

44 Murder of Vincent Chin, http://en.wikipedia.org/wiki/Murder_of_Vincent_Chin (letzter Zugriff 28.10.2018). Die geringe Strafe für die beiden weißen Amerikaner wegen Totschlags führte unter der amerikanischen Bevölkerung mit asiatischen Vorfahren zu einer erheblichen Empörung und schließlich sogar zur Entstehung einer Bürgerrechtsbewegung der asiatischen Amerikaner.

Arbeitnehmerinnen so ausgeprägt, dass sie sogar zur Ermordung völlig Unschuldiger führen konnte, die man für das eigene Missgeschick verantwortlich machte.

Edith Cresson (geb. 1934), französische Ministerpräsidentin (1991–1992), bekundete noch 1991, als die japanische Wirtschaft bereits in ihre Stagnationsphase eingetreten war, Japaner_innen seien gelbe Ameisen, welche die Herrschaft über die Welt übernehmen wollten. Das sei mit den Ideen der europäischen Zivilisation und der richtigen Verwendung der Freizeit nicht vereinbar. »We don't want to live like that. I mean, in small flats, with two hours to go to do your job. [...] We want to keep our social security, our holidays, and we want to live like human beings in the way we've always lived.«[45]

Selbst die österreichische Pop-Rock-Gruppe Erste Allgemeine Verunsicherung konnte der Versuchung nicht widerstehen, sich musikalisch den allgemeinen japanfeindlichen Äußerungen anzuschließen. Der Text ihres Songs *Zehn kleine Japanesen* von 1998 lautet:

Zehn kleine Japanesen,
die löten in Tokio.
Zehn kleine Japanesen,
die machen niemals krank.
Zehn kleine Japanesen,
die macht das Löten froh.
Die löten, die löten, die löten
ihr ganzes Leben lang.[46]

Während sich in solchen Beispielen wie auch in diversen Äußerungen von Gewerkschaftern und Gewerkschafterinnen eine fundamentale Ablehnung des als »typisch« japanisch angenommenen Arbeitsmodells niederschlug, reisten zahlreiche Vertreter_innen westlicher Firmen und Regierungen nach Japan, um das japanische Modell zu studieren – in der Hoffnung, es ganz oder in Teilen übernehmen zu können. Der deutsche Bundeswirtschaftsminister Otto Graf Lambsdorff sagte nach einem Besuch in Japan 1980 in der Zeitung *Bild am Sonntag*: »Man muss feststellen, dass die Produktivität pro Mann und Arbeitsstunde und der Einfallsreichtum, was Rationalisierung und Investitionen anbelangt, in manchen Bereichen der japanischen Industrie uns offensichtlich überlegen ist.«[47]

Während dem Verhältnis der Japaner_innen zur Arbeit viel Aufmerksamkeit galt, war die japanische Freizeit in den westlichen Sozialwissenschaften während der gesamten industriellen Phase Japans kein Thema. Offensichtlich schien es undenkbar, dass in einem derart von der Arbeit besessenen Land wie Japan Freizeit existierte. Es gab nur einige wenige Ausnahmen, wie David W. Plath (geb. 1930) oder den Autor dieses Aufsatzes, die darauf hinwiesen, dass Freizeit und Unterhaltung natürlich auch in Japan nicht unbekannt waren. Plath plädierte bereits 1964 in seinem Buch *The After Hours. Modern Japan and the Search for Enjoyment* für eine objektivere Sichtweise auf Japan und zeigte, dass auch Japaner_innen

45 Rone Tempest, Culture: Edith Cresson's Answer to TV Spoof: Hush Puppet! France's brutally frank premier says her caricature on one of the nation's most popular shows is sexist, unfair, Los Angeles Times 23.7.1991, abrufbar unter: http://articles.latimes.com/1991-07-23/news/wr-223_1_puppet-show (letzter Zugriff 28.6.2018).

46 Notizen über die allgemeine Verunsicherung vgl. http://www.verunsicherung.de/diskografie/songs/10_kleine_japanesen.html (letzter Zugriff 28.10.2018).

47 Zitiert nach Dettloff/Kirchmann, Arbeitsstaat Japan, hintere Umschlagseite.

ihr ganzes Leben lang nicht nur arbeiteten, wie das in westlichen Köpfen der Fall zu sein schien. In meiner eigenen Untersuchung *Arbeit, Freizeit und Familie in Japan* konnte ich 1976 anhand eines Surveys von 865 japanischen Angestellten und Arbeitern in acht großen Firmen im Raum Tokio-Yokohama aufzeigen, dass das Phänomen der *mōretsu shain* (arbeitsbesessenen Mitarbeiter) oder der *kaisha ningen* (Firmenmenschen), wie es vom japanischen Journalismus bezeichnet wurde, mehr oder weniger auf die Welt der Angestellten beschränkt war, während für die Arbeiter ihre Familien und die Freizeit gleich bedeutend oder sogar noch wichtiger waren als ihre Arbeit und die Firma, weshalb sie auch oft als Familienmenschen (*maihōmu-shugisha*) kritisiert wurden.[48] Der heutzutage beinahe vergessene Ausdruck *mōretsu shain,* wörtlich der »unbändige Mitarbeiter«, bezeichnete Arbeitnehmer die alles, vor allem ihr Privatleben, für die Arbeit in ihrer Firma opferten, während die Vokabel *kaisha ningen* (Firmenmenschen) und *kigyō senshi* (Unternehmenskrieger) die besondere Wichtigkeit betonten, die die Beziehung zu ihrem Unternehmen für eine Person hatte. Normalerweise war diese Vokabel auf Männer beschränkt, aber es gab natürlich auch viele Frauen, die sich genauso für ihre Unternehmen einsetzten und in dieser Beziehung ihren männlichen Kollegen nicht nachstanden. ›Familienmenschen‹, also Personen, die ihrer eigenen Familie eine größere Bedeutung beimaßen als ihrem Unternehmen, galten in Japan als amerikanisiert und unjapanisch und wurden deswegen nicht selten verspottet.

Namiki Nobuyoshi (geb. 1929), ein Beamter des MITI (Ministry of International Trade and Industry) und Wirtschaftswissenschaftler, argumentierte 1974 auf einer Konferenz in Mailand, Japan benötige eine monistische Sicht auf Arbeit und Freizeit:

> »*... the problem of alienation in modern industrial societies shows every sign of growing in importance. The fundamental reason for this situation is ... the dualistic cognition of work and leisure. The general idea in modern times assumes that human life is divided into work and leisure, work is absolutely necessary in order to exist, and to work one has to labor one's muscles, fray one's nerves, and bear the complexities of human relations. Thus it seems as if man has to bear this negative value to exist and recreate himself in leisure time when he is not working. With this dualistic comprehension, human life is something which returns exactly to zero by first suffering a negative value in order to exist and then filling up this vacuum during leisure. Such a view of life permits no hope at all. The only way to overcome this desparate view is to formulate a monistic acceptance of work and leisure. ... this dualistic view is a very, very new philosophy of life, and we should return again to a monistic one.*«[49]

Meiner Meinung nach bedeutet das für die Arbeitnehmer_innen wohl, ihre Freizeit überwiegend mit den Kolleginnen und Kollegen aus der Firma zu verbringen, im Idealfall in firmeneigenen Freizeitstätten. Es ist nur natürlich, dass bei einer solchen Ansicht Arbeit als das wichtigste Ziel des Lebens definiert wird, und dass Außenstehende dabei leicht zur Ansicht gelangten, dass Japan nur aus Arbeit bestünde.

Als seit dem Beginn der 1980er Jahre in den USA *Japan-bashing* den Diskurs über Japan dominierte, wurden die japanischen Einstellungen zur Arbeit abermals ein wichtiges Thema.

48 Sepp Linhart, Arbeit, Freizeit und Familie in Japan. Eine Untersuchung der Lebensweise von Arbeitern und Angestellten in japanischen Grossbetrieben, Wiesbaden 1976.

49 Nobuyoshi Namiki, A Vision of Japan's Industrial Structure, in: Gianni Fodella (Hg.), Social Structures and Economic Dynamics in Japan up to 1980, Milan 1975, S. 223–238, hier S. 228.

Japan wurde immer wieder für sein soziales Dumping kritisiert, aber in den offiziellen Handelsgesprächen waren soziales Dumping und (freiwillige) Überstunden nie ein Thema. Trotzdem reagierte die japanische Regierung von sich aus auf die in den westlichen Medien geäußerte Kritik, dass die Japaner zu viel arbeiteten und führte neue Arbeitszeitgesetze ein, die die Standardarbeitszeit verkürzten und die Urlaubstage vermehrten. Des Weiteren schuf die Regierung einige neue Feiertage, wobei Feiertage, die auf einen Sonntag fielen, am folgenden Montag nachgeholt wurden, so dass Japan heute zu den Ländern mit den meisten Feiertagen in der ganzen Welt gehört. Ein noch immer bestehendes Problem stellt die geringe Nutzung der den Arbeitnehmern und Arbeitnehmerinnen zustehenden Urlaubstage dar. Eine von der Regierung 2002 in Auftrag gegebene Studie erbrachte das Ergebnis, dass die Nutzung aller Urlaubstage und die damit verbundene Konsumation eine beträchtliche Auswirkung auf das Wirtschaftswachstum haben würde und die Schaffung von 1,5 Millionen neuen Jobs in der Dienstleistungsindustrie zur Folge hätte.[50]

Ein weiterer wichtiger Diskursstrang über Japan war jener der sogenannten Revisionisten, der mit dem Buch des Harvard-Soziologen Ezra F. Vogel (geb. 1930) *Japan as Number One* im Jahr 1979 eingeleitet wurde, welches in Japan zum meistverkauften Sachbuch eines nicht-japanischen Autors avancierte.[51] Der Höhepunkt des auf Japan bezogenen Revisionismus in den USA waren die späten 1980er und die frühen 1990er Jahre, als der bisherige Hauptgegner der USA, die Sowjetunion, schwächelte und Japan in den Augen der Revisionisten für einige Jahre zum Hauptfeind der USA avancierte. Ihnen zufolge waren die Unterschiede zwischen Japan und den USA einfach zu groß, um fair miteinander verhandeln zu können. Sie sahen die Gefahr, dass Japan die ganze Welt dominieren würde und japanische Modelle überall in der Welt nachgeahmt werden würden, unter anderem eben auch die vollkommene Hingabe an das Unternehmen, dem man angehörte, und damit verbunden die Übernahme »japanischer Arbeitsweisen«. Wegen ihrer japanfeindlichen Berichterstattung entstand in den US-amerikanischen Medien das Schlagwort *Japan-bashing*, das natürlich auch in Japan, allerdings aus einer Verteidigungsposition heraus, sofort übernommen wurde. Die wichtigsten Revisionisten waren wohl der Politologe Chalmers Johnson (1931–2010) mit seinem 1982 erschienenen Buch *MITI and the Japanese Miracle*,[52] Clyde Prestowitz (geb. 1941), einer der Hauptverhandler der Reagan-Regierung über die Handelsbeziehungen mit Japan mit seinem Buch *Trading Places*,[53] der Herausgeber des *U.S. News & World Report* James Fallows (geb. 1949), Hauptredenschreiber des Präsidenten Jimmy Carter, dessen Aufsatz *Containing Japan* 1989 die Beziehungen zwischen den USA und Japan in einer Sprache des Kalten Krieges darstellte,[54] sowie der holländische Journalist Karel van Wolferen (geb.

50 Full Use of Paid Holidays would Buoy Economy by 2.3%: Study, Japan Weekly Monitor, 7.6.2002; Kyuka seido no arikata to keizai shakai e no eikyō ni kansuru chōsa kenkyū iinkai, *Kyuka kaikaku wa ›Koronbusu no tamago‹. 12 chō en no keizai hakyū kōka to 150 mannin no kōyō sōshutsu* (Reform des Urlaubs ist das Ei des Columbus. 12 Billionen Yen Auswirkungen auf die Wirtschaft und Schaffung von 1,5 Millionen Arbeitsplätzen), Tokyo 2002.

51 Ezra F. Vogel, Japan as Number One: Lessons for America, New York 1979.

52 Chalmers Johnson, MITI and the Japanese Miracle: The Growth of Industrial Policy, 1925–1975, Stanford 1982.

53 Clyde Prestowitz, Trading Places: How We Are Giving Our Future to Japan and How to Reclaim It, New York 1989.

54 James Fallows, Containing Japan, Atlantic Monthly (Mai-Ausgabe 1989), abrufbar unter: http://www.theatlantic.com/magazine/archive/1989/05/containing-japan/376337/ (letzter Zugriff 28.6.2018).

1941), Autor des Buches *The Enigma of Japanese Power*[55]. Sie alle sahen Japan als die führende Wirtschaftsmacht der Zukunft und als eine Wirtschaft, die sich in jeder Hinsicht von der amerikanischen unterscheide. Diese Sicht findet man auch in dem populären Thriller *Rising Sun*[56] von Michael Crichton (1942–2008) und dem darauf basierenden 1993 produzierten Film mit dem gleichen Titel (dt. *Die Wiege der Sonne*). In diesem Film mit Sean Connery als Polizeikommissar geht es um die Ermordung eines amerikanischen Callgirls im Wolkenkratzer-Bürohaus eines japanischen Konzerns in Los Angeles. Die Zuschauenden werden mit der Allmacht des Konzerns, der Zusammenarbeit des Konzerns mit japanischen Gangstern und der bedingungslosen Unterwerfung der Mitarbeiter unter die Anordnungen der Vorgesetzten konfrontiert.[57] Der Film erregte auch in Japan höchste Aufmerksamkeit und wurde dort für seine anti-japanische Darstellung stark kritisiert.[58]

Das ›coole‹ postindustrielle Japan: 1990 bis heute

Als die japanische Seifenblasenwirtschaft (Immobilienblase) zu Beginn der 1990er Jahre platzte, wurde der Diskurs der 1960er bis 1980er Jahre in der Praxis bedeutungslos. Das beinhaltete auch den Diskurs der Revisinisten. Das *Japan-bashing* wurde von einem *Japan-passing*-Diskurs abgelöst – Japans Zeit als eine führende Wirtschaftsmacht war demnach angeblich zu Ende, an seine Stelle traten nun Südkorea und China.[59]

Aber es gab noch einen Diskursstrang, der als ein Bindeglied zwischen dem Japan vor und nach dem Platzen der Blase oder zwischen dem industriellen und dem nachindustriellen Japan gesehen werden kann: der über *karōshi*, Tod durch Überarbeitung. Er begann mit der Veröffentlichung des ersten Buches über *karōshi* im Jahr 1982. Ab 1987 veröffentlichte das Arbeitsministerium Statistiken über *karōshi,* und 1990 wurde das erste Buch darüber in englischer Sprache publiziert.[60] Die meisten Opfer starben laut diesen Studien durch einen Schlaganfall oder eine Herzattacke, und viele von ihnen hatten über 3.000 Stunden pro Jahr gearbeitet, 50% mehr als der Durchschnitt. Als die Blase platzte, setzte sich das Phänomen *karōshi* fort, weil viele Firmen, aber auch viele Mitarbeiter/innen in naiver Weise annahmen, sie könnten die Krise durch höheren Arbeitseinsatz bewältigen. Noch im Geschäftsjahr 2015/16 nahmen sich laut Berichten der Zeitung *Die Welt* 2.310 Personen das Leben, weil

55 Karel van Wolferen, The Enigma of Japanese Power, New York 1989.

56 Michael Crichton, Rising Sun, New York 1992. Deutsch: Nippon Connection, Gütersloh/Wien 1993.

57 Eine ausführliche Inhaltsangabe findet sich unter Rising Sun (film) http://en.wikipedia.org/wiki/Rising_Sun_(film) (letzter Zugriff 28.10.2018).

58 So schreibt etwa Tadayuki Satō in seinem Buch Eiga de manabu esunikku Amerika (Filme, die uns das ethnische Amerika nahebringen), Tokyo 2008, S. 174, der Film würde die ›Gelbe Gefahr‹ aus dem Osten heraufbeschwören und sei voll von rassistischen Vorurteilen über die Japaner_innen.

59 Brink Lindsey/Aaron Lukas, Revisiting the »Revisionists«: The Rise and Fall of the Japanese Economic Model, in: Model Trade Policy Analysis, No. 3 (Juli 1998), abrufbar unter http://www.cato.org/publications/trade-policy-analysis/revisiting-revisionists-rise-fall-japanese-economic-model (letzter Zugriff 1.7.2018).

60 National Defense Counsel for Victims of Karōshi, Karōshi: When the ›Corporate Warrior‹ Dies, Tokyo 1990. Vgl. dazu auch Sepp Linhart, Auf der Suche nach der verlorenen Zeit: Anmerkungen zum Verhältnis von Arbeitszeit und Freizeit in Japan, in: Mihee Kim/Kwang-Ki Park/Andreas Schirmer (Hg.), Eins und doppelt. Festschrift für Sang-Kyong Lee. Beiträge aus Theaterwissenschaft, Literaturwissenschaft, Ostasienwissenschaften, Frankfurt a. M. 2000, S. 127–152.

sie die Arbeitsüberlastung nicht mehr ertrugen, das sind beinahe zehn Prozent der japanischen Selbstmorde im gleichen Jahr.[61] Natürlich ist das Phänomen Tod durch Überarbeitung nicht auf Japan beschränkt. Daher beobachteten auch viele Mediziner aus der ganzen Welt aufmerksam den japanischen Diskurs.

Zur gleichen Zeit entstanden viele neue Diskurse über Arbeit und Freizeit, die für eine postindustrielle Gesellschaft charakteristisch sind. In Japan arbeiten gegenwärtig rund 70 % aller Arbeitskräfte im tertiären Sektor, die nachindustrielle oder Dienstleistungsgesellschaft ist also sehr ausgeprägt. Während der industriellen Phase befassten sich die typischen Diskurse über Arbeit in Japan mit *just-in-time production*, *total quality control*, dem innerbetrieblichen Vorschlagsystem der Mitarbeiter_innen und Ähnlichem. Diese Methoden verbreiteten sich von Japan aus über die ganze Welt. Das Ziel dieser Diskurse bestand darin, zu zeigen, wie die industrielle Arbeit aufs Äußerste organisiert werden kann, aber in einer postindustriellen Welt, in welcher in den modernen Fabriken die Menschen durch Roboter ersetzt und die meisten Tätigkeiten, die viel menschliche Arbeitskraft erfordern, in wirtschaftlich weniger entwickelte Länder verlegt wurden, scheinen diese Diskurse nicht mehr so wichtig zu sein, wie das einst postuliert wurde.

Dagegen sind die Begriffe *otaku, furiita, niito* (*NEET*) und *hikikomori* eher recht neu. Sie alle beziehen sich auf Menschen, die nicht länger so hart und fleißig arbeiten wie die Arbeiter_innen des industriellen Japan, oder auf solche, die überhaupt nicht arbeiten. *Otaku* ist der älteste der vier genannten Begriffe und er ähnelt den Ausdrücken *nerd* oder *fan* im Englischen. Japanische Fans oder *otaku* wurden weltberühmt und das Wort *otaku* erregte international Aufmerksamkeit, weil die japanischen Fans alle anderen Fans der Welt angeblich übertreffen. Sie wissen alles über das Objekt ihres Interesses, seien es *manga*[62], *anime*[63], *tarento*[64], oder *J-poppu*[65]. Viele Fans im Westen versuchen, ihre japanischen Vorbilder nachzuahmen. Wir können vielleicht behaupten, dass die *otaku* an ihre Hobbies genauso herangehen, wie es die besten japanischen Arbeiter_innen während der industriellen Periode mit ihrer Berufsarbeit taten, aber meines Wissens gibt es dazu noch keine Studien.

Über *otaku, furiita, niito* und *hikikomori* gibt es mittlerweile eine Fülle von wissenschaftlicher und populärwissenschaftlicher Literatur in japanischer, englischer, aber auch in deutscher Sprache. Von den *furiita*, ein Ausdruck, der sich aus *free* (*furii*) und Arbeiter (*ta*) zusammensetzt und seit Mitte der 1980er Jahre existiert, heißt es, dass sie nicht länger wie ihre Väter eine sichere Anstellung in einer großen Firma anstreben, weil sie ihre Freiheit behalten wollen. Es werden darunter alle 15- bis 34-jährigen verstanden, die stundenweise arbeiten oder arbeiten wollen, mit Ausnahme von Personen, die in einer Ausbildung stehen

61 Uwe Schmitt, Tödliche Überstunden. Der sinnlose Opfertod des Helden der Büroarbeit, Welt. Digital Zeitung 3.1.2017, abrufbar unter: http://www.welt.de/vermischtes/article160813282/Der-sinnlose-Opfertod-des-Helden-der-Bueroarbeit.html (letzter Zugriff 27.6.2018). Siehe auch: Japanerin stirbt nach 159 Überstunden in einem Monat, Welt. Digital Zeitung, 6.10.2017, abrufbar unter: http://www.welt.de/vermischtes/article169365541/Japanerin-stirbt-nach-159-Ueberstunden-in-einem-Monat.html (letzter Zugriff 27.6.2018).

62 Japanische Comics oder Cartoons.

63 Abkürzung für *animation film*, also Zeichentrickfilm.

64 Vom englischen *talent*. Bezeichnung für Personen, die im Radio, Fernsehen oder sonstigen Medien für ihre oft schrillen Auftritte bezahlt werden, aber schwer einer einzigen Berufskategorie zugeordnet werden können.

65 Zwischen 1993 und 1995 allgemein üblich gewordene Bezeichnung für Japan-Pop oder japanische Popmusik.

oder durch ihre Ehepartner abgesichert sind. *Niito* (NEET, Abkürzung für *Not in Education, Employment or Training*) und *hikikomori* arbeiten hingegen überhaupt nicht und es gibt viele Diskussionen darüber, ob sie nicht arbeiten wollen oder ob es keine adäquaten Stellen für sie gibt. Die *hikikomori* (Zurückgezogene) verlassen oft wochen- oder sogar monatelang ihre Wohnung oder ihr Zimmer nicht, wobei sie auf die Hilfe ihrer Familien angewiesen sind. Schätzungen über die Häufigkeit dieses Phänomens schwanken zwischen 50.000 und einer Million Fällen. Es ist auffällig, dass all diese Begriffe ein Negativ-Verhältnis zur Arbeit beschreiben, dass also nicht mehr voller Bewunderung oder Furcht über die Leistungen der japanischen Arbeitnehmer_innen berichtet wird, sondern vor allem über junge Menschen, die sich der herkömmlichen Weise zu arbeiten zu verweigern scheinen.

Japan scheint heute wieder eine Art Wunderland der Freizeit für die westliche Jugend geworden zu sein. Es ist nicht länger das furchtbare Land, das nur aus Arbeit besteht, sondern es machte eine paradigmatische Transformation zum *cool Japan* durch. Der Ausdruck wurde 2002 durch den amerikanischen Journalisten Douglas McCray in einem Aufsatz in der Zeitschrift *Foreign Policy* geprägt.[66] Seit dem Jahr 2005 wird das coole Japan sogar von der japanischen Regierung propagiert.[67] In der wissenschaftlichen Welt änderten sich entsprechend die Diskurse von solchen der Arbeits- und Industriesoziologie zu solchen der Soziologie der Populärkultur.

In seiner industriellen Phase hatte Japan dem Bereich der Freizeit nicht viel mehr zu geben[68] als *pachinko*, Spielautomaten mit kleinen Metallkugeln – eine Aktivität, die sehr der Industriearbeit ähnlich ist –, die nur für einige ostasiatische Länder interessant und nachahmenswert waren, nicht aber für die meisten Bewohner_innen der westlichen Länder. Heute ist Japan hingegen das Land des *karaoke*, der Manga, von Tamagotchi, Pokemon, Sailor Moon, Hello Kitty, Super Mario und vielen weiteren Charakteren, Spielen und spielerischen Produkten. Der Stadtteil Akihabara in Tokyo, in dem sich Geschäfte für solche Produkte konzentrieren, ist ein Mekka für junge Leute aus der ganzen Welt. Mode, Design, J-Pop, Film und die japanische Küche spielen ebenfalls eine große Rolle in der Zahl der Produkte, die ins Ausland exportiert werden und Japan zu einer Großmacht der Populärkultur gemacht haben, wie Douglas McCray befand. In der westlichen Perspektive wurde Japan von einem Land der Arbeit zu einem Land des Spielens, das in der Freizeit stattfindet. Jemand, der sich für die japanische Geschichte interessiert, kann leicht den Eindruck bekommen, dass die spielerische Kultur der Edo-Zeit[69] zurückgekommen ist und heute die ganze postindustrielle Welt beeinflusst.

66 Douglas McGray, Japan's Gross National Cool, Foreign Policy, 1.5.2002. Eine rezente Studie, der die neueren Entwicklungen des *Cool Japan* zu entnehmen sind, ist Tim Craig, Cool Japan: Case Studies from Japan's Cultural and Creative Industries, Ashiya 2017.

67 Vgl. die METI (Ministry of Economy, Trade and Industry) Website, Cool Japan / Creative Industries Policy, abrufbar unter: http://www.meti.go.jp/english/policy/mono_info_service/creative_industries/creative_industries.html (letzter Zugriff 27.6.2018).

68 Natürlich waren die Produkte, die Japan für den Export produzierte, mehrheitlich solche, die in der Freizeit der Konsumentinnen und Konsumenten Verwendung fanden: Transistorradios, Walkmen, Fernsehgeräte, Motorräder, Autos usw. und die man auch den japanischen Konsumierenden nicht vorenthalten konnte, weswegen auch in Japan eine Bewusstseinsänderung zu einer stärkeren Betonung von Konsum und Freizeit einsetzte.

69 Es ist wohl kein Zufall, dass es in Japan seit dem Ende der 1980er Jahre einen gewaltigen Edo-Boom gibt, also ein ungeheures Interesse an der Kultur der Edo-Zeit.

Zusammenfassung

Als die ersten Europäer in der zweiten Hälfte des 19. Jahrhunderts über Japan berichteten, fanden sie dort nicht an die Industriearbeit gewöhnte und in ihren Augen faule, den Müßiggang pflegende Bewohner_innen des Landes vor, vor allem auch, weil sie die in der Landwirtschaft tätige Masse der Bevölkerung kaum zur Kenntnis nahmen. Diese hatte aber ab dem 18. Jahrhundert eine *Industrious Revolution* durchgemacht und stets fleißiges Arbeiten so sehr betont, dass die Jugend dagegen rebellierte und für mehr freie Tage eintrat.

Die Einführung der Schulpflicht sowie des dreijährigen Militärdienstes und die Arbeit in den neuen, zunächst von der Regierung initiierten Fabriken schufen in wenigen Jahrzehnten eine Industriearbeiterschaft, die nun auch die westlichen Augen überzeugte. *Made in Japan* wurde nach dem Ersten Weltkrieg, also nur 65 Jahre nach der Landesöffnung, ein Markenzeichen für billige, aber anständige Massenware, deren Preise nicht zu unterbieten waren, weil die japanischen Arbeiter_innen laut Beobachtungen um geringste Löhne und für das Vaterland und für den Tenno hingebungsvoll arbeiteten. Man sollte nicht vergessen, dass bis 1942 aber auch die Freizeit, z. B. der Tourismus oder die Unterhaltungsmusik und natürlich der Film, durchaus eine wichtige Rolle spielten, um einen Ausgleich zur Arbeit herzustellen, obwohl die westlichen Japan-Reisenden wenig darüber berichteten.

Mit dem hohen Wirtschaftswachstum ab der zweiten Hälfte der 1950er Jahre galten der Fleiß, die Arbeitsamkeit, die Unternehmensloyalität des japanischen Volkes nun für westliche Wissenschaftler_innen und für Japan-Besucher_innen als die wichtigste Erklärung für den wirtschaftlichen Erfolg des Landes. Zukunftsforscher prognostizierten, dass das 21. Jahrhundert das Jahrhundert Japans werden sollte.[70] Selbst im japanischen Eigenstereotyp war das eine wichtige Erklärungskomponente für den Erfolgslauf, der gute 30 Jahre anhielt.

Mit dem Platzen der Seifenblasenwirtschaft um 1990 trat Japan in eine 20 Jahre währende Phase der Stagnation ein, und die »fleißigen japanischen Arbeiter« interessierten plötzlich im Westen niemanden mehr, obwohl sich in der Einstellung zur Arbeit unter den Arbeitnehmerinnen und Arbeitnehmern mittleren Alters wenig geändert haben dürfte. Diskurse über die Arbeit wurden jetzt vor allem als negative Diskurse geführt, über junge Leute, die gar nicht arbeiten oder zumindest nicht für ein Leben lang für eine Firma tätig sein wollten. Etliche junge Leute widmen sich so hingebungsvoll ihrem Hobby aus einem Bereich der Populärkultur, dass sie in dieser Hinsicht internationale Vorbilder wurden, in Europa vor allem in Frankreich, Italien und Spanien. Die Ästhetik der japanischen Comics und Animationsfilme hat einen weltweiten Siegeszug angetreten, so dass ein amerikanischer Journalist 2002 Japan zur (populär)kulturellen Supermacht erklärte, nachdem es seinen Status als wirtschaftliche Supermacht verloren hatte. Selbstverständlich hatte diese Wende auch große Auswirkungen auf die Einstellungen zur Freizeit. Noch dazu versuchten die jeweiligen Regierungen, die einst so gelobten Eigenschaften wie Fleiß, Sparsamkeit, Priorität der Arbeit, also die industriellen Werte, durch die Ausweitung der arbeitsfreien Tage, durch die Einführung neuer Feiertage, durch Propaganda für eine postindustrielle Lebensweise und durch die Betonung von Freizeit und Konsum herabzusetzen. Denn letztlich erhofften sie sich von mehr Freizeit auch mehr Konsum.

70 So beispielsweise der amerikanische Zukunftsforscher Herman Kahn, The Emerging Japanese Superstate: Challenge and Response, Englewood Cliffs 1970, auf Deutsch: Bald werden sie die Ersten sein. Japan 2000. Zukunftsmodell der neuen Herren der Welt, Wien/München/Zürich 1970.

Ich habe zu zeigen versucht, dass Arbeits- bzw. Freizeitorientierung nichts Angeborenes sind, sondern sich je nach wirtschaftlicher Gegebenheit, aber auch je nach Interessenslage der herrschenden Schichten verändern können. Die Zuschreibung gewisser Eigenschaften von außen ist natürlich ebenfalls von der Interessenslage der Diskursteilnehmer_innen abhängig, wie wir an einigen extremen Beispielen gesehen haben. Da Japan heute in der Welt nicht mehr als so gefährlicher wirtschaftlicher Gegner gesehen wird wie noch vor 30 Jahren, können die Diskurse über Arbeit und Freizeit in Japan heute mit einer größeren Offenheit geführt werden als in der Vergangenheit.

■ Katja Jana

»Wir wollen Räume öffnen für die gemeinsame Erinnerung und Aufarbeitung«

Ein Gespräch mit Elke Hartmann vom *Houshamadyan* e.V.

Der gemeinnützige Verein *Houshamadyan* wurde im Jahr 2010 mit dem Ziel gegründet, auf der Basis armenischsprachiger Quellen eine bisher nicht erzählte Alltags- und Mikrogeschichte des osmanischen Anatoliens zu rekonstruieren. Der Verein veröffentlicht auf seiner Webseite (https://www.houshamadyan.org/) vielseitiges Material zur Geschichte der Armenier_innen im Osmanischen Reich. Wir haben uns mit der Mitinitiatorin Elke Hartmann über die Bedeutung und die Inhalte der Seite und die ungeahnte Dynamik, die das Projekt seit seiner Gründung erfahren hat, unterhalten. Das Gespräch führte Katja Jana.

Werkstatt*Geschichte*: *Euer Verein heißt Houshamadyan. Was heißt Houshamadyan?*

Elke Hartmann: *Houshamadyan* ist ein armenisches Wort und heißt Erinnerungsbuch. Das ist auf Armenisch ein Genre von Buchwerken, das nach dem ersten Weltkrieg entstanden ist, nachdem die Armenier_innen aus dem Osmanischen Reich vertrieben und ermordet worden waren. Uns dienten sie als Ausgangspunkt für unser Projekt, in dem wir die Geschichte und das Alltagsleben der Armenier_innen im Osmanischen Reich erforschen wollten. Daraus entstand dann die Webseite, auf der wir die Ergebnisse unserer Arbeit veröffentlichen.

Wie ist es zu dem Projekt gekommen? Warum findet ihr es wichtig, die Geschichte der Armenier_innen im Osmanischen Reich auf diese Art und Weise zu erzählen?

Wir hatten diese Idee schon seit Längerem diskutiert, bevor wir 2010 mit *Houshamadyan* angefangen haben. Uns war aufgefallen, dass es in der Geschichtsschreibung zu den Armenier_innen im Osmanischen Reich vor 1915 eine doppelte Leerstelle gibt: Zum einen fehlt in der armenischen Perspektive, dem Bildungswesen und der armenischen Historiografie, der osmanische Kontext. Zum anderen, und das ist mir als Osmanistin, die Islamwissenschaft und Geschichte studiert hat, besonders deutlich geworden, kommen die Armenier_innen in der Osmanistik wenig vor, und wenn, dann höchstens als Randnotiz, als Fußnote. Als integraler Bestandteil der osmanischen Geschichte werden sie nicht thematisiert. Die Osmanistik ist im Wesentlichen türkisch und von der sprachlichen Seite her türkisch. Es gibt inzwischen einige Osmanist_innen, die mit arabischen Quellen arbeiten, auch mit bulgarischen, albanischen oder griechischen Quellen, aber eigentlich wird osmanische Geschichte immer noch vor allem auf der Grundlage von türkisch-osmanischen Quellen geschrieben und dementsprechend auch aus deren Perspektive. Einige Autor_innen stellen das Osmanische Reich fast wie einen türkischen Nationalstaat dar und lassen die imperiale Dimension seiner Geschichte außer Acht.

Wie lässt sich diese doppelte Leerstelle erklären?

Das sind naheliegende Gründe. Die Armenier_innen haben einen Völkermord überlebt, sie haben die größtmögliche Entfremdung und auch Enttäuschung erlebt, die man sich vorstellen kann. Die osmanische Gesellschaft, die osmanische Kultur, das Osmanische Reich als politisches Gebilde, als dessen Teil sie sich verstanden, hat sie abgewiesen und ermordet. Die Überlebenden hatten dann natürlich eine große Distanz zu der eigenen osmanischen Vergangenheit. Unserer Ansicht nach ist diese Haltung außerdem generationenbedingt. Unsere Großeltern haben den Völkermord überlebt, sie kamen aus der osmanischen Welt. Unsere Eltern haben sich auf ihre Art und Weise damit auseinandergesetzt, auch durch Distanz zu der Welt der Täter_innen, die ihnen selbst nicht mehr vertraut war. Wir sind die dritte Generation, uns kommt zu, dass wir uns mit diesem historischen Erbe beschäftigen und dieses Erbe annehmen. Auf der türkischen Seite steht der dominante Nationalismus und die offizielle Leugnung des Völkermords, die die Leerstelle in der Osmanistik bedingen.

Kannst du etwas mehr zu den Erinnerungsbüchern, den Houshamadyan, sagen? Welche Bedeutung haben sie für euer Projekt?

Wir haben die Erinnerungsbücher, *Houshamadyan*, als ersten Ausganspunkt gewählt, weil sie die Zeugnisse der Überlebendengeneration selbst sind. Nachdem die Armenier_innen aus dem Osmanischen Reich deportiert und ermordet worden waren, war den Überlebenden, die sich überall auf der Welt verstreut hatten, bewusst, dass dies nun eine neue Qualität ist. Das war nicht eines der sporadisch wiederkehrenden Massaker, die auch Auswanderungswellen ausgelöst hatten, wie zum Beispiel in den 1890er Jahren. Den Leuten war bewusst, dass es kein Zurück mehr gibt. Was lange Zeit armenisches Siedlungsgebiet gewesen ist, das gibt es jetzt nicht mehr. Die Überlebenden versammelten sich in der Diaspora, und Leute aus den verschiedensten Ortschaften, Herkunftsregionen fanden sich zusammen und gründeten kleine Clubs, landsmannschaftliche Organisationen. Armenier_innen von überallher fingen an zusammenzutragen, was sie noch aus ihrer verloren gegangenen alten Welt erinnern konnten: über ihre Herkunftsstadt, über ihre Herkunftsregion, über Dörfer. Über ihre verlorenen Heimatorte haben sie dann diese sogenannten Erinnerungsbücher zusammengestellt. Sie sind in den 1920ern, 30ern bis zu den 60er Jahren erschienen. Einige davon sind extrem umfangreich, teilweise mehrbändig und mit bis zu zweittausend, zweittausendfünfhundert Seiten über eine Stadt mit ihrer Region. Andere sind ganz schmal. Manche sind von professionellen Historikern oder Journalisten geschrieben, manche von einfachen Dorfbewohnern verfasst. Die Bücher haben eine sehr unterschiedliche Qualität, sehr unterschiedliche Inhalte und unterscheiden sich auch in Sprache und Stil. Aber was sie alle gemeinsam haben ist, dass die Überlebenden in ihnen diese fragmentarischen Überreste zusammengekratzt und kompiliert haben.

Wie hoch waren die Auflagen?

Das sind nur kleine Auflagen, da viele *Houshamadyan* nur in Selbstverlagen erschienen sind, und sie als Adressat_innen nur kleine Überlebendengemeinschaften hatten.

Sind die Houshamadyan in Bibliotheken vorhanden oder nur in Privatsammlungen?

Ja, auch in Bibliotheken, vornehmlich in armenischen Bibliotheken. Wir haben zu Anfang festgestellt, dass es noch nicht einmal eine Bibliografie gibt. Da haben wir erst mal eine möglichst umfangreiche Bibliografie der *Houshamadyan* zusammengestellt und vermerkt, wo man sie bekommen kann. Zudem haben Vahé Tachjian und ich schon seit Jahren so viele *Houshamadyan* gesammelt, wie wir bekommen konnten. Wohin wir auch immer gereist sind, wir haben nach dieser Art von Büchern gesucht. Wir finden immer noch neue Titel.

Es scheint mir ein Genre, das wissenschaftlich überhaupt nicht bearbeitet ist. Wie erklärst du dir das? Liegt es an der Sprache?

Nein, bisher wurde es überhaupt nicht bearbeitet. Das sind ja jetzt keine professionellen Geschichtswerke und literarisch eher holprig. Als Primärquellen sind die *Houshamadyan* bislang wenig gesehen worden, so wie insgesamt der sehr reiche Bestand an armenischsprachigen Quellen noch sehr wenig bearbeitet ist.

Aber für Historiker_innen müsste es doch sehr interessant sein. Gibt es denn in anderen Sprachen und Regionen vergleichbares Material?

Es gibt Vergleichbares. Wir haben sehr schnell herausgefunden, dass Vertriebenengemeinschaften dazu tendieren, ähnliche Werke zu verfassen. Unter den Palästinenser_innen gibt es ähnliche Werke, manchmal gekoppelt an *Oral-History*-Projekte. Auch deutsche Heimatvertriebene haben Bände über ihre Herkunftsorte herausgegeben oder die algerischen Französ_innen nach der Unabhängigkeit Algeriens. Der endgültige Verlust der Heimat löst etwas aus, sodass man sich auf eine neue Art und Weise an diese Heimat erinnert und versucht, sie festzuhalten. Das passiert dann in solchen Büchern. Ein Paradebeispiel sind natürlich die untergegangen jüdischen Gemeinschaften Osteuropas, wo es auch solche Erinnerungsbücher als eine Erinnerungsform gibt. Da stehen die Armenier_innen nicht alleine, sondern man findet Parallelen. Man findet neuerdings auch Webseiten, auch damit stehen wir also nicht alleine da, auch andere Gemeinschaften haben diese Form für sich entdeckt. Was uns heraushebt ist vielleicht, dass wir diese Art von Erinnerungskultur mit professioneller wissenschaftlicher Arbeit und dem Medium Internet verbinden.

Mir ist an eurer Webseite aufgefallen, dass es einen enormen Materialreichtum und eine Medienvielfalt gibt. Inwiefern sind die Erinnerungsbücher für euch zum jetzigen Zeitpunkt noch die wichtigste Quelle. Seid ihr eine Art Meta-Houshamadyan, indem ihr sammelt und neu zusammenstellt?

Wir dachten ursprünglich, das könnte eine Grundquelle für uns sein und dann haben wir aber festgestellt, dass es noch einen anderen Quellenfundus gibt, den man heben muss. Das ist all das, was in den Familien noch aufbewahrt wird: Familienfotos von vor 1915, vor der Völkermordzeit. Und die Leute, die heute alt sind, 80 Jahre und älter, das ist die zweite Generation, die haben es von ihren Eltern bekommen. Die wissen noch, wer auf den Fotos abgebildet ist. Die nächste Generation, die Enkelgeneration, weiß das schon nicht mehr. Das heißt, hier gibt es, über die Familien verstreut, ein kollektives Archiv. Und das sind nicht nur Fotos, es sind teilweise auch Tagebücher vorhanden, Briefe und Gegenstände, die auch eine eigene Geschichte erzählen, also Selbstzeugnisse aller Art. Das alles ist ein Archiv, das im Verschwinden begriffen ist, weil die zweite Generation jetzt eben auch alt geworden ist und allmählich stirbt. Die nächste Generation wirft die Sachen oftmals einfach auf den Müll oder kann die Geschichten nicht mehr erzählen, die an den Objekten hängen. Dazu ist die Sprache in vielen Fällen verloren. Die dritte Generation, die etwa in Frankreich oder in den

USA lebt, kann meist kein Armenisch mehr, die zweite Generation vielfach auch schon nicht mehr, und wenn sie Briefe oder Tagebücher auf Armenisch haben, können sie damit nichts anfangen. So ist auf unser Projekt eine völlig neue Aufgabe zugekommen: die Familiennachlässe zusammenzutragen und auch die Vermittlung zwischen den Generationen.

Welche Vorteile seht ihr in der Webseite als Publikationsform?

Die Webseite als hauptsächliche Publikationsform hat den Vorteil, dass sie interaktiv ist, sodass auch andere dazu beitragen können. Zwar gibt es kein Diskussionsforum, aber es gibt die Möglichkeit, dass Leute uns Sachen schicken und wir sie hinzufügen oder Fehler korrigieren können, auf die wir hingewiesen werden. Dann erreicht eine Webseite ein ganz anderes Publikum, nicht nur die Akademiker_innen oder Universitätsstudent_innen, sondern auch ein nichtakademisches Publikum. Eine Webseite erreicht eine jüngere Generation und ein Publikum in verschiedenen Gesellschaften und Staaten über gegebenenfalls zensierende Autoritäten hinweg. Eine Webseite ist vergleichsweise frei, sie geht durch keine Buchzensur oder Bewilligungsprozedur irgendwelcher Autoritäten, sondern die Webseite ist da und jede und jeder, der sie anklicken kann, kann sie anschauen. Natürlich kann sie mal gesperrt werden oder ähnliches, aber im Prinzip hat sie eine andere Reichweite.

Wer sind eure Hauptadressat_innen?

Unsere Hauptadressatin war zunächst die armenische Gemeinschaft mit der Botschaft »Leute, das ist Euer historisches Erbe«. Gleichzeitig ist die Adressatin ebenso die heutige türkische Gesellschaft mit all ihren Angehörigen, nämlich diejenigen, die heute in dem Land leben, in dem die Armenier_innen früher gelebt haben. Das ist Anatolien, dort leben heute Türk_innen, Kurd_innen und die vielen anderen, kleineren Bevölkerungsgruppen. Wir haben von vornherein gedacht, dass dies ein Erinnerungsprojekt und ein Geschichtsprojekt zur Aufarbeitung eines gemeinsamen historischen Erbes ist, das wir mit all denjenigen teilen, die dort heute noch sind. Daher sollte es unbedingt dialogisch sein, weil wir alle damit erreichen wollen. Wir wollen auch diejenigen Armenier_innen erreichen, die überhaupt nicht in irgendwelchen gemeinschaftlichen Strukturen, z. B. Kirchen oder politischen Parteien, organisiert sind, sondern die Armenier_innen sind oder armenische Vorfahren haben und sich vielleicht für die Geschichte ihrer Vorfahren interessieren, ohne Anschluss zu haben an armenische Gemeinden.

Ein weiteres Argument für die Webseite war, dass man sie ganz klein anfangen und dann kontinuierlich erweitern kann. Zudem kann die Webseite multimedial sein. Wir können visuelle Medien, Tondokumente und Filme, miteinbeziehen. So haben wir jetzt zum Beispiel neu ein Musikprojekt mit alten Musikaufnahmen etwa ab 1910. Das Internet als Medium kommt dem Diasporadasein und der Zerstreuung entgegen. Wir haben oftmals das Gefühl, dass das Internet wie geschaffen ist für so verstreute und versprengte Gemeinschaften, denn im Internet entsteht der virtuelle Raum, in dem man sich dann trifft. Das war für armenische Intellektuelle eigentlich schon immer so. Armenische Intellektuelle haben im 19. und vor allem im 20. Jahrhundert nach dem Völkermord explizit darüber reflektiert, dass die Zeitung und das Buch in der Diaspora der virtuelle Ort wird, an dem sich die versprengten Angehörigen der Nation treffen. Ein entterritorialisierter Raum und ein entterritorialisierter Heimatbegriff. Das ist etwas, das wir mit den Mitteln unserer Zeit, also dem Internet, wiederholen können.

Wie kam es dazu, dass ihr euch auf das Sammeln dieser Materialen konzentriert habt? Seid ihr in eurem eigenen Umfeld auf Sachen gestoßen?

Ja, teilweise gibt es auch Familiennachlässe in unserem eigenen Umfeld. Es wurde uns dann aber sehr schnell klar, dass wir es mit einem wirklich bedeutenden Phänomen zu tun haben. Die Leute kamen auf einmal mit ihren Sachen an, und es hat sich etwas Riesiges, eine ganze Welt aufgetan. Wir hätten nicht im Traum daran gedacht, dass es so viel gibt. Und dieser Bestand ist gefährdet. Wir haben ein Rennen gegen die Zeit angefangen. Wir versuchen, so schnell wie möglich viele von diesen Nachlässen zu sammeln, und zwar mit den Informationen, die dazu gehören, um ein großes digitales Archiv zusammenzutragen.

Und diese Informationen und Materialen werden dann von euch auch kontextualisiert?

Ja, wir orientieren uns an Ansätzen der Objektgeschichte, wollen von den Objekten ausgehend Geschichte erzählen. Wir haben uns mit verschiedenen geschichtsmethodologischen Ansätzen auseinandergesetzt; wie haben uns mit Alltagsgeschichte und -kultur, Selbstzeugnisforschung und Mikrogeschichte, neuen Arten von Ausstellungen und Museumskunde beschäftigt. Gelegentlich machen wir auch Ausstellungen, und die Art und Weise, wie wir unsere Sachen präsentieren, ist auch eine virtuelle Ausstellung. Das ist ein weiterer Vorteil des Digitalisierens. Ein Teil der Generation, die jetzt noch die Sachen bewahrt, hängt sehr daran. Die Erinnerungsstücke sind für sie wie Reliquien, etwas Heiliges, allerletzte Verbindungen zu ihren Eltern und den verlorenen Familienmitgliedern. Dementsprechend wollen die Leute die Dinge ungern aus der Hand geben. Dann aber ist es für sie eine Erleichterung, wenn sie sagen können, sie erzählen das Ganze endlich mal jemandem, der die Geschichten auch hören will und sich dafür interessiert. Wir zeichnen alles auf, und anschließend geben wir die Sachen in die Familien zurück. Dadurch entsteht eine Sensibilität in den Familien, die Sachen nicht wegzuwerfen, sondern, wenn die ältere Generation stirbt, sie in einem Archiv oder Museum abzugeben. Wir sehen es jetzt als unsere Hauptaufgabe, dieses Archiv zu sichern, bevor es verloren geht. Teilweise ist es schon verloren gegangen. Das prominenteste Beispiel ist Aleppo, das eine sehr große armenische Gemeinschaft hatte. Die Stadt Aleppo hat seit Jahrhunderten keinen Krieg mehr gesehen, und die armenische Gemeinschaft – nach dem ersten Weltkrieg hatten sich die Überlebenden dorthin geflüchtet – lebte eigentlich immer in dem Bewusstsein, hier ist sie sicher. Bis 2011 der Krieg kam. Vor 2011 hatten wir jedes Jahr Pläne, nach Aleppo zu gehen und dort Material zu sammeln. Unsere persönliche Situation hat es uns nicht erlaubt, das sofort zu machen und dann war es sehr schnell zu spät.

Wie geht ihr vor? Wie sammelt ihr das Material für eure Webseite?

Eine unserer Arbeitsweisen ist, dass wir sogenannte *Houshamadyan*-Sammelaktionen durchführen. Wir nennen das *Houshamadyan*-Tage. Mitglieder von *Houshamadyan*, meist Vahé Tachjian und ich, oder Silvina DerMeguerditchian oder noch einige andere Leute, die mit uns zusammenarbeiten, reisen in irgendeine Stadt, wo es eine einigermaßen große armenische Gemeinschaft gibt, zum Beispiel Paris, Marseille, Valence, Buenos Aires, natürlich die amerikanische West- und Ostküste, New York, New Jersey, Boston, Los Angeles, San Francisco, Fresno usw. oder Istanbul oder Beirut oder auch Armenien selber, die heutige Republik Armenien. Die erste solche Aktion haben wir 2012 in Beirut gemacht und seitdem in den verschiedensten Städten. Wir reisen dorthin, kündigen unseren Besuch in den armenischen Medien oder armenischen Kultureinrichtungen oder Clubs oder Kirchen oder Schulen, mit

Abb. 1: City of Harput. Lower neighborhood. A four-seat Ferris wheel in an amusement park adjacent to the Capuchin Church (Source: Amherst College, Archives and Special Collections, William Earl Dodge Ward Papers/Houshamadyan).

denen wir kooperieren, an. Wir geben vielleicht das eine oder andere Interview, der eine oder andere Artikel erscheint in der armenischen lokalen Presse oder anderen Medien. Oder wir halten einen Vortrag in der Gemeinde oder auch zwei. Nach diesem Vorlauf kommen dann die Leute. Dann sitzen wir zwei bis drei Tage am Stück von morgens bis abends beispielsweise in einer Schule und alle sind aufgerufen, ihre Familiennachlässe dorthin zu bringen. Es ist ganz unterschiedlich, manche kommen nur mit einem Bild. Manche kommen mit einem ganzen Koffer voller Briefe und Bilder, da kommt man gar nicht alleine hinterher. Das heißt, wir versuchen immer, vor Ort Helfer_innen zu finden, zum Beispiel Student_innen oder armenische Schüler_innen, die Lust haben mitzumachen, oder Leute von den armenischen Einrichtungen. Da entsteht immer eine ganz wunderbare Atmosphäre, wenn die Leute mit ihren Schätzen und ihren Familiennachlässen kommen.

Das heißt ja, dass ihr nicht nur auf der digitalen Ebene ein interaktives Projekt seid?

Ja, manche Leute kennen sich schon oder treffen sich dann in dem Raum, in dem wir gerade die Materialien aufnehmen und fangen an, sich zu unterhalten. Manche Leute sehen die Atmosphäre und dann fangen sie an, ihre Freund_innen zusammenzutelefonieren. Wenn Leute nicht kommen können, weil sie zu alt und gebrechlich sind, dann besuchen wir sie zu Hause. Dadurch, dass viele Leute einbezogen werden, entsteht in den Familien eine Dynamik: Dann sagt jemand, dass sich bei Verwandten in einer anderen Stadt ein anderer Teil des Familiennachlasses befindet. So entsteht eine beinahe endlose Korrespondenz, und so kommen die Sachen, Geschichten und Kontexte zu uns. Im Laufe der Jahre haben wir so viel Material bekommen, dass wir mit der Aufarbeitung überhaupt nicht hinterherkommen. Damit die Leute nicht so lange warten müssen, dass ihre Sachen auf unserer Webseite erscheinen, und damit es als kollektives Archiv zugänglich wird, haben wir seit einiger Zeit eine neue Sektion auf der Webseite, die nennt sich *Open Digital Archive* (ODA). Dort kommen Familiensammlungen rein, die wir bekommen. Entgegen des sonstigen Formats mit Artikeln zu einzelnen Themen und Regionen veröffentlichen wir dort geordnet nach verschiedenen Regionen Familiennachlässe und Familiengeschichten. Das ist auch deswegen ein interessantes Format, weil man hier anhand von Familiengeschichten Lebenswege in ihrer ganzen Vielfalt sehen kann und Mikrogeschichten entstehen.

Wie bereitet ihr das Material für dieses Archiv auf, bevor ihr es online stellt, denn das muss ja dennoch bearbeitet werden?

Wir führen die vielfältigen Erzählungen, die wir gesammelt haben, zu einer Familiengeschichte zusammen und setzen die Geschichte in Beziehung zu den Objekten und Bildern, die wir haben. Wir versehen die Bilder mit sehr ausführlichen Legenden. Dafür recherchieren wir auch den Kontext, in dem sie entstanden sind. Wir verweisen auch auf andere Geschichten, die wir schon haben, weil sich dort Verbindungen ergeben, von denen die Leute selber manchmal nichts wissen. Es ist auch schon passiert, dass sich Familienangehörige dadurch gefunden haben.

Kannst du etwas zu eurer Finanzierung sagen?

Wir sind einerseits spendenfinanziert – und dementsprechend sind unsere Kapazitäten auch sehr limitiert. Andererseits haben wir seit einigen Jahren die Unterstützung einer armenischen Stiftung, der *Calouste Gulbenkian Foundation* in Portugal. Das ist eine sehr große Stiftung. Sie hat einen vergleichsweise kleinen Topf, aus dem sie armenische Projekte finanziert, weil der Stifter, Gulbenkian, Armenier war. Aus diesem armenischen Programm bekommen wir für zwei Projekte Geld. Zum einen deckt Gulbenkian die Kosten für die türkische Übersetzung unserer Webseite. Zum anderen bezahlt die Stiftung ein Kooperationsprojekt mit Schulen, für das wir eine Koordinatorin haben, die die Schulen besucht. Leider ist dies zeitlich begrenzt für drei plus drei Jahre, danach müssen wir sehen, ob wir nochmal eine Verlängerung bekommen. Wir sind aber zuversichtlich, dass es weitergeht. Wir wollten von Anfang an mit den bestehenden armenischen Einrichtungen – Kirchen, Parteien, Kulturfonds – zusammenarbeiten. Aber eine Unterstützung bekommen wir bislang nur von der *Gulbenkian*-Stiftung.

Wie erklärst du dir die Zurückhaltung der anderen armenischen Institutionen?

Es war nicht ihre Idee, entspricht vielleicht nicht ihrer Politik. Wir sind für sie von unserer Denkweise her vielleicht auch zu unabhängig. Wir haben einen privaten Geldgeber gefunden, den unser Projekt überzeugt hat, der sich jedoch wünschte, dass wir einen institutionellen Rahmen dafür schaffen. Daraufhin haben wir einen gemeinnützigen Verein gegründet. Über den Verein bekommen wir Spenden, aber die wichtigsten Geldgeber sind nach wie vor zwei Familien. Diese finanzieren uns eine Art Grundbudget, das uns erlaubt, einen wissenschaftlichen Mitarbeiter einzustellen, das ist Vahé Tachjian. Außerdem können wir der Künstlerin Silvina Der Meguerditchian, die uns die Webseite gestaltet, ein Honorar geben. An *Houshamadyan* angeschlossene Einzelprojekte werden über zweckgebundene Zuwendungen finanziert: ein Forschungsprojekt zur armenischen Architektur in der Diaspora sowie die Erschließung eines Tonarchivs mit Liedern der armenischen Überlebenden.

Auch unsere Übersetzer_innen werden angemessen bezahlt. Wir wollten eigentlich eine dreisprachige Präsenz, nämlich Armenisch als Ausgangssprache, Englisch, damit es all diejenigen, die kein Armenisch können, auch verstehen und Türkisch, um die Brücke zu schlagen zu allen, die heute in der Region leben und mit der Region verbunden sind. Kurdisch wäre auch schön, aber dafür fehlt uns bislang die Finanzierung. Am Anfang waren unsere finanziellen Mittel so begrenzt, dass wir zunächst nur mit einer englischen Übersetzung angefangen haben. Bevor wir am Ende das Geld von der *Gulbenkian*-Stiftung bekommen haben, haben wir lange nach Mitteln für die türkische Version gesucht, auch in den verschiedenen türkischen zivilgesellschaftlichen Organisationen, die in ähnlicher Richtung arbeiten.

Bekommt ihr auch finanzielle Unterstützung von Organisationen in der Türkei?

Leider nein. In unserem Kopf war *Houshamadyan* so sehr ein gemeinsames Projekt, dass es für mich eine anhaltend große Enttäuschung ist, dass von den Stiftungen in der Türkei keine sich finanziell an der türkischen Version oder am Projekt insgesamt beteiligt hat. Vor allem, da es ein Projekt ist, dass die explizite Zielsetzung des gemeinsamen Erinnerns hat, was in unserem Verständnis der Weg ist, wie man mit der Geschichte umgehen kann. Wir reden hier von einer Vergangenheit, in der ein Völkermord stattfand und das hat – vor allem auch angesichts der bis heute anhaltenden Verleugnung – eine so immense Dimension, dass die nachfolgenden Generationen kaum zueinanderkommen. Wenn auf politischer Ebene immer nur um Völkermord-Anerkennung und Völkermord-Leugnung gestritten wird, dann ist es ein fortgesetztes Verbrechen und ein fortgesetztes Versehrtwerden. Die einzige Möglichkeit, das aufzubrechen ist historische Aufarbeitung und ein Dialog auf der allerunterersten Ebene, nämlich im gelebten Alltag. Ich wüsste nicht, wie man anders als im Dialog, durch Verständigung, in gegenseitigem Verständnis, diese menschliche Dimension zurückbringen kann und am Ende vielleicht so etwas wie ein Versöhnungsprozess entstehen kann. Dann zu sehen, dass uns von den türkischen Organisationen, die sich eine ähnliche Agenda auf die Fahnen geschrieben haben, keine unterstützen will, ist enttäuschend. Schließlich hat sich die *Gulbenkian*-Stiftung bereit erklärt, die türkische Übersetzung zu finanzieren. Das haben wir mit großer Dankbarkeit angenommen. Aber für mich bleibt es ein Wermutstropfen, dass es am Ende ein armenischer Fond ist, der die türkische Übersetzung ermöglicht. Unsere privaten Geldgeber_innen sind auch alle Armenier_innen. Einmal haben wir allerdings – für die Druckkosten unseres ersten Buches – eine Crowdfunding-Aktion gemacht. Dort gab es auch türkische und kurdische Unterstützer_innen. Das heißt, auf der persönlichen Ebene gibt es Unterstützung, es fehlt aber das türkische Engagement auf der institutionellen Ebene. Inzwischen – das muss man nun aber noch deutlich sagen – ist die Klage hierüber natürlich fast hinfällig, seitdem sich die Situation für zivilgesellschaftliche Akteure_innen in der Türkei so dramatisch verschlechtert hat und zum Beispiel auch Osman Kavala seit einem Jahr in Haft ist.

Kannst du noch etwas dazu sagen, wie die Webseite aufgebaut ist?

Die Webseite ist inhaltlich-thematisch organisiert. Es gibt zwei Achsen bzw. zwei Ordnungskriterien, die eine ist geografisch, die andere thematisch. Thematisch gliedern wir die verschiedenen Bereiche in Kapitel mit verschiedenen Unterpunkten, zum Beispiel Geografie, Bevölkerung, Küche, Musik, Spiele, Feiertage, Wirtschaft, Handel, Handwerk, Landwirtschaft, und stellen dann die jeweiligen regionalen Besonderheiten dar. So kann man sich einen Überblick über ein Thema in den verschiedenen Regionen – gegliedert nach den osmanischen Provinzen (*vilayet*) – verschaffen. Umgekehrt kann man sich über die Landkarte die verschiedenen Themen für eine Region anzeigen lassen. Die Karte bildet das gesamte Osmanische Reich zu Beginn des 20. Jahrhunderts ab, Anatolien, dazu Aleppo, Jerusalem und andere arabische Gebiete, ausgenommen sind nur der Jemen und Tripoli in Nordafrika. Wenn man sie anklickt, fächert sie sich immer detaillierter auf. Unter jeder Region findet man die ganzen thematischen Aspekte aufgelistet. Diese Aufteilung haben wir danach vorgenommen, was unsere Leser_innen interessieren würde. Die Leute, die selber einen persönlichen Bezug zu einer bestimmten Region haben, wollen vielleicht alles über diese Region wissen, aber nicht notwendigerweise über eine andere. Umgekehrt kann ich mir ein Thema rausgreifen und es mir quer durch die verschiedenen Regionen anschauen.

Wie weit seid ihr bisher gekommen? Ich vermute, dass ihr noch nicht alle Regionen und Themen vollständig bearbeitet habt?

Von der Grundanlage her gibt es alle Themen und das gesamte Osmanische Reich. Wir haben uns anfangs dafür entschieden, erstmal visuelles Material zu sammeln und die Artikel nach und nach zu schreiben, weil wir möglichst schnell viel Material präsentieren wollten und Artikel natürlich mehr Zeit beanspruchen. Wir haben für möglichst viele Provinzen aus Reiseberichten und verschiedenen Archivbeständen Bilderstrecken zusammengestellt. Das setzen wir fort, wenn wir zum Beispiel in Nachlässen Abbildungen finden. So haben wir kürzlich erst herausgefunden, dass in der Staatsbibliothek in Berlin der Nachlass von Oskar Mann lagert. Er reiste Anfang des 20. Jahrhunderts mehrfach nach Kurdistan, nach Iran und immer wieder durch das armenische Hochland und hat dort auch fotografiert. Das ist für uns hochinteressant. Wir haben auch viel Bildmaterial aus Missionsarchiven über die verschiedenen Regionen für unsere Webseite genutzt. Im Laufe der Jahre werden auch die Artikel immer mehr. Wir haben ein Netzwerk von Autor_innen. Zum Beispiel beim Thema Volksmedizin, zu dem wir mehrere Notizbücher mit Kräutern und Heilmethoden haben, in der Regel von Frauen überliefert. Das ist auch sprachlich interessant, wie auch viele von den Selbstzeugnissen, die wir bekommen. Die sind teilweise auf armenisch verschriftetem Türkisch. Einer unserer Autoren ist Mediziner, Apotheker und Biologe und jetzt im Ruhestand. Er interessiert sich wegen seiner beruflichen Herkunft und vor dem Hintergrund seiner Familiengeschichte für die Volksmedizin. Mit dem Material, das wir ihm zur Verfügung stellen, schreibt er für uns Artikel und wir recherchieren selber noch, zum Beispiel die botanischen Namen der verschiedenen Pflanzen. Wir haben zum Beispiel auch eine Köchin, die sehr viel über regionale Küche und Traditionen in den verschiedenen westarmenischen Provinzen geforscht hat und für uns Artikel über die lokale Küche schreibt. So wachsen die Webseite und das Netzwerk.

Vom wem wird eure Webseite genutzt? Wird sie von Osmanist_innen frequentiert?

Oh ja, von allen, die sich für die Geschichte Anatoliens unter verschiedenen Aspekten interessieren. Es gibt einige Dissertationen, die auf der Grundlage von *Houshamadyan* entstanden sind. Wir sind froh, *Houshamadyan* ist dafür da, genutzt zu werden, von allen möglichen Leuten. Wir bekommen Anfragen von Fachkolleg_innen, aber auch von Filmschaffenden, Künstler_innen, Schriftsteller_innen usw. oder Leute erbitten von uns Material für ihre Ausstellungen und Publikationen.

Achtet ihr bei der Aufarbeitung eurer Inhalte darauf, dass sie sich für ein außerakademisches Publikum eignen?

Ja, wir bemühen uns ganz explizit darum, und auch unsere Autor_innen haben oft keine akademische Ausbildung. Sie haben aber eine Sachkenntnis, die sich in akademischen Kreisen zu diesen Themen gar nicht finden lässt. Ihre Texte werden von uns sehr sorgfältig redigiert, damit daraus nach unseren Standards wissenschaftliche und lesbare Texte werden. Wir bemühen uns darum, ein Publikum anzusprechen, so wie wir es jetzt haben, das nicht akademisch gebildet sein muss. Es kamen, als wir noch keine türkische Übersetzung hatten, vielfach Zuschriften aus der Türkei, gerade aus Ostanatolien, aus Regionen wie Van, Bitlis oder Muş, wo früher viele Armenier_innen gelebt haben. Die Leute schrieben uns, dass sie sich mit Google-Übersetzer oder der Hilfe von Freund_innen auf der Seite umgeschaut haben und gerne mehr davon verstehen möchten. Seit wir die Gelder dafür bekommen, machen wir nun alle neuen Beiträge von vornherein dreisprachig und übersetzen nach und nach die älteren Texte ins Türkische. Die Mehrheit unserer Leser_innen ist in der Türkei, und viele von ihnen haben keinen akademischen Hintergrund.

Wie sieht es aus mit negativem Feedback? Bekommt ihr das auch?

Das ist ganz schnell beantwortet: So gut wie gar nicht. Es gibt einzelne, das ist verschwindend gering. Vereinzelt gibt es von türkischer Seite Hassmails und auch von armenischer Seite kommt gelegentlich Kritik an unserem Konzept, von »osmanischen Armeniern« zu sprechen. Manchen Leuten passt das nicht besonders. Das steht aber in keinem Verhältnis zu den Dankesbriefen und aufmunternden Zuschriften, die wir bekommen.

Und wie erklärst du dir das? Liegt das an eurem alltagsgeschichtlichen Ansatz?

Ich glaube, ja. Das ist das, woran wir immer geglaubt haben, dass man Menschen anspricht in ihrem Menschsein und in ihrer eigenen Geschichte und damit auch den Raum aufmacht für Auseinandersetzungen und Erinnerungen mit den sehr komplexen Verhältnissen. In der Diskussion um politische Konzepte gibt es diese scharfen Kontraste, schwarz und weiß. Im gelebten Alltag gibt es Entscheidungen und es gibt auch Schuld, aber es gibt die vielen

Abb 2: Harput/Kharpert. Armenian women and girls, probably photographed in front of their house (Source: Amherst College, Archives and Special Collections, William Earl Dodge Ward Papers/Houshamadyan).

Grautöne und Facetten und man sieht immer, warum eine Person so handelt, wie sie handelt und man sieht, warum eine Person in eine bestimmte Situation gerät. Man sieht die Leute in ihrem Bemühen und entwickelt Verständnis und Empathie. Man sieht die Leute auf den Bildern, man sieht Menschen. Sobald du es mit Menschen zu tun hast in ihrer Bedingtheit, ist für Verallgemeinerungen kein Boden mehr da.

In eurer Selbstdarstellung schreibt ihr, dass ihr perspektivisch auch Augenzeug_innenberichte des Genozids veröffentlichen wollt. Habt ihr weiterhin vor, diese Quellen einzubeziehen?

Perspektivisch ja, aber das ist nicht unser Hauptinteresse. Das armenische Augenmerk hat sich lange Zeit verständlicherweise auf diese Zeit gerichtet, auf die extrem schmerzhafte Erfahrung des Völkermords und natürlich auch auf dessen Dokumentation, auf Augenzeug_innenberichte, die das Genozidgeschehen beschreiben. Der Fokus auf der Beglaubigung des Genozids durch immer neue Zeugnisse ist natürlich auch vor dem Hintergrund der anhaltenden Verleugnung zu verstehen. Uns ist aber eher daran gelegen, das Leben herauszuarbeiten, das wir verloren haben: Was ist das, was wir verloren haben und dessen Verlust wir beklagen? Von hier kamen wir sehr schnell darauf zu sagen, dass dies nicht nur unser Verlust als Armenier_innen ist. Das ist es in der Hauptsache, aber es ist so, dass die ganze Umgebung, die Gesellschaft, aus der das armenische Leben herausgerissen wurde und die jetzt ohne Armenier_innen dasteht, genauso etwas verloren hat. Sie haben die Armenier_innen aus ihrer Mitte verloren und vielen Leuten dämmert das inzwischen. Aus deutscher Perspektive ist das unschwer zu verstehen: Von deutscher Wissenschaft, von deutscher Kultur ist ein Rumpfdasein übrig geblieben, nachdem man die jüdischen Intellektuellen und die jüdische Gemeinschaft auch in ihrem Alltagsleben hier rausgerissen hat aus der deutschen Mitte.
Letztendlich bietet diese Erforschung des armenischen Lebens im Osmanischen Reich uns auch einen Schlüssel dafür, um zu verstehen, was 1915 passiert ist: Wie war die Entwicklung davor und bis hin zum Völkermord? Welchen Status hatten die Armenier_innen und wo hatten sie im Osmanischen Reich ihren Platz? Das wissen wir ja alles gar nicht im Detail, damit fangen wir jetzt mit *Houshamadyan* gerade erst an.

Das heißt, der Genozid läuft im Hintergrund eurer Arbeit immer mit?

Ja natürlich, man kann ihn nie ausklammern. Der Genozid ist ein Aspekt, der letzte Akt, wenn du so willst. Vor diesen Erzählungen, die wir aufbereiten steht immer ein Überleben, ohne dass diese Erzählungen nicht mehr möglich gewesen wären. Die Überlebenswege haben ganz viel damit zu tun, wie die Verhältnisse in dem Dorf waren oder in der Stadt.

Verstehe ich es richtig, dass ihr aus der Perspektive des armenischen Lebens eine Alltagsgeschichte der Region erzählen wollt, die es bisher nicht gibt?

Ja, weil dazu noch so gut wie niemand gearbeitet hat. Das ist ein Manko der ganzen Geschichtsschreibung Anatoliens und es hängt unmittelbar mit dem Völkermord an den Armenier_innen und der Leugnung dieses Völkermords zusammen: Wenn du dich entschließt, die Armenier_innen aus deiner Geschichte und Geschichtsschreibung wegzuleugnen, dann kannst du die Geschichte überhaupt nicht erzählen, denn die Armenier_innen waren so verwoben in das Alltagsleben Anatoliens, in das Osmanische Reich, in die osmanische Wirtschaft, Gesellschaft und Kultur auf allen Ebenen, dass du schlechterdings die Geschichte Anatoliens nicht erzählen kannst, wenn du nicht über die Armenier_innen sprechen willst.

Auf der Grundlage unseres Materials erzählen wir die Alltagsgeschichte Anatoliens, denn wir erzählen die Geschichte der Armenier_innen in ihrem osmanischen Kontext. In jedem Satz von *Houshamadyan* wird das deutlich, über armenische Handwerker, über die Bauern, den Empfang der Steuereintreiber des Staates im Dorf usw.

Habt ihr euch Gedanken gemacht, ob euer Ansatz mit dem Fokus auf das armenische Leben, über die Klammer »armenisch«, essentialisierend wirken oder von außen essentialisiert werden könnte?

Das ist über die Art und Weise, wie wir es aufbereiten und präsentieren, gar nicht möglich, denn am Anfang steht bei uns der Kontext. Und unsere Motivation, *Houshamadyan* zu gründen und diese Arbeit aufzunehmen war ja, die armenische Geschichte in ihren osmanischen Kontext einzubetten und zu sagen: Wir erzählen hier ein Stück osmanischer Geschichte, osmanisch-armenisch. Das Armenische und das Osmanische sind bei uns nie voneinander gelöst.

Und hast du den Eindruck, dass es euch immer gelingt, diesen Kontext, diese Verwobenheit darzustellen?

Das gelingt ausnahmslos, weil das Leben der Armenier_innen gar nichts anderes zulässt. Das ist das böse Erwachen all derjenigen, die diese Verwobenheit nicht sehen wollen. Nicht nur Türk_innen, es gibt auch Armenier_innen, denen diese osmanische Kontextualisierung nicht gefällt. Aber dieser Kontext ist nichts, was wir konstruieren, das ist etwas, was wir nur freilegen. Wenn du unsere Protagonist_innen siehst, z. B. einen armenischen Händler in Erzurum, der seine Bücher in armenischer Sprache und Schrift führt, aber mit den ganzen türkischen Begriffen, der mit der osmanischen Provinzverwaltung in Kontakt steht, der mit den osmanischen Notabeln verhandelt, der sein Schlachtvieh von den Nomaden bezieht, der in der Umgebung seine Außenposten hat usw. Die Kontexte sind also alle drin. Zum Beispiel auch in den Liedern, manchmal das halbe Lied auf Türkisch und das halbe Lied auf Armenisch.

Du würdest also sagen, dass euer Material euch das schon so diktiert? Denn ich würde denken, dass es doch einen Blick dafür und bestimmtes analytisches Werkzeug braucht.

Man braucht einen Blick dafür. Als Geschichtsstudent_in im ersten Semester bekommt man gesagt, die Methodik der Geschichtswissenschaft ist die Quellenkritik. Das bedeutet, dass man an jede Quelle sechs kleine Fragen anlegt, nämlich wer, wann, wo, was, wie, warum. Eigentlich sehr simpel, verständlich und logisch. Dann sieht man aber, wie die Leute arbeiten und dass sie das nicht machen oder nicht konsequent genug machen. Denn eigentlich muss man nur gewissenhaft arbeiten und genau hingucken und das Problem ist eher, dass so wenige Fachvertreter_innen ihre Quellen wirklich konsequent kontextualisieren. Und Selbstzeugnisse, also die Quellen, mit denen wir vor allem arbeiten, sind besonders voraussetzungsreich, denn da muss man noch konsequenter kontextualisieren, weil man immer von der Schreibsituation ausgehen muss, um diese Quellen zu interpretieren, ob du nun Briefe, Memoiren, Tagebücher hast.

Das zeigt aber schon, dass ihr wesentliche analytische Arbeit leistet, die diesen Kontext hervorbringt?

Natürlich, das ist eine akribische und besonders gewissenhafte historiografische Arbeit, die sich der ganzen Methoden und Theoriediskussionen unserer Wissenschaft und unserem verbreiteten wissenschaftlichen Spektrum bedient. Dazu gehört etwa die Kulturanthropologie, die Soziologie, die Debatten der 90er Jahre. Wir nehmen das alles zur Kenntnis, wir arbeiten damit, das ist die Grundlage unserer Arbeit. Aber eigentlich machen wir einfach nur sehr gewissenhaft unseren Job. Es gibt dabei aber eine spezifisch armenisch-anatolisch-osmanische Ebene, nämlich die politische Aufladung und das Übermaß an Gewalt, das unseren Gegenstand kennzeichnet. Das verlangt doppelte und dreifache Akribie. Vielleicht ist es so, dass man sich für andere Gegenstände ein bisschen weniger Akribie leisten kann. Ich finde aber, in Anbetracht der extremen Gewaltaufladung der Geschichte und Gegenwart unserer Region, muss man übermäßig akribisch, gewissenhaft und behutsam sein und sorgfältig arbeiten. Das ist unser Anspruch und das manchen wir.

Ich finde es wichtig zu betonen, dass eure Arbeit eine bestimmte Methodik erfordert. Es ist natürlich prima, dass der Gegenstand diese Perspektive hergibt, aber es sehen zu können, erfordert auch eine bestimmte Herangehensweise.

Ja, man braucht ein Bewusstsein dafür, was macht eigentlich die Historiker_in, was macht die auf dem Feld, und unser Feld ist bis auf den heutigen Tag extrem vermint und gewaltbeladen. Wir sehen es, letztlich haben die ganzen Gewaltausbrüche heute in der Türkei, genau diesen historischen Hintergrund. Dessen muss man sich bewusst sein. Das muss man wissen und auf dieser Grundlage muss man behutsam an die Quellen herangehen. Die sorgfältige Kontextualisierung, und das heißt auch die Einbeziehung vieler Blickwinkel in die Betrachtung, ist auch die einzige Möglichkeit, unter den Bedingungen der Völkermord-Leugnung überhaupt einen Raum für die gemeinsame Erinnerung und historische Aufarbeitung zu öffnen und dabei auch die Akteure und ihre Verantwortung zu benennen.

Vielen Dank für das Gespräch.

■ Maxi Braun

»Pull up the dinosaurs' skirts«. Geschlechterbilder in *Jurassic Park* (1993) und *Jurassic World* (2015)

»Do you remember the first time you saw a dinosaur?« Mit dieser Frage beginnt der zweite Trailer zu *Jurassic World – Fallen Kingdom*[1], der 2018 als fünfter Teil des Dino-Franchises in die Kinos kam. Ich selbst erinnere mich noch genau, wann und wo ich das erste Mal einen Dinosaurier gesehen habe. Natürlich hatte ich zuvor schon mal etwas von Dinosauriern gehört und im Fernsehen auch irgendwie gesehen, zum Beispiel in der Arthur Conan Doyle-Adaption *The Lost World* (R: Irwin Allen, 1960), in Kevin Connors *The Land That Time Forgot* (1974) oder in Bill L. Nortons *Baby – Secret of the Lost Legend* (1985). Leguane in Großaufnahme, Handpuppen oder Stop Motion erweckten hier die Donnerechsen aber nur partiell zum Leben. Wirklich *gesehen* habe ich Dinosaurier erst dank Steven Spielberg, der sie 1993 mit *Jurassic Park* direkt aus meiner Phantasie als lebende, atmende und fressende Wesen auf die Leinwand projizierte, 65 Millionen Jahre nach ihrem Aussterben.

Der Film basiert auf der Romanvorlage von Michael Crichton und handelt von einem Vergnügungspark auf einer Insel vor der Küste Costa Ricas, dessen Attraktion lebendige Dinosaurier sind. Gentechniker haben im Auftrag von Multimillionär John Hammond genug Dinosaurier-DNS aus dem Blut von in Bernstein konservierten prähistorischen Mücken extrahiert, um verschiedene Arten zu klonen, darunter auch die Raubsaurier Tyrannosaurus Rex und die im Rudel jagenden und als besonders intelligent geltenden Raptoren. Kurz vor der offiziellen Eröffnung des Parks lädt Hammond den Paläontologen Dr. Alan Grant, die Paläobiologin Dr. Ellie Sattler, den Mathematiker Dr. Ian Malcolm und seine Enkel*innen[2] Tim und Lex auf die Insel ein. Diese Generalprobe soll zeigen, dass der Parkbetrieb reibungslos verläuft und sicher für Besucher*innen ist. Als Hammonds Gäste die Insel betreten, sind sie zunächst fasziniert davon, erstmals lebendige Dinosaurier sehen zu können. Schon bald sorgen aber menschliches und technisches Versagen sowie ein Tropensturm dafür, dass der Park außer Kontrolle gerät. Der größte Teil des Personals kann sich mit einem letzten Versorgungsschiff vor dem nahenden Sturm von der Insel retten. Hammond, seine Gäste, der Ingenieur Ray Arnold und der Wildhüter Robert Muldoon bleiben auf der Insel. Die elektronischen Sicherheitssysteme fallen aus und mit ihnen die Elektrozäune der Gehege. Die Dinosaurier können sich nun frei auf der Insel bewegen. Nach und nach töten sie fast alle noch auf der Insel verbliebenen Menschen. Nur Hammond, die drei Wissenschaftler*innen und die Kinder kommen mit dem Leben davon. Sie alle sind sich einig, dass ein Park mit lebendigen Dinosauriern als Attraktion nicht eröffnet werden darf.

Jurassic Park löste 1993 einen regelrechten Dino-Hype aus und ließ damals mich und viele andere Kinder zu kleinen Paläontolog*innen werden. Bis 1997 war Spielbergs Science-Fiction-Abenteuer der weltweit kommerziell erfolgreichste Film, und er ist auch heute noch unter den 28 erfolgreichsten Filmen »aller Zeiten«, mit einer bisherigen Einspielsumme von mehr als einer Milliarde Dollar.[3] Ein Vierteljahrhundert später ist *Jurassic Park* aufgrund der gut gealterten Special Effects und der nach wie vor spannenden Story noch immer ein Film »worth watching«.

Die Fortsetzung *Jurassic World* (2015, Regie: Colin Trevorrow) wurde daher mit Spannung erwartet. Der insgesamt vierte Teil des Dino-Franchises[4] spielt 22 Jahre später auf derselben Isla Nublar. Hammond ist inzwischen tot, der Park seit rund zehn Jahren eröffnet. Probleme wie die Unberechenbarkeit der Tiere scheinen ausgemerzt, der Park läuft ohne Zwischenfälle rund und ist ein kommerzieller Erfolg. Dinosaurier allein sind keine Attraktion mehr, weshalb ein genetisch modifizierter Hybrid – genannt Indominus Rex – geschaffen wird. Dieser setzt sich aus verschiedenen Spezies zusammen, weshalb er sich anders verhält als andere Arten: Er scheint intelligenter und aggressiver zu sein. Durch einen Trick entkommt der Indominus Rex und hinterlässt eine Schneise der Zerstörung auf dem Weg in Richtung Besucherzentrum. Die Protagonist*innen Claire und Owen suchen derweil Claires verschwundene Neffen. Diese waren allein im Park unterwegs und haben sich zuvor von einer offiziellen Tour entfernt, um ein kleines Abenteuer zu erleben. Von den dramatischen Vorgängen im Park und der Evakuierung bekommen sie nichts mit, bis sie Indominus Rex begegnen, dem sie knapp entkommen. Sie versuchen sich in Richtung Besucherzentrum durchzuschlagen und geraten dabei mehrfach in Lebensgefahr. Nachdem Claire und Owen die Neffen gefunden haben, versuchen sie, Indominus Rex aufzuhalten. Einige Versuche schlagen fehl, bevor Claire und Owen es schließlich schaffen, Indominus Rex zur Strecke zu bringen. Sie retten viele Menschenleben und bleiben, wie die Neffen, unverletzt. *Jurassic World* war zwar ein kommerzieller Erfolg, fiel aber bei Kritik und Fans durch.

Als Blockbuster-Filme zielen *Jurassic Park* und *Jurassic World* darauf, ein möglichst breites Publikum zu erreichen. Beide Filme sind daher Ausdruck des zeitgeschichtlichen Kontextes, in dem sie entstanden sind, und geben ihrerseits Aufschluss über zeitgenössische gesellschaftliche Vorstellungen von Gender. *Jurassic Park* vertritt ein emanzipatorisches Frauenbild und entwickelt progressive Geschlechterrollen zu einer Zeit, als die Anliegen der neuen Frauenbewegung noch keineswegs auf breite (gesellschaftliche) Akzeptanz stießen. *Jurassic World* entstand mehr als zwei Jahrzehnte und diverse emanzipatorische Errungenschaften später, reproduziert aber stereotype und konservative Auffassungen von Geschlecht. *Jurassic Park* ist so ein Beleg für einen emanzipativen Aufbruch, der Anfang der 1990er Jahre selbst das bis dato männlich dominierte Action-Genre zu erfassen begann und auch Zuschauerinnen ansprechen wollte, während *Jurassic World* im Geist eines antifeministischen Backlashs[5] zu verstehen ist und als Mainstream-Produkt auch antifeministische Zuschauer*innen nicht ausschließen will.

Um diese These zu belegen, analysiere ich zunächst die ästhetische wie narrative Einführung und Entwicklung der relevanten Frauenfiguren in beiden Filmen, bevor ich diesen die männlichen Charaktere gegenüberstelle. Danach folgt eine Analyse der Interaktion zwischen Frauen- und Männerfiguren sowie eine nähere Betrachtung der Topoi Mutterschaft und Natur. Diese beziehen sich in beiden Filmen nicht nur auf die Figuren. Darstellung und »Handeln« der sämtlich als Weibchen geschaffenen Dinosaurier[6] und das insulare Ökosystem stehen dabei im Fokus. Die Verhandlung von Gender, Reproduktion und deren Kontrolle in Bezug auf die Dinosaurier kann als Folie gelesen werden, auf der beide Filme ihre Genderbilder entwickeln. Die Basis meiner Analyse bildet ein Close Reading von Schlüsselszenen beider Filme und wechselt zwischen filmsemiotischen und narrativen Betrachtungsweisen.

Claire (2015) vs. Ellie (1993) – Einführung der weiblichen Hauptfigur

Die von Bryce Dallas Howard gespielte Hauptfigur in *Jurassic World* wird früh zu Beginn des Films eingeführt.[7] Wir sehen sie das erste Mal in einem Fahrstuhl auf dem Weg zu einem Treffen mit wichtigen Sponsor*innen. Durch die Bewegung des herabfahrenden Fahrstuhls gleitet unser Blick von unten nach oben an ihrem Körper hinauf: Zuerst sehen wir ihre cremefarbenen Highheels, dann ihre nackten Beine und einen knielangen Rock, gefolgt von einer Bluse mit langen Ärmeln, die zusammen ein weißes Kostüm ergeben. Der Fahrstuhl stoppt, und wir erblicken Claire in Nahaufnahme, von der Schulter aufwärts. Sie trägt dezenten Schmuck und ist professionell und stark geschminkt,[8] was mit dem Rest ihres makellosen Outfits korrespondiert. Während dieser Einstellung hören wir, wie Claire versucht, sich mit wenig schmeichelhaften Eselsbrücken die Namen der Menschen einzuprägen, die sie gleich treffen wird (»Jim Drucker – bad hair. Erica Brand – deserves better«). Am Ende dieser Nahaufnahme endet ihre Probe mit der Vorstellung der eigenen Person (»I am Claire«), womit sie sich zeitgleich den Betrachter*innen vorstellt. Es folgt ein Schnitt, eine nähere Nahaufnahme zeigt ihr Gesicht. Als sich die Türen des Fahrstuhls öffnen, lächelt sie wie auf Kommando und sagt »Welcome to Jurassic World«. In der nächsten Einstellung führt sie die Sponsor*innen durch ein Labor, informiert souverän über Fakten, genetische Methoden und die Wünsche der Sponsor*innen und Besucher*innen nach mehr Sensation und Nervenkitzel. Als sie ein Sponsor nach dem ersten genetisch modifizierten Hybrid-Saurier, dem Indominus Rex fragt, kommt Dr. Henry Wu (B. D. Wong) von hinten ins Bild und beantwortet die eigentlich an Claire gerichtete Frage: »Indominus wasn't bred. She was designed.«[9]

In diesen beiden aufeinander folgenden Szenen wird Claire als souveräne, kompetente Geschäftsfrau inszeniert. Sie ist attraktiv und elegant gekleidet. Ihr künstlich für die Sponsor*innen aufgesetztes Lächeln macht sie wenig sympathisch wie auch ihre Formulierungen (statt von Tieren redet sie beispielsweise von »Produkten«). Trotz der Kompetenz, die sie ausstrahlt und die sich in ihrem Outfit und Agieren zeigt, wird aber nicht sofort klar, welche Funktion sie innerhalb des Parks hat und auf welcher Stufe der Hierarchie sie steht. Dr. Wu – der bereits in *Jurassic Park* als Chef-Genetiker auftritt – stellt sich als Designer oder auch Schöpfer aller Dinosaurier in *Jurassic World* vor, während Claire diese Schöpfung lediglich vermarktet. Seine Einmischung sorgt innerhalb der Szene bei keiner der Figuren für Irritationen, nicht einmal bei Claire, so dass man zumindest vermuten kann, dass sie in der Hierarchie unter Wu steht.

Auch Ellie Sattler (Laura Dern) wird früh zu Beginn von *Jurassic Park*, aber zeitgleich mit der männlichen Hauptfigur Alan Grant (Sam Neil) vorgestellt.[10] Zunächst sehen wir eine kurze Nahaufnahme von Alan, in der er einen breitkrempigen Hut, Sonnenbrille und Flanellhemd trägt, im Hintergrund zeichnet sich die Wüste Montanas ab, er wirkt wie ein »lonesome Cowboy«. Schon in der nächsten Sekunde wird dieser Eindruck aber gebrochen, als Ellie ins Bild kommt. Sie ist zwar nur seitlich von hinten zu sehen, trägt aber ein ähnlich funktionales Outfit wie Alan und legt ihm in einer fürsorglichen Geste ein Halstuch um. Danach drehen beide der Kamera den Rücken zu und laufen einander umarmend einen Hügel hinunter. Alans »coole« Attitüde wird so von Ellies Berührung, ihrer ähnlichen Kleidung und dem partnerschaftlichen Körperkontakt konterkariert. Die Figuren werden als ebenbürtig und mit einander vertraut dargestellt. Wenn die Zuschauer*innen Claire das erste Mal sehen, wird sie vor allem durch ihr Äußeres charakterisiert. Ellie dagegen wird mit einer liebevollen Geste filmsprachlich unaufgeregt an die Seite und auf Augenhöhe Alans gestellt.

Wer ist hier das Alphatier? Auftritt des male lead character

Während Alan in *Jurassic Park* zeitgleich mit Ellie Sattler eingeführt wird, tritt Owen Grady (Christ Pratt) in *Jurassic World* erst nach fast 19 Minuten Laufzeit in Erscheinung. Die ihn einführende Sequenz beginnt mit Einstellungen des Dschungels: Lichtstrahlen fallen durch dichte Pflanzen, auf der Tonebene sind typische Geräusche – ein Rascheln, ein Tierlaut – zu hören. Die

Szenerie wirkt bedrohlich. Plötzlich rast ein Schwein, quickend in Todesangst, vom linken Bildrand kommend durch das Dickicht. Die Kamera nimmt eine niedrige Perspektive am Boden ein, und wir sehen das Schwein von hinten, dann die klauenartigen Füße der Raptoren in blitzschneller, scheinbar unaufhaltsamer Verfolgungsjagd. Das Schwein bricht aus dem Dickicht hervor, wir hören eine Männerstimmte laut und bestimmt »Hold!« rufen. Die Einstellung verharrt in Nahaufnahme auf den Klauen der Raptoren, die augenblicklich stoppen und ungeduldig, aber folgsam zu warten scheinen. Ähnlich wie bei der Einführung Claires wird unser Blick – diesmal mit einem Schwenk – an den Raptoren hinauf geleitet. Kurz sehen wir ihre Köpfe und ihren aufmerksam nach oben gerichteten Blick. Unterbrochen durch einen Schnitt gleitet die Kamera, der Blickrichtung der Raptoren folgend, weiter nach oben zu einer Brücke, die ihr Gehege überspannt. Auf ihr sehen wir – als Silhouette im Gegenlicht – einen Mann mit erhobener Hand stehen. Die Kamera nähert sich, Owen ist nun in der Nahaufnahme klar erkennbar. Er kommuniziert mit den Raptoren verbal und mittels eines Klickers.[11] Dieser »Dialog« zwischen Owen und den Raptoren ist zunächst klassisch als Schuss-Gegenschuss aufgelöst: Owen schaut auf die Raptoren hinab, die Raptoren und somit auch wir schauen zu ihm auf. In einer Totalen blicken wir danach auf Owen und die seine Befehle exakt befolgenden Raptoren hinab.[12]

Owen wird hier als male lead character und zugleich als Alphatier der Raptoren eingeführt. Die Filmsprache sorgt dafür, dass er regelrecht als Lichtgestalt erscheint und wir wie die Raptoren zu ihm aufblicken müssen. Hinzu kommt, dass Raptoren schon in *Jurassic Park* als »Bösewichte« gelten – sie werden als extrem intelligent, strategisch denkend, als äußerst brutal und gefährlich dargestellt. Dass ausgerechnet diese Art Dinosaurier Owens Befehlen auf's Wort gehorcht, stilisiert ihn auch auf der narrativen Ebene zu einem besonders mutigen und willensstarken Mann. In der direkt daran anschließenden Szene widerspricht er seinem Vorgesetzten Vic Hoskins (Vincent D'Onofrio), der die Raptoren gegen Owens Willen für militärische Zwecke nutzen will. Kurz darauf rettet er auch noch durch den mutigen Einsatz seines Lebens einen unbedarften Wärter davor, von den Raptoren zerfleischt zu werden. Die gesamte Sequenz festigt so den Eindruck eines sympathischen und mutigen Rebellen, der Autoritäten hinterfragt, seine Tiere vor militärischem Missbrauch als Biowaffe schützen will und von der bis dato gefährlichsten Dinosaurier-Art innerhalb des diegetischen Universums der *Jurassic*-Reihe als Alphatier anerkannt wird.

Zu dem Zeitpunkt der Erzählzeit, an dem Owen eingeführt wird, ist Wu Claire bereits ins Wort gefallen, ihr Mitarbeiter Lowery (Jake Johnson) im Kontrollzentrum des Parks hat ihre mangelnde Empathie kritisiert,[13] und Parkbesitzer Masrani (Irrfan Khan) hat ihr geraten, sich mal am Strand zu entspannen.[14] Der Eindruck von Claire als unnahbarer, empathieloser Geschäftsfrau und Kontrollfreak, die trotz ihrer Kompetenz und Distanziertheit offenbar keine unangreifbare Autorität ausstrahlt, ist bereits etabliert, als uns Owen als Mann präsentiert wird, der alles im Griff hat und mit dem wir gerne in die – gemäß den Regeln des Actions-Genres unvermeidbare – Schlacht ziehen wollen.

Das zweite Date

Neben der Einführung der Protagonist*innen gibt auch eine Betrachtung der Interaktion der Figuren miteinander Aufschluss darüber, welche Vorstellungen von Gender die Filme jeweils vermitteln. In *Jurassic Park* werden Ellie und Alan nicht nur zeitgleich eingeführt. Unmittelbar bevor sie das erste Mal zu sehen sind, adressiert sie ein Mitarbeiter als »Dr. Grant, Dr. Sattler«, so dass sie auch narrativ mit akademisch gleichwertiger Bezeichnung in Erscheinung treten. Das erste Aufeinandertreffen von Claire und Owen in *Jurassic World*, das wir als Zuschauer*innen sehen, ist für Owen ein Heimspiel. Sie treffen sich an seinem Bungalow mitten in der Natur.[15] Claire soll im Auftrag des Parkbesitzers Masrani Owen persönlich bitten, das Gehege des Indominus Rex zu inspizieren. Sie hat Masrani gegenüber vorab durchblicken lassen, dass sie Owen kennt und nichts von ihm hält.[16] Als sie mit dem Auto an Owens Bungalow eintrifft, schraubt er an einem Motorrad; er wirkt wie der richtige Mann am passenden Ort. Claire steigt aus dem Auto und wirkt in ihrem weißen Kostüm wie ein Fremdkörper. Owens Blick ruht auf Claire, die in der Totalen zu sehen ist. Ihr Blick ist auf ihr Spiegelbild in der Autoscheibe gerichtet. Sie überprüft ihre Frisur, bevor sie zu Owen geht. Claire ist also auch hier das um ihr Aussehen bemühte weibliche Objekt, das von dem männlichen Betrachter angeblickt wird.[17] Aus dem folgenden Dialog wird deutlich, dass Claire und Owen füreinander keine Unbekannten sind. Sie hatten schon ein misslungenes Date, worauf Owen immer wieder anspielt. Während Claire versucht, das Thema zu wechseln, und auf eine berufliche Ebene zurückkommen will, flirtet er weiter offensiv mit ihr und macht sexuelle Anspielungen: »These animals are thinking, ›I gotta eat. I gotta hunt. I gotta … [macht eine Geste]‹. You can relate to at least one of those things. Right?«[18]

Hier kommt die Parkleiterin oder Marketingchefin mit einem beruflichen Anliegen zu einem ihrer Mitarbeiter, der mit ihr flirtet und sexuelle Anspielungen macht. Sie ignoriert seine Avancen, will aber attraktiv für ihn wirken, wie die Einstellung zeigt, in der sie den Sitz ihrer Frisur überprüft. Darin deutet sich die romantische Entwicklung ihrer Beziehung im späteren Verlauf des Films an. Der daran anschließende Dialog zeugt aber noch nicht davon. Owens Verhalten und seine Bemerkungen inszeniert der Film nicht als deplatziert oder gar als sexuelle Belästigung Claires an ihrem Arbeitsplatz. Die Sympathien des Publikums sollen eindeutig bei ihm liegen. Das resultiert zum einen aus seiner vorherigen Etablierung als rebellischer Held, zum anderen aus der Besetzung von Owens Rolle mit Chris Pratt. Ein breites Publikum kennt Pratt seit 2014 durch seine erste Blockbuster-Rolle als nicht minder sympathischer Schmuggler Star-Lord in *Guardians of the Galaxy*, mehr noch aber durch seinen Part in der US-Comedy-Serie *Parks and Recreations*. Hier spielte Pratt sieben Staffeln lang den trotteligen, aber herzensguten Andy Dwyer. Ein Image, das nachwirkt. Durch diese gemeinsame Szene, in der Claire verkrampft und distanziert agiert und Owen locker sympathisch wirkt, verfestigt sich der Eindruck, der schon zuvor bei der separaten Einführung der Figuren evoziert wurde.

Sexismus in Überlebenssituationen

In beiden Filmen überschlagen sich bald die Ereignisse, und der Park gerät aus unterschiedlichen Gründen außer Kontrolle. Die Figuren geraten in Lebensgefahr, was auch Einfluss auf die Dynamik zwischen ihnen hat. Während sich Ellie und Alan in der zweiten Hälfte des Films räumlich trennen, finden sich Claire und Owen in *Jurassic World* da erst in einer Zweckgemeinschaft zusammen. Claire bittet Owen um Hilfe, ihre zwei verschwundenen Neffen zu finden, nachdem sie ihn im schon herrschenden Chaos zufällig auf einem Bild der Überwachungskameras entdeckt hat. Ob sie ihn wählt, weil sie ihn bereits kennt oder ihn als Ex-Navy für kompetent erachtet, trotz ihrer Aversion ihm gegenüber, erklärt der Film nicht. Als sie gemeinsam das zerstörte Fahrzeug der Neffen entdecken, fängt Claire an, laut nach ihnen zu rufen. Owen verbietet ihr barsch den Mund und befiehlt ihr, zum Auto zurück zu gehen. Er will sich allein auf die Suche machen, da sie es in ihren Schuhen keine zwei Minuten im Dschungel aushalten würde.[19] Daraufhin knöpft Claire ihre Bluse auf, knotet sie demonstrativ vor der Brust zusammen, krempelt ihre Ärmel hoch, stemmt die Hände entschlossen in die Hüften und bedeutet Owen so, dass sie mitkommen wird. Owen willigt ein, ermahnt sie aber: »Let's get one thing straight. I'm in charge out here. You do everything I say, exactely as I say it.« Als sie widersprechen will, befiehlt er erneut »Relax«. Schweigend folgt sie ihm in den Dschungel. Angesichts der Situation und innerhalb der Logik des Films hat er Recht und tut dies nur, um Claire zu beschützen. Sie wirkt dagegen erneut inkompetent.

Ihre zweckgebundene Zweisamkeit entwickelt sich erst zu einem freiwilligen Zusammenhalt, als Owen und Claire schließlich die Neffen finden[20]: Über das Besuchergelände fallen die Flugsaurier her. Die Neffen sind bereits dort, Claire und Owen kommen hinzu. Owen reiht sich mit dem Gewehr in die Reihe der Soldaten und schießt auf die fliegenden Angreifer, Claire stellt sich auf eine erhöhte Position und sucht von dort. Einer der Saurier greift Owen an, Claire packt ein Gewehr und metzelt den Saurier mit mehreren Schüssen nieder, bevor er Owen beißen kann. Nun entdecken auch die Neffen ihre Tante. Ihrem Blick folgend sehen wir in einer Totalen Owen am Boden liegen, während Claire mit dem Gewehr weiter zielend aufrecht und heroisch neben ihm steht. Es folgt ein Close-Up auf ihr Gesicht, der uns nun Owens Sicht auf Claire einnehmen lässt: Sie ist schmutzig, ihre Haare sind nicht mehr streng und glatt geföhnt, sondern feucht und wellig, das Make-Up ist verblasst. Ihr Gesicht wirkt dadurch insgesamt natürlicher, weicher. In der nächsten Einstellung hilft sie ihm aufzustehen – er packt und küsst sie.[21] Die Sinnhaftigkeit eines romantischen Moments in dieser Situation soll hier nicht zur Debatte stehen. Interessanter ist die Funktion, die der Kuss für die Claire-Figur im Film erfüllt. Die Totale vor dem Kuss inszeniert Claire wie gesagt als Owens starke Retterin, als die sie auch ihre Neffen wahrnehmen. Bevor sich dieses Bild aber bei ihnen und bei den Zuschauer*innen verfestigen kann, folgt der Close-Up aus Owens Perspektive auf eine nun im klassischen Verständnis weiblicher wirkende Claire. Der Kuss, den eindeutig Owen initiiert, verdrängt den Eindruck der entschlossenen Lebensretterin und bereitet die nächste Einstellung vor: Claire entdeckt ihre Neffen, lässt Owen los und rennt auf sie zu. Entgegen ihrer anfänglichen körperlichen wie emotionalen Distanz umarmt sie die Neffen nun, zeigt überschwängliche Gefühle und das archetypische Verhalten einer besorgten Mutter. Die Rettung Owens erfüllt innerhalb der Narration einerseits den Zweck, dass der male lead character überlebt, um endgültig zum Helden zu werden. Andererseits ist Claire nach dem Kuss nicht etwa stärker. Sie ist nun emotional und mütterlich genug, um für den restlichen Film ihre Neffen zu beschützen und mit diesen zusammen Owen anzuhimmeln.[22]

In *Jurassic Park* waren 22 Jahre vorher diese klassischen Geschlechterrollen noch konsequent umgekehrt. Ellie und Alan trennen sich wie erwähnt früh im Film. Alan rettet während des T-Rex-Angriffs die Kinder Lex und Tim und wird dadurch zu ihrem Beschützer, das heißt er schlüpft in die Vaterrolle und leistet in der zweiten Hälfte des Films die Familienarbeit. Ellie hingegen begibt sich auf die Suche nach ihm und den Kindern und findet dabei den ebenfalls beim T-Rex-Angriff verletzten Mathematiker Ian Malcolm. Später macht sie sich mit dem Parkhüter Muldoon auf, den Generator im Wartungsbunker wieder einzuschalten, was ihr auch gelingt. Erst dadurch funktionieren die Stromleitungen, die Computer und die Sicherheitssysteme wieder. Sie rettet also gleichzeitig alle anderen noch im Park verbliebenen Menschen. Verkürzt gesagt stellt Ellie die Ordnung wieder her, die zuvor ein Mann zerstört hatte. Denn Programmierer Denis Nedry hatte alle Systeme abgestellt, um Embryonen stehlen zu können. Er verirrt sich auf dem Weg zum Hafen im Sturm und wird von einem Dilophosaurier gefressen. Zwar gelingt Ellie die Rettung nicht allein und aus eigener Kraft (sie erhält Rückendeckung von Muldoon und wird über Funk im Wartungsbunker angeleitet), aber sie begibt sich im Gegensatz zu Alan aktiv in Gefahr, bleibt anders als Ian Malcolm nahezu unverletzt und entkommt mehrfach den Raptoren, die den Chefingenieur und den Wildhüter töten. Außerdem erhält sie Hilfe von Lex, die es im Kontrollraum dank ihrer Computerkenntnisse schafft, die Türschlösser zu aktivieren, bevor die Raptoren eindringen können.

All diese Storyelemente machen sie zu einer Heldin des Films, die Parallelen zum klassischen »Final Girl«[23] des Slasher- oder Horrorfilms aufweist. Das ›Final Girl‹ überlebt in diesen Genres nach hartem Kampf und erlittenen Qualen gewöhnlich als Einzige. Im Verlauf ihres Überlebenskampfes wird das Final Girl mehrfach auch als Scream Queen inszeniert, meistens dann, wenn sie der Killer abermals einholt, sie vor Entsetzen aufschreit und ihm danach wieder entkommt. Die Bezeichnung ›Final Girl‹ wird daher auch synonym zu ›Scream Queen‹ verwendet. Als Reminiszenz an diesen in den 1970er und 80er Jahren populären Figurentypus ist die Szene zu verstehen, in der Ellie, der verletzte Ian und der Wildhüter im Jeep vor dem T-Rex fliehen: Der T-Rex kommt dem Fahrzeug immer näher, Ellie ist in einem Close-Up schreiend zu sehen und erinnert in dieser Einstellung an die archetypischen Scream Queens der Filmgeschichte wie Jamie Lee Curtis in der *Halloween*-Reihe oder Sigourney Weaver in der *Alien*-Saga.

Eine weitere Szene gegen Ende von *Jurassic Park* könnte sogar als Kommentar auf die Dynamik zwischen Claire und Owen in *Jurassic World* gelesen werden, wäre sie nicht 22 Jahre früher entstanden: Ian ist da bereits schwer verwundet. Gemeinsam mit Hammond warten er, Muldoon und Ellie in einem Bunker darauf, dass der Strom wieder funktioniert, den Chefingenieur Ray Arnold anstellen wollte. Er scheint nicht zurückzukommen, auch der Strom funktioniert nach wie vor nicht. Ellie vermutet als Erste, dass etwas schief gelaufen sein muss, und ergreift die Initiative. Gemeinsam mit Wildhüter Muldoon beschließt sie, Arnold suchen zu gehen und zur Not eigenhändig im Wartungsbunker den Generator wieder in Betrieb zu nehmen. In einer Totalen sehen wir nun alle vier Figuren über einen Plan des Bunkers gebeugt und erhalten so zugleich einen Überblick über die Situation, die klarer nicht sein könnte: Ian ist durch seine Verletzung nicht in der Lage zu helfen, Hammond ist ein alter Mann. Bleiben noch Ellie und Muldoon. Hammond versucht trotz allem zu intervenieren und bedeutet Ellie, dass er doch als Mann die Gefahr auf sich nehmen sollte, da sie schließlich eine Frau sei. Ellie reagiert ungeduldig und wischt seinen Einwand weg mit dem Satz »Look… We can discuss sexism in survival situations when I get back« und bricht auf.[24]

Dieses obskure Objekt der Begierde: Rollentausch in *Jurassic Park*

Während *Jurassic World* ein weiteres Mal das stereotype Rollenverständnis des aktiven männlichen Helden und der eher passiven bzw. für die Kinder sorgenden Frau reproduziert, gibt es in *Jurassic Park* über die Hauptrollen hinaus weitere Momente, die das klassische Genderarrangement unterlaufen oder sogar umkehren.

Lex (Ariana Richards) ist im Film die ältere Schwester. Sie kennt sich sehr gut mit Computern und Technik aus, weshalb ihr Bruder Tim (Joseph Mazzello) sie wiederholt als »Nerd« neckt. Sie aber besteht darauf, lieber »Hacker« genannt werden zu wollen. Da das Programmieren und der Umgang mit Computern Anfang der 90er Jahre noch viel stärker als Männerdomäne wahrgenommen wurde als das bis heute der Fall ist, ist diese bewusste Umkehrung der Rollen im Vergleich zur Romanvorlage, in der Tim der ältere Bruder und Technikfreak ist, als deutliches Statement zu werten.[25]

Die klassische Rollenverteilung unterläuft *Jurassic Park* auch in der Entwicklung der Figur des Mathematikers Ian Malcolm (Jeff Goldblum). John Hammond (Richard Attenborough) bezeichnet ihn zunächst als

»Rockstar«. Zum ersten Mal zu sehen ist er im Helikopter auf dem Flug zur Isla Nublar. Er trägt eine schwarze Lederjacke, Sonnenbrille und halblanges Haar und erinnert tatsächlich eher an einen Rockstar als an einen Mathematiker.[26] Er beginnt sogleich mit Ellie zu flirten und wird dies auch im weiteren Verlauf der ersten Hälfte des Films tun. Deren Beziehung zu Alan beeinflusst das jedoch nicht, und auch eine erwartbare Konkurrenz der beiden männlichen Figuren um sie oder Eifersucht bleiben (glücklicherweise) aus.

Bevor die Situation im Park außer Kontrolle gerät, nimmt ein Dialog die Ereignisse und die Entwicklung der Figuren in einer markanten Generalisierung vorweg: In einer seitlichen Nahaufnahme sehen wir Ellie (am vorderen linken Bildrand), Ian und Alan gemeinsam im Jeep sitzen. Sie warten darauf, dass der T-Rex sich zeigt. Alle blicken gedankenverloren aus dem Fenster. Ian sagt, mehr zu sich selbst als an jemanden Bestimmtes gerichtet: »God creates dinosaurs. God destroys dinosaurs. God creates man. Man destroys God. Man creates dinosaurs.« Ellie ergänzt trocken: »Dinosaurs eat man. Woman inherits the earth.«[27] Tatsächlich wird »Rockstar« und Womanizer Ian wenig später durch einen Angriff des T-Rex handlungsunfähig und bleibt die zweite Hälfte des Films passiv und auf Hilfe angewiesen. Zugespitzt wird die von Ellie humoristisch angekündigte Umkehr der globalen Herrschaftsverhältnisse (»Women inherit the earth«) in einer viel späteren Einstellung, die Ian mit geöffnetem Hemd und nackter verschwitzter Brust zeigt.[28] Diese Einstellung sexualisiert Ian und wirkt dadurch wie eine Umkehr des begehrenden Blicks auf ein sonst standardmäßig weibliches Objekt. Interessant ist, dass ausgerechnet diejenige Figur einem solch begehrenden Blick ausgesetzt ist, die zu Beginn des Films als archetypisch männlich eingeführt wurde. Außerdem gibt der Blick nicht die Perspektive einer der in dieser Szene anwesenden Figuren wieder. Diese kurze Einstellung kehrt so die Blick- und die damit verbundenen Machtverhältnisse nicht aus Sicht einer einzelnen Figur, sondern aus Sicht des Films insgesamt um.

Life finds its way – Muttertier(e)

Der Topos Mutterschaft spielt in beiden Filmen auf unterschiedlichen Ebenen eine entscheidende Rolle. In *Jurassic Park* führen Ellie und Alan zu Anfang eine Diskussion über das Kinderkriegen. Alan will keine Kinder, Ellie schon. In *Jurassic World* kommt das Thema durch ein Telefonat, das Claire mit ihrer Schwester Karen führt, ins Spiel. Claire beichtet Karen, dass sie deren Kinder, ihre Neffen, ihrer Assistentin übergeben habe, die sie als »Nanny« bezeichnet. In diesem Moment fängt Karen an zu weinen, weil sie glaubt, ihre Kinder seien bei dieser Nanny nicht gut aufgehoben. Claire verspricht daraufhin, sich am nächsten Tag selbst mehr Zeit für ihre Neffen zu nehmen. Karen antwortet mit einem Sprichwort, das beide Schwestern aus der Kindheit kennen und Claire daran erinnern soll, dass Versprechen allein nicht reichen. Claire weist Karen leicht genervt darauf hin, dass sie wie ihre Mutter klinge. Die entgegnet: »I'm sorry. But you know, I have to tell you, they work [die Sprüche, Anm. d. Autorin]. You'll see when you have kids.« Wir sehen Claire bei diesen Worten in einer Großaufnahme, sie zögert kurz und erwidert »Yeah. If.« Karen ergänzt sofort »When! It's worth it.« Claire beendet das Gespräch, und wir sehen an ihrem Gesichtsausdruck, dass das Thema sie berührt.

Beide Szenen, in denen Mutterschaft explizit thematisiert wird, erfüllen jeweils andere Funktionen. In *Jurassic Park* ist nicht Ellies Kinderwunsch von Bedeutung, sondern Alans Abneigung gegenüber Kindern. Diese ist Ausgangspunkt *seiner* Entwicklung, denn er übernimmt später die Beschützerrolle für Lex und Tim, wächst also in die Vaterrolle hinein. Die Szene in *Jurassic World* deutet lediglich an, dass Claire das Thema beschäftigt. Dies passt allerdings nicht zu ihrer vorherigen Darstellung als toughe Geschäftsfrau, und auch in keiner weiteren Szene deutet sich an, dass Claire einen Kinderwunsch hegen könnte. Es scheint aus Sicht des Films einfach zu einer weiblichen kinderlosen Figur dazu zu gehören, über Mutterschaft zu sinnieren. Später braucht es erst Owens Kuss, damit sie ihre Neffen in den Arm nehmen und die Mutterrolle auf Zeit übernehmen kann. Claires Assistentin – die Nanny – stirbt hingegen einen brutalen und äußerst grausamen Tod. Diese *storyline* kann auch als Kommentar auf die Vereinbarkeit von Familie und Beruf gedeutet werden: Claire lädt ihre Neffen ab, statt sich selbst um sie zu kümmern. Das bringt die Kinder in Lebensgefahr, und nur gemeinsam mit einem Mann schafft sie es, die Kinder zu retten, während die unfähige Nanny einen grausamen Tod stirbt.

Der Topos Mutterschaft ist aber in beiden Filmen auch auf einer Metaebene wichtig und wird durch den der Natur ergänzt. Natur und Kultur werden in Literatur und Film oft als Gegensätze dargestellt und symbolisch aufgeladen: Natur gilt dabei als organisch, chaotisch, irrational und ist tendenziell weiblich konnotiert, Kultur wird als zivilisatorisch entwickelt, geordnet und rational beschrieben und männlich konnotiert. In *Jurassic Park* sind zunächst alle genetisch erzeugten Dinosaurier des Parks weiblich. Anschließende natürliche Reproduktion soll damit ausgeschlossen werden. Diese Populationskontrolle versagt in *Jurassic Park* allerdings völlig: Zur Vervollständigung des genetischen Codes werden DNA-Stränge von Fröschen eingesetzt, die unter eingeschlechtlichen Bedingungen ihr biologisches Geschlecht wechseln und sich somit fortpflanzen können. Eine Eigenschaft, über die, von den Wissenschaftlern unbeabsichtigt, nun auch die Dinosaurier im Park verfügen.

Die Tatsache, dass alle Dinosaurier weiblich geschaffen werden, kann in *Jurassic Park* sowohl feministisch als auch antifeministisch gelesen werden. Antifeministisch interpretiert steht die Inszenierung der Dinosaurier als Monster für eine Bedrohung durch das »monströs Weibliche« oder könnte als Verkörperung des Feminismus gedeutet werden, dessen Forderungen angeblich die Kleinfamilie und somit die gesellschaftliche Ordnung als Ganze bedrohen. In feministischer Lesart könnte in den aus wirtschaftlichen Motiven und zum Amüsement von größenwahnsinnigen Männern erzeugten weiblichen Dinosauriern dagegen eine Parabel auf Frauen gesehen werden, die innerhalb des Patriarchats als Zweite-Klasse-Bürgerinnen ausgenutzt und deren reproduktive Rechte von Männern kontrolliert werden. Positiv (queer)feministisch gelesen fordern die weiblichen Dinosaurier eben diese Hegemonie und Heteronormativität durch ihre geschlechtliche Wandlungsfähigkeit[29] heraus und triumphieren am Ende.[30] Innerhalb der filmischen Logik werden der Hermaphroditismus der Dinosaurier und das Leben, das seinen Weg entgegen aller Kontrollversuche findet, nämlich keineswegs als etwas Negatives dargestellt. Alan ist beispielsweise begeistert, als er ein Nest im Park findet: »The dinosaurs are breeding!« Und anders als in der Romanvorlage versuchen die Überlebenden im Film auch nicht, die Brutstätten der Dinosaurier zu zerstören. So gesehen begehrt in *Jurassic Park* das archetypisch Weibliche gegen das Männliche auf – und gewinnt.

In *Jurassic World* dagegen scheint die Natur von Anfang an fundamental gestört. Mit Hilfe der Gentechnik scheinen die Probleme des ersten Parks nun vollständig gelöst, es ist keine Rede davon, dass sich die weiblichen Dinosaurier erneut fortpflanzen könnten. Es ist durchgängig von »Produkten« die Rede, Tierschutzrechte gelten für Dinosaurier nicht.[31] Hinzu kommt mit Indominus Rex der erste Hybrid des Parks. Indominus ist nicht nur optisch anders designt, auch ihr Verhalten unterscheidet sich von dem aller anderen Dinosaurier, denn sie agiert im wahrsten Wortsinn asozial. Owen merkt bei der Begutachtung des Geheges von Indominus an, dass sie weder Artgenossen hat (ursprünglich wurden zwei Hybriden erschaffen, aber einer wurde vom anderen gefressen), noch eine positive »Bezugsperson« kennt. Sie ist einzig auf den Kran fixiert, an dem das Futterfleisch hängt. Indominus Rex wurde demnach immer nur materiell versorgt, aber emotional vernachlässigt. Nach gängiger Vorstellung trägt die (Ersatz-) Mutter noch immer die Hauptverantwortung für die Befriedigung der emotionalen Bedürfnisse eines Kindes. Das gilt auch in der Logik des Films – wie sich an Claires folgenreicher »Abschiebung« ihrer Neffen zeigt. Folgerichtig führt nicht zuletzt fehlende mütterliche Zuwendung bei Indominus Rex dazu, dass sie keine »natürliche« Entwicklung nimmt.[32] Sie frisst die eigene Schwester und begibt sich nach ihrem Ausbruch auf eine Jagd durch den Park, bei der sie wahllos alles tötet, was ihr in den Weg kommt. Ihr Verhalten ist somit kein »natürliches«, instinktives. Indominus Rex tötet nicht, um zu überleben, sondern zum Spaß. Daher ist sie eine Bedrohung für alle Lebewesen auf der Insel und kann auch als das »monströs Weibliche« gesehen werden, das aber anders als in *Jurassic Park* nicht gewinnt und keinen Gedanken an eine andere, subjektive Lesart mehr zulässt.

Fazit

Die vergleichende Analyse der weiblichen und männlichen Hauptfiguren und deren Interaktionen hat gezeigt, dass *Jurassic Park* und *Jurassic World* unterschiedliche Vorstellungen von Gender vermitteln. In *Jurassic Park* werden die gängigen Stereotype des männlichen Helden unterlaufen, indem Ellie zur eigentlichen Heldin wird. Die männliche Hauptfigur übernimmt die Vaterrolle und die Familienarbeit. Das Stereotyp des männlichen Computernerds wird durch die Figur von Lex ebenfalls gebrochen. Und der als charismatischer Macho eingeführte Ian Malcolm wird durch seine Verletzung zu einem frühen Zeitpunkt handlungsunfähig. Die allesamt weiblichen Dinosaurier befreien sich nicht nur aus der Gefangenschaft und Kontrolle der männlichen Wildhüter, Techniker und Genetiker des Parks. Sie überlisten zudem durch Geschlechtswechsel die reproduktiven Kontrollmechanismen der Menschen. Zwar beharrt der Film letztlich auf der heterosexuellen Norm und der entsprechenden Kleinfamilie als Kern der Gesellschaft, er deutet aber durch die faszinierte Reaktion der Figuren auf die Genderfluidität eine positive Haltung zu queerfeministischen Forderungen an.

In *Jurassic World* braucht Protagonistin Claire erst die Hilfe des male lead character, um ihre Neffen zu retten und auf diese Weise ihre emotionale, mütterliche Seite zu entdecken. Nachdem er ihre Widerspenstigkeit durch einen Kuss gezähmt hat, beschützt sie die Kinder, während Owen versucht, den Feind zur Strecke zu bringen. Der Film streift Themen wie die Vereinbarkeit von Familie und Beruf oder Frauen in Führungspositionen, die innerhalb des Films aber negativ bewertet werden, während der Archetyp des männlichen Retters positiv konnotiert bleibt. Die Natur als das symbolisch Weibliche wird hier durch Indominus Rex als pervertiert inszeniert. *Jurassic World* bleibt so mit seinen stereotypen Darstellungen der männlichen und weiblichen Figuren wie auch der Inszenierung der Dinosaurier einem antifeministischen Zeitgeist verhaftet, der auf filmsprachlicher und narrativer Ebene 1993 schon überwunden war.

Anmerkungen

1 Veröffentlicht am 4.2.2018 auf dem offiziellen YouTube-Account von Universal Pictures: https://www.youtube.com/watch?v=NooW_RbfdWI (letzter Zugriff 29.11.2018).

2 Wenn beide Geschlechter gemeint sind, verwende ich die *-Schreibweise. Handelt es sich um die Beschreibung rein weiblicher oder männlicher Gruppen, entfällt das »Gender-*«.

3 Siehe https://www.imdb.com/title/tt0107290/ (letzter Zugriff 29.11.2018).

4 Nach *Lost World* (R: Steven Spielberg, USA 1997) und *Jurassic Park III* (R: Joe Johnston, USA 2001).

5 Antifeministische Bewegungen und Akteur*innen versuchen seitdem, konservative Geschlechterrollen und die klassische Kleinfamilie als einzig gültige Norm zu zementieren. Das zeigt sich in den Debatten über das Abtreibungsrecht, im Widerstand gegen die Ehe für Alle und gegen das Adoptionsrecht für homosexuelle Paare ebenso wie an der lautstarken Kritik am vermeintlichen »Genderwahn« aus konservativen, fundamentalchristlichen und rechtspopulistischen bis rechtsextremen Kreisen. Vgl. hierzu z. B. Juliane Lang/Ulrich Peters (Hg.), Antifeminismus in Bewegung. Aktuelle Debatten um Geschlecht und sexuelle Vielfalt, Hamburg 2018, oder auch: (Anti)Feminismus, Aus Politik und Zeitgeschichte 68 (2018) 17.

6 Der Titel dieser Filmkritik bezieht sich auf eine Bemerkung, die Ian Malcolm in *Jurassic Park* macht. Er fragt Genetiker Henry Wu im Labor, wie er wissen könne, dass alle Dinosaurier im Park weiblich seien: »Does somebody go out in the Park and pull up the dinosaurs' skirts?«, siehe JP, 00:30:26

7 Timecode 00:06:44. Leider war NBC Universal nicht bereit, Filmstills kostenlos bzw. kostengünstig zu Anschauungszwecken frei zu stellen. Das unverhandelbare Angebot seitens der an beiden Filmen die Rechte haltenden Produktionsfirma, 250 $ pro Filmstill zu zahlen, konnte im Rahmen einer wissenschaftlichen Non-Profit-Publikation natürlich nicht angenommen werden. Aus diesem Grund müssen die Szenen – sofern nötig – detailliert beschrieben werden. Der jeweils angegebene Timecode soll interessierten Leser*innen trotzdem die Möglichkeit bieten, die entsprechenden Sequenzen problemlos auf einer DVD zu finden.

8 »Stark« bezieht sich hier auf Lippenstift, Eyeliner, Lidschatten und Make-Up, also das volle Programm.

9 JW, 0:07:03-0:08:36.

10 JP, 0:05:58-00:06:04.

11 Klickertraining ist eine Methode der Konditionierung von Tieren. Erwünschte Verhaltensweisen werden durch das akustische Signal des Klickers verstärkt.

12 JW, 00:18:29-00:20:00.

13 JW, 00:12:26.

14 JW, 00:14:24.

15 JW, 00:28:41-00:31:20.

16 JW, 00:18:07.

17 Siehe dazu Laura Mulvey, Visual Pleasure and Narrative Cinema, London 2016.

18 JW, 00:30:53.

19 JW, 01:05:19.

20 JW, 01:13:03-01:14:54.

21 JW, 01:23:14.

22 Die Jungs und Claire verfolgen, wie Owen auf einem Motrorrad den Raptoren hinterher rast. Zach sagt »Your boyfriend's a badass«, und Claire lächelt zustimmend.

23 Der Begriff wurde zum ersten Mal im Zusammenhang mit einer feministischen Lesart von Horrorfilmen von Carol J. Clover geprägt in: Men, Women, and Chain Saws: Gender in the Modern Horror Film, Princeton 1992.

24 JP, 01:35:55-01:37:32.

25 Hinzu kommt, dass Alan als männlicher Protagonist von Anfang an als gänzlich unbegabt im Umgang mit Technik und Computern gezeigt wird.

26 JP, 00:15:00.

27 JP, 00:45:00.

28 JP, 01:31:00.

29 Die Hermaphrodität der Saurier wird in *Jurassic Park* übrigens schon früh auf symbolischer Ebene angedeutet: Alan kann im Helikopter beim Landeanflug auf die Isla Nublar wegen seines Ungeschicks den Sicherheitsgurt nicht schließen; er bekommt nur die beiden »weiblichen« Enden zu greifen. Nachdem er vergeblich versucht hat, die gleichen Enden zu schließen, verknotet er sie einfach und sagt sinngemäß: Wird schon funktionieren.

30 Zusammenfassung der (anti)feministischen Lesarten entnommen aus: Graeme J. Wilson, »Woman Inherits the Earth«: Deconstructing *Jurassic Park* as an Early Text in Third-Wave Feminism, School of Media & Communication, Bowling Green State University, 01/17.

31 JW, 00:22:02: der Leiter des Park-Sicherheitsdienstes Vic Hoskins gibt Owen zu verstehen: »Extinct animals have no rights«.

32 In *Jurassic Park* wird das Schlüpfen aus künstlichen Eiern, also die Geburt, noch als Ereignis gefeiert, bei dem John Hammond stets dabei zu sein wünscht. Die später im Park erfolgende unkontrollierte Fortpflanzung impliziert außerdem eine mögliche natürliche Brutpflege. In *Jurassic World* hat kein Dinosaurier eine Mutter im klas-

sisch-leiblichen Sinn, aber die Raptoren wachsen immerhin im Rudel auf. Geburt und Aufzucht spielen keine Rolle mehr. Lediglich das nötige schnelle Wachstum wird an einer Stelle thematisiert. Der Establishing Shot in *Jurassic World* zeigt einen schlüpfenden Dinosaurier, die »Geburt« findet aber hier in einer sterilen Atmosphäre statt, bei der kein Mensch zu sehen ist und die schon das spätere gestörte Verhalten von Indominus Rex nahelegt.

■ Christina Sachs

»Mitfühlen und Miterleben« im Museum? Ein Besuch im Deutschen Auswandererhaus in Bremerhaven – Dauerausstellung

Katalog: Deutsches Auswandererhaus Bremerhaven (Hg.), Das Buch zum Museum der Aus- und Einwanderung (edition DAH), Bremerhaven 2017, 144 S., zahlr. Abb., 14,80 €

Einleitung: historische Zeitreisen und historisches Lernen

»MITFÜHLEN UND MITERLEBEN« verspricht ein Werbebanner am Erweiterungsbau des Deutschen Auswandererhauses in Bremerhaven (DAH). Das laut Homepage »bundesweit erste […] Migrationsmuseum«,[1] welches 150 Jahre deutsche Auswanderungsgeschichte mit 300 Jahren Einwanderungsgeschichte nach Deutschland verbindet, wirbt offensiv für einen didaktischen Ansatz, der die Museumsbesuchenden emotional beteiligt. Sie sollen in den Ausstellungsräumen nicht nur Exponate bestaunen, sondern sich auf eine Zeitreise begeben und sich in die historischen Migrant_innen hineinfühlen. Ein Konzept, das die Perspektive dieser Menschen erfahrbar und nacherlebbar machen will, klingt gerade angesichts der jüngsten Debatten vielversprechend, wenn historisches Lernen nicht nur in die Vergangenheit, sondern auch in die Gegenwart und Zukunft weisen soll. Doch eignet sich ein museales Konzept, das Geschichte als Erlebnis begreift, für historische Lernprozesse?

Museen setzen in jüngster Zeit verstärkt auf die Nacherlebbarkeit historischer Prozesse, da historisches Lernen so besser gelänge. Auch Juliane Brauer thematisiert in ihrem Aufsatz die Übertragung der Gefühlswelt historischer Akteure in die Gegenwart: Die Zeitreise könne nur eine Annäherung bleiben, da gegenwärtige Menschen nicht vollständig in das Denken und Fühlen vergangener Personen eintauchen.[2] Die didaktischen Prinzipien Kontroversität und Überwältigungsverbot seien daher ernst zu nehmen, indem neben dem Fokus auf Akteure der Vergangenheit auch die gegenwärtigen Besucher_innen als Subjekte in den Blick zu nehmen seien. Multiperspektivität sei deshalb bei der musealen Konzeption sogenannten »Authentizitätsfiktionen«[3] vorzuziehen – denn fruchtbares historisches Lernen kann vor diesem Hintergrund nur stattfinden, »wenn es eigensinnig und produktiv sein darf, wenn der Umgang mit der eigenen Emotionalität Bestandteil von Erfahrung, Wissen und Kommunikation ist und diese nicht ignoriert«[4].

Trägt die beworbene Zeitreise im DAH mittels eines durchdachten Konzeptes zum historischen Lernen bei, oder wird dieses durch eindimensionale Deutungsangebote eingeschränkt? Da ich selber Chancen und Grenzen von performativen Praktiken in der außerschulischen Geschichtskultur für das historische Lernen erforsche, war ich auf die Umsetzung im DAH besonders gespannt.

Der Weg durch das Museum

Ich besuche das Museum an einem Samstag am frühen Nachmittag zum mittlerweile dritten Mal, nachdem ich es schon während meines Studiums aufgesucht hatte. Vor meinem Besuch bin ich gespannt, wie sich das Museum weiterentwickelt hat und wie ich aufgrund meines wissenschaftlichen Fortgangs die Ausstellung jetzt einordne. Das Museum steht an einem historischen Ort: Vom 1852 eröffneten Neuen Hafen aus legten die Schiffe der Reederei Norddeutscher Lloyd in die »Neue Welt« ab und brachten bis 1890 etwa 1,2 Millionen Menschen vor allem nach New York. Bereits ab 1985 engagierten sich Bremerhavener Bürger_innen in einem Förderverein und später in einem Initiativkreis, um die Gründung eines Migrationsmuseums anzuregen. Mit öffentlichen Mitteln des Landes Bremen, der Stadt Bremerhaven und des Bundes umgesetzt, wird der laufende Betrieb durch eine private gemeinnützige GmbH realisiert. Der moderne, 2005 eröffnete Bau mit dem eckigen, mit Holzplanken versehenen Obergeschoss, das auf einem ovalen Betonbau aufgesetzt wurde, ist bei der Anreise trotz anderer Attraktionen schon von weitem zu sehen. Das vom Architekturbüro Studio Andreas Heller entworfene Museum erhielt 2012 einen durch eine Brücke verbundenen, quaderförmigen Erweiterungsbau, der die im Hauptgebäude untergebrachte Auswanderungsgeschichte um eine Geschichte der Einwanderung nach Deutschland ergänzt.[5] Das Museum ist sehr gut besucht und auch alle Altersklassen sind gleichermaßen vertreten. Es ist barrierefrei und wirbt mit Angeboten für Menschen mit Seh-, Hör- und Gehbehinderungen.

An der Kasse erhalte ich einen sogenannten »Boarding Pass« mit einer iCard, einer Übersicht über die Stationen der Ausstellung und einem individuellen Ausgewanderten beziehungsweise Eingewanderten, dessen Spuren ich in der Dauerausstellung nachverfolgen soll. Die Idee weist bereits auf den Aspekt des Nacherlebens hin. Die Ansprache im »Boarding Pass« unterstreicht dies deutlich: »Erleben Sie hautnah den Abschied am Hafen, die Überfahrt und die Ankunft in der Neuen Welt. Erfahren Sie, was es bedeutet, seine Heimat zu verlassen.«

Mit der iCard kann ich Stationen aktivieren, wobei mitunter auch individuelle Informationen zu ›meinem‹ Ausgewanderten beziehungsweise Eingewanderten hinterlegt sind. Die Tür öffnet sich, ich betrete die erste Station, die »Wartehalle«: ein kleiner, karger Raum in gedämpftem Licht, an einigen Stellen bröckelt Putz von der Mauer. Ein vertikal angelehntes Schild zeigt an: »Wartehalle der Passagiere der dritten Klasse des Norddeutschen Lloyd von 1869«. Eine Ansage vom Band erklärt die historische Ausgangssituation in Bremerhaven. Ich erfahre, dass insgesamt etwa 7,2 Millionen Menschen über Bremerhaven auswanderten.

Da die meisten Stationen im Ausstellungsteil »Auswanderung« ähnlich konzipiert sind und aufeinander aufbauen, beschreibe ich die nun folgende Station ausführlich als stilgebendes Beispiel. Über eine Treppe erreiche ich die erste große Station »An der Kaje«, bremisch für Kai. Wieder gedämpftes Licht, eine große Schiffswand mitsamt Treppe, die an Deck führt. Das Schiff liegt im Wasser, die Illusion gleicht einem Hafenbecken. Neben dem Becken stehen nachgebildete Menschen, die Kleidung aus früheren Epochen tragen, die nicht wirklich zusammenzupassen scheint. Dahinter Wagen mit alten Gepäckstücken; ein Motiv, das sich durch die Ausstellung ziehen wird. Einige Gepäckstücke sind geöffnet: Wir sehen exemplarisches Reisegepäck, durch Tafeln erläutert. Zugleich bin ich mit einer Geräuschkulisse konfrontiert, in der vieles durcheinandergeht. Schiffsgeräusche, die Assoziationen zu Dampfschiffen hervorrufen, Regen, der auch von der Decke ins Becken tropft, und die Figuren – Reisende – geben Sätze in unterschiedlichen Sprachen von sich.

Auch mein Tastsinn kommt auf seine Kosten, denn die meisten Exponate darf ich anfassen. Die Besucher werden hier dazu eingeladen, durch die Szenerie zu wandeln und in sie einzutauchen. Die anderen Museumsbesuchenden machen davon sofort Gebrauch, stellen sich zwischen die Figuren an der Kaje oder lehnen sich an Gepäckstücke an.

Am Anfang des Raumes führen ein Schild und eine Hörstation in den historischen Kontext ein. Zeitlich befinden wir uns im Jahr 1888, die Schiffswand gehört zum Schnelldampfer Lahn. Aber die Reisenden tragen Kleidung aus verschiedenen Zeiten und Ländern zwischen 1830 bis 1952. Diese Gleichzeitigkeit von Ungleichzeitigem bildet zwar den Zeitraum adäquat ab, mit dem sich die Ausstellung beschäftigt, andererseits durchbricht es die Narration, wenn die Zeitreise doch in das Jahr 1888 führen soll.

Das Schild wirft Fragen auf: »Was nahm man in die Neue Welt mit? Wie sah das Gepäck aus? Woraus bestand der Proviant? Was waren die Gedanken vor der Überfahrt?« Dieses didaktische Mittel der historischen

Fragen verwendet die Ausstellung oft, um einen Fokus beim Erkunden zu setzen. Mir fällt auf, dass die Exponate auf die Beantwortung der Fragen zielen. Besonders die letzte Frage erweckt einen problematischen Eindruck, als ob man in die Köpfe der Reisenden gucken könnte. Die unterschiedlichen Sprachen schlüsselt die Hörstation auf und erklärt, dass über Bremerhaven Reisende aus unterschiedlichen Ländern ausgewandert sind. So hört man deutsche, jiddische, russische, polnische und sorbische Zitate aus Auswandererbriefen. Die Zitate, eher Satzfetzen aus den Briefen, bleiben damit weitgehend kontextlos und wirken eher atmosphärisch.

Insgesamt hat mich die Situation beim Betreten des Raumes aufgrund der vielen Eindrücke überwältigt. Ich habe den Eindruck, dass die Schilder und die Hörstation zwar den historischen Kontext aufzeigen, jedoch das Einfühlen, das Nacherleben, die Zeitreise im Vordergrund stehen.

Die nächste Station »Galerie der 7 Millionen« widmet sich den Fragen: »Woher kamen sie? Warum verließen sie die Heimat?« Hohe, dunkle Holzschränke mit Büchern und Schubladen, eine tickende Uhr, die ab und zu schlägt, Kronleuchter. Ich fühle mich hier einem Rollenwechsel unterzogen, der Raum erinnert mich an eine alte Bibliothek oder ein Archiv. Die Kästen in der Mitte des Raumes liefern Hintergrundinformationen zu der Frage, warum über sieben Millionen Menschen zu unterschiedlichen Zeiten über Bremerhaven auswanderten, wobei hier und im übrigen Gebäude besonders auf die Auswanderung in die Vereinigten Staaten eingegangen wird. Insgesamt steht die Fernmigration somit im Fokus und wird oftmals mit Migration gleichgesetzt. Die Schränke an den Wänden halten Exponatkästen zu individuellen Schicksalen bereit. Wie die meisten Besuchenden konzentriere ich mich auf ›meine‹ Auswanderin und schenke den anderen Hörstationen keine Beachtung.

Die folgenden Stationen widmen sich wieder ganz den einzelnen Schritten der Auswanderung. Auf der »Überfahrt« gelangt man über die Treppe aufs Schiff, brausender Wind und Motorengeräusche. Der Schiffsboden scheint leicht zu schwanken, während ich drei unterschiedliche Unterbringungsmöglichkeiten für die Reisenden der dritten Klasse besichtige: auf der Bremen (Stapellauf 1854), auf der Lahn (Stapellauf 1887) und auf dem Liner Columbus (nach Umbau 1929). Die »Überfahrt« vermittelt die Reise nach Amerika als Fortschrittsgeschichte, in der innerhalb von Jahrzehnten durch das Aufkommen der Dampfschifffahrt aus einer unsicheren, wochenlangen Reise eine von wenigen Tagen wurde und auch Passagiere der dritten Klasse einen gewissen Komfort genießen konnten.

Auch die nächsten Stationen »Gang nach New York« und »Ellis Island« konzentrieren sich ganz auf die einzelnen Schritte auf dem Weg nach Amerika, die »New World« wird mit melancholischer Musik und dem Einwanderungsprozedere auf Ellis Island als Sehnsuchtsort rekonstruiert. Die Hörstation zu ›meiner‹ Auswanderin Hertha Nathorff, die aufgrund der nationalsozialistischen Verfolgung emigrierte und mit ihrer Familie bei der Ankunft vor dem Nichts stand, konterkariert diesen Eindruck. Das »Office of the New World« funktioniert mit wenig interaktiven Elementen, Vitrinen, Schautafeln und Karten an den Wänden beinahe konventionell. Unter der Fragestellung »Was wusste man voneinander? Was kannten die Einwanderer in ihrer neuen Heimat?« versammeln sich hier Statistiken und persönliche Exponate zu einer Melange aus historischem Kontext und persönlichem Nacherleben. Die nachempfundene Halle des »Grand Central Terminal« schließt diesen Teil der Ausstellung mit einem deutlichen emotionalen Akzent ab. Ich erfahre: Längst nicht jede Auswanderung war eine Erfolgsgeschichte.

Der zweite Ausstellungsteil geht mit einem Bruch einher. Er thematisiert 300 Jahre Einwanderungsgeschichte in Deutschland, aber das Setting ist ein westdeutscher Kiosk und eine Ladenpassage mit westdeutschen

Geschäften von 1973. Die Besucher_innenführung nehme ich als wesentlich weniger stringent wahr, da man die Stationen in beliebiger Reihenfolge ablaufen kann und die Exponate viel weniger durch Schautafeln kontextualisiert werden. Am »Kiosk« empfängt mich eine Mitarbeiterin, die mir eine Broschüre zu meiner individuellen Eingewanderten in die Hand drückt und mich in Deutschland willkommen heißt.

Ich laufe durch die Passage und spüre Gefühle der Nostalgie. Überall Produkte, die mich in meine eigene Kindheit zurückversetzen. Dieses Gefühl übertönt bei mir die Entdeckerlust und lässt mich, wie ich später feststelle, zahlreiche Hinweise auf meine Eingewanderte übersehen, die durch die Ausstellung nur angedeutet sind. So zum Beispiel im »Frisörsalon« ein Foto und eine Modezeitschrift aus ihrem Nachlass, die ich zwar in der Hand halte, aber nicht zuordnen kann. Ich habe die Hörstation angesteuert, die nicht wie zuvor Schritt für Schritt die Biografie preisgibt, sondern die gesamte Einwanderungsgeschichte auf einmal zusammenfasst.

Das Gefühl, dass viel zu viel zusammenkommt, begleitet mich auch im Untergeschoss. Im »Behördengang« ungeordnete Informationen und Statistiken zur Einwanderung. Sechs Telefone als Hörstationen an einer Wand liefern zusammengeballt den historischen Kontext zu 300 Jahren Einwanderungsgeschichte.

Zuletzt zeigt das »Roxy Kino«, das im Stil der 1950er Jahre wieder Nostalgiemomente schafft, Filme zur Migrationsgeschichte, und eine »Debattenwand«, ein Raum zur Familienrecherche und das »Studio Migration« nehmen den Besuchenden als Subjekt in den Fokus. Die »Debattenwand«, an der Themen mit der Aufforderung an die Besucher_innen, per Email Stellung zu beziehen, präsentiert werden, wirkt vor allem angesichts der aktuellen Situation mit den Beiträgen »Kopftuchdebatte« und »Mehrfache Staatsbürgerschaft« etwas veraltet. Das »Studio Migration« hingegen bietet einen vielversprechenden Ansatz. Hier möchte das Museum mittels einem Oral-History-Aufnahmestudio, Besucher_innenumfragen und interaktiven Medienstationen mit Museumsgästen in den Austausch über Migrationsfragen kommen: »Besucher sollen animiert werden, ihre eigene Familiengeschichte zu erzählen, historische Vergleiche zu ziehen, ihre Meinung zu äußern und in Frage zu stellen sowie wissenschaftliche Methoden kritisch zu betrachten.«[6]

Insgesamt gelingt hier das Einfühlen weit weniger als im ersten Ausstellungsteil, weil ich mich durch die Rekonstruktion eher in meine eigene Kindheit zurückversetzt fühle, durch die vielen Exponate überreizt bin und die Spurensuche viel dezenter gestaltet ist als zuvor.

Fazit

Trägt das Konzept des DAH nun zu einem erfolgreichen historischen Lernen bei? Ich antworte hier mit einem »Ja, aber«. Denn zunächst einmal: Das Museum macht Spaß, regt an und setzt Impulse in der Beschäftigung mit Geschichte. Das Konzept, dass jeder einen individuellen Ausgewanderten beziehungsweise Eingewanderten bekommt, fördert die Lust, dem Schicksal dieser Personen nachzuspüren, sich in sie hineinzuversetzen. Die sieben Millionen Ausgewanderten werden anhand dieser Beispiele aus der Anonymität geholt und ihre Schicksale sind plötzlich ganz nahe. Den Wandel in der deutschen Migration über Bremerhaven nach Amerika, der sich unter anderem über den höheren Komfort während der Überfahrt und bürokratischere Einwanderungsprozesse ausdrückt, können Museumsgäste mit dem Gang durch inszenierte Stationen ebenso nachvollziehen wie Hindernisse und Entbehrungen, die mit der Auswanderung einhergehen. Der Abschied an der Kaje, das Einwanderungsprozedere und mitunter mühsame Neuanfänge, die nicht immer gelingen, verdeutlichen dies. Dass ein großes Publikum hier angeregt wird, sich mit einem historischen und zugleich gegenwartsrelevanten Thema auseinanderzusetzen, ist der große Pluspunkt dieses Museums.

Allerdings kalkuliert das Museum, wenn es das Versprechen des Nacherlebens gibt, zu wenig die gegenwärtigen Gefühle der Besuchenden ein. Gerade in der Ladenpassage von 1973 finde ich das problematisch, da hier – zumindest bei mir – die eigenen Nostalgiegefühle dominieren. Ich kann mich ohne roten Faden und Einordnung nur schwer von meiner eigenen Perspektive lösen. Meine Emotionen verstellen mir den Blick, und die Ausstellung hilft mir nicht, diese Herausforderung zu meistern, da hier 300 Jahre Einwanderungsgeschichte nach Deutschland sehr undifferenziert abgehandelt werden. Das Gefühl, dass hier ein »Wir« und die »Anderen« konstruiert werden, drängt sich unvermeidlich auf. Im ersten Ausstellungsteil, der das Nacherleben durch Exponate, Schautafeln und Hörstationen kontextualisiert und in dem eigene Nostalgiegefühle allein durch den zeitlichen Abstand weniger relevant sind, ist das weniger problematisch. Dennoch: In beiden Ausstellungsteilen wird unterschlagen, dass sich Menschen aus der Gegenwart nur im Ansatz in eine fremde Gefühlswelt hineinversetzen können.

Auch die Multiperspektivität kann hier nicht uneingeschränkt bejaht werden. Zum einen fokussiert die Ausstellung ganz auf die Perspektive der Ausgewanderten aus der dritten Klasse nach Amerika und blendet dabei andere Perspektiven weitgehend aus. Zum anderen bringt das Konzept der individuellen Biografien einen großen Nachteil mit sich: Die Besuchenden konzentrieren sich dann wirklich vor allem auf diese eine Person, die in ihrem »Boarding Pass« steht. Dass die iCards an bestimmten Stationen nur individuelle Informationen preisgeben, verhindert letztendlich echte Multiperspektivität und damit auch die Erkenntnis, dass Migrationsprozesse vielfältig und von Brüchen durchzogen sein können. Das Museum bietet dadurch immerhin einen Wiederbesuchswert, da beim nächsten Mal mit einer anderen Biografie ein ganz anderes Erlebnis möglich ist.

Wenn historisches Lernen als eigensinnige produktive Aneignung aufgefasst werden soll, dann bieten beide Ausstellungsteile Ansätze und Anreize dazu. Multiperspektivität wird hier aber gegen das intensive Nacherleben eines individuellen Schicksals eingetauscht. Das verläuft in zu geraden Bahnen, ohne dass Brüche und Alternativen durch andere historische Perspektiven offensiv angeboten werden. Aber: Die Besuchenden setzen sich angeregt mit einem historischen Thema auseinander, das eine hohe Relevanz in der Gegenwart besitzt, sie sind interessiert und haben Spaß an Geschichte. Und das ist eine gute Ausgangslage für weitere historische Lernsituationen.

Anmerkungen

1 Homepage Deutsches Auswandererhaus Bremerhaven: Museum, online verfügbar unter: http://dah-bremerhaven.de/museum/#165 (letzter Zugriff 16.10.2018).

2 Vgl. Juliane Brauer, »Heiße Geschichte?« Emotionen und historisches Lernen in Museen und Gedenkstätten, in: Sarah Willner/Georg Koch/Stefanie Samida (Hg.), Doing History. Performative Praktiken in der Geschichtskultur, Münster/New York 2016, S. 29–44, hier S. 31–33.

3 Eva Ulrike Pirker/Mark Rüdiger, Authentizitätsfiktionen in populären Geschichtskulturen: Annäherungen, in: Eva Ulrike Pirker (Hg.), Echte Geschichte. Authentizitätsfiktionen in populären Geschichtskulturen, Bielefeld 2010, S. 11–30, hier S. 11.

4 Brauer, »Heiße Geschichte?«, S. 41f.

5 Vgl. http://dah-bremerhaven.de/museum/#165 (letzter Zugriff 16.10.2018); Homepage Studio Andreas Heller: Deutsches Auswandererhaus, online verfügbar unter: https://andreas-heller.de/deutsches-auswandererhaus-bremerhaven/ (letzter Zugriff 16.10.2018).

6 Homepage Deutsches Auswandererhaus Bremerhaven: Studio Migration, online verfügbar unter: http://dah-bremerhaven.de/studio-migration/ (letzter Zugriff 16.10.2018).

Neu gelesen: Beiträge zur Geschichte der Grundrechte in der frühen Neuzeit

Renate Blickle, Politische Streitkultur in Altbayern. Beiträge zur Geschichte der Grundrechte in der frühen Neuzeit, hg. von Claudia Ulbrich, Michaela Hohkamp und Andrea Griesebner (Quellen und Forschungen zur Agrargeschichte; Bd. 58), Berlin (De Gruyter Oldenbourg) 2017, XII + 226 S., 69,95 €

Im Februar 2018 hatte ich das Vergnügen, Renate Blickle anlässlich eines Memorial-Workshops für Peter Blickle in London kennen zu lernen. Als ich sie auf ihren 2017 erschienenen Band ansprach, den zu rezensieren ich damals bereits zugesagt hatte, meinte sie, es habe einige Überzeugungsarbeit gebraucht, sie vom Sinn und Nutzen dieser Publikation zu überzeugen. Auf meinen fragenden Blick meinte sie: »Möchten sie denn, dass Aufsätze von ihnen ein zweites Mal gedruckt werden?« Solche Bescheidenheit steht quer zum zeitgenössischen Wissenschaftsbetrieb, ist aber sinnfällig für eine ebenso spannende wie inspirierende Historikerin, deren Arbeiten bislang vor allem von einem kleinen Kreis Eingeweihter rezipiert wurde.

Ein Grund dafür, dass Blickles grundlegende Erkenntnisse nicht in den Mainstream des disziplinären Diskurses eingesickert sind, mag daran liegen, dass ihre Aufsätze eher entlegen publiziert wurden. Wenn jetzt eine Auswahl von neun Beiträgen aus den Jahren 1987 bis 2007 in einem Band neu abgedruckt werden, bekommt eine bemerkenswerte Forschungsleistung endlich klare Konturen und die längst verdiente Beachtung.

Die Genese und der gesellschaftliche Stellenwert von Grundrechten in vorrevolutionärer Zeit sind die Leitthemen in Renate Blickles Untersuchungen. Indes fokussiert sie nicht auf ideengeschichtliche Hintergründe, sondern verortet ihren Gegenstand in der »Streitkultur« der ständischen Gesellschaft Altbayerns. Protest und Rebellion sind klassische Themen der Frühneuzeitforschung sozial- und verfassungsgeschichtlicher Prägung. Blickles Ansätze sind jedoch stark kulturgeschichtlich interessiert, beschreibt sie doch sublime und exaltierte Praktiken des Widerstands in Verbindung mit der (sich wandelnden) Bedeutung grundlegender Begriffe wie »Hausnotdurft«, »Eigentum« oder »Leibeigenschaft«. An diese Themen hält sich denn auch die Textauswahl des Bandes, die in Zusammenarbeit mit der Autorin erfolgte.

Weil bei neun eigenständigen Aufsätzen eine Inhaltszusammenfassung wenig Sinn ergeben würde und eine solche bereits von den Herausgeberinnen in ihrem lesenswerten Vorwort geliefert wurde, fokussieren die folgenden Ausführungen auf ausgewählte Erkenntnisse und allgemeine Charakteristika von Renate Blickles Arbeiten.

1. Alle Texte tasten sich mit untrüglichem Gespür in karstige Forschungsfelder vor, die nicht mit einer üppigen Überlieferung aufwarten. Im Gegenteil lassen zahlreiche quellen- und methodenkritische Bemerkungen darauf schließen, dass zentrale Befunde erst in ausdauernder Auseinandersetzung mit sperrigem Quellenmaterial, das sich den gängigen Rollenzuschreibungen der Ständegesellschaft verweigerte, reifen mussten. Die Überlieferungschancen bäuerlicher Denk- und Handlungsweisen sind *a priori* überschaubar. Werden aber unterschiedliche Quellengattungen und -bestände zusammengedacht, liest sich schließlich völlig plausibel, dass widerständige Bauernschaften in Altbayern strategisch handeln, Suppliken verfassen, ihren Protest effizient und nachhaltig organisieren und überhaupt selber und klug denken konnten. Alles andere als dumme, manipulierbare und in den Fesseln von Patronage und Abhängigkeit gefangene Herrschaftsobjekte, wählten sie Bevollmächtigte, bestimmten Delegationen, setzten Fronstreiks und Konsumboykotte durch, indem sie das Heu der Grundherren auf der Weide verfaulen ließen oder das »liederliche

braune Bier« aus den obrigkeitlichen Brauereien nicht mehr tranken. Sie sammelten Geld zur Deckung der Kosten ihrer Protestaktionen, gingen gegen Abweichler in den eigenen Reihen vor. Auf dieser Folie überrascht nicht, dass sie auch die Techniken symbolischer Kommunikation virtuos beherrschten und ihre Anliegen fallweise sogar vermittels theatralischer Schaubilder inszenierten.

2. Dass es Renate Blickle gelingt, bäuerliche Akteursschaft so anschaulich und glaubhaft zu machen, verdankt sich mehreren Aspekten. So etwa dem gleichermaßen narrativen wie reflektierten Duktus der Texte, die souverän zwischen in den Quellen lebensnah beobachteten Details und rechtstheoretischen beziehungsweise allgemeingeschichtlichen Überlegungen oszillieren. In packend erzählten Passagen begegnet Blickle dem historischen Personal mit Empathie, Respekt, Sorgfalt und Phantasie. Sie versteht es, sich in vielschichtige Handlungszusammenhänge hineinzuversetzen, die nur verständlich werden, wenn mitgedacht wird, was nicht *expressis verbis* in den Quellen steht. Mehrere Forschergenerationen, bevor dem Paradigma der »Anwesenheit« gehuldigt wurde, beschrieb die Autorin bereits, dass in einem öffentlichen Schwurritual jeder, der »den Stab berührte«, dies vor »den wachsamen Augen aller« tat, wodurch sein Tun »unter der strengen Kontrolle der gesamten Bauernschaft« stand. Und Gleiches habe für das Handeln des Obrigkeitsvertreters gegolten, »wollte er den Widerstand und die Empörung der gesamten Bauernschaft nicht riskieren«.

Warum Bauern Fronpflichten lieber finanziell als in Form von Arbeitsdiensten abgalten, erklärt sich ebenfalls mit Blick auf die konkreten Ausprägungen von Herrschaft. Im Frondienst nahm »untransponierte akute Herrschaft« Gestalt an. Untertanen »zur Arbeit zwingen zu können, hatte auch den Effekt, ihnen, sich selbst und dem Publikum Herrengewalt vorzuführen«. Deren »naturale Qualität – der verwirklichte Anspruch auf den Körper eines anderen, auf dessen Kraft, Geschick, Zeit und Aufenthalt, und auf der anderen Seite die (meist) mit dem eigenen Leib erfüllte Arbeitsverpflichtung – machte die Scharwerk zum allergewöhnlichsten Schauplatz direkter Herrschaftsausübung«. Dazu kamen die Konsequenzen für die betroffenen Hauswirtschaften: »Mein Korn oder ihr [der Grundherren] Korn, diese durchaus existentielle Frage stellte sich angesichts der nämlichen Abhängigkeit von Sonnenschein und Regen ganz konkret und Jahr für Jahr aufs neue.«

3. Weil der implizite Gehalt der Quellen in plastische Bilder übersetzt wird, bleibt die historische »Wirklichkeit« auch in analytischen Passagen präsent. Doch abstrakte Gedankengänge werden nicht nur lebensweltlich koloriert, sondern auch auf einprägsame Formeln gebracht. So enden Abwägungen darüber, wie sich die Justizkultur auf die Quellenlage auswirkte, mit dem Satz: »In Bayern machten die Herzöge damals nicht kurzen, sondern gar keinen Prozess«, weshalb zu gütlichen Einigungen kaum etwas überliefert ist. Dass Bauernschaften auch gegen unabänderliche Missstände ankämpften – Kämpfe, die von vornherein verloren waren –, wird damit erklärt, dass der Sinn widerständiger Aktionen schon »mit der Haltung gestiftet« wurde. Und bäuerliche Renitenz nährte sich aus »dem Willen, in Ehre und mit Würde zu leben«. Das Argument findet seinen Beleg in der zeitgenössischen Umschreibung eines würdigen Daseins durch den Schneider von Haag, der seinen Spießgesellen in Erinnerung rief, wenn sie sich nicht zur Wehr setzten, »seien sie nit wert, das sie ufrecht an ein maur prunzen sellen«.

4. Wenn auch der Modebegriff »Diskurs« bei Blickle nur gerade an einer Stelle vorkommt, verdichtet sich in derartigen Passagen das Neben- und Ineinander von Diskursen und Praktiken zu einem unauflöslichen Amalgam. ›Würde‹ etwa definierte sich nicht in modernem Usus legalistisch, sondern darüber, ob die alltäglichen Lebens-

verhältnisse als zumutbar empfunden wurden. Weil die (politische) Sprache in allen untersuchten Fällen als zentrale Praktik in Erscheinung tritt, ist jeder Beitrag um eine klare Begrifflichkeit bemüht, und zwar sowohl der Wissenschafts- als auch der Quellensprache. Die »Entwicklung vom kommentarlosen Handeln zum hochartifiziellen Begriffsgeflecht«, mit dem die Bauern über die Zeit mehr und mehr operierten, belegt »die entscheidende Rolle, die der Sprache und der Kommunikation bei der Auseinandersetzung mit der Unfreiheit zukam«. Nicht selten wurde statt um materielle und rechtliche Zustände um Wortbedeutungen und -verwendungen gekämpft, wobei Blickle selbst kleinste semantische Verschiebungen herausarbeitet und plausibel deutet.

5. Diese akribische Quellenarbeit bleibt aber nie isoliert im Einzelfall verhaftet, vielmehr verortet Blickle ihre Befunde minutiös in weit gefassten Forschungskontexten. Die Lektüre auch der Anmerkungen lohnt sich, zumal sich diese nicht auf bloße Nachweise beschränken, sondern abweichende Thesen (selbst)kritisch diskutieren. Dabei werden auch Behauptungen von Lichtgestalten der Disziplin wie Werner Sombart und eingeschliffene Denkmuster samt zugehörigen Terminologien schonungslos in Frage gestellt, umgekehrt aber auch die Leistungen unbekannterer Forscher gebührend gewürdigt.

6. Beiläufig benennt Blickle spannende Ambivalenzen, die komplizierten Handlungsfeldern verdeckt innewohnen. So sei »Öffentlichkeit« der »Regeln und des Handelns« für die »Funktionstüchtigkeit« sozialer und politischer Systeme, die »den Bedingungen der Mündlichkeit und dem Regiment des Herkommens unterliegen«, unentbehrlich. Öffentlichkeit als »Strukturmerkmal« des feudalen Zeitalters liest sich zunächst irritierend und nach nochmaligem Nachdenken ebenso selbstverständlich wie die Beobachtung, ausgerechnet das »Laufen gen Hof«, das brauchtümliche Vorsprechen der Bauernschaften beim Herrscher, habe die »institutionelle Zentralisierung des angehenden Staatswesens« stimuliert. Tatsächlich sind die »Tendenzen zum Ausbau zentraler Organe« am frühesten aufgetreten, wo es darum ging, die erzwungenen Audienzen vermittels determinierter Abläufe und Routinen zu domestizieren. Wenn spontaner Widerstand zunehmend in administrative Verfahren eingehegt wurde, stärkte dies unter dem Strich die Herrschaft.

7. Blickles eigentliche Forschungsleistung ist ihre kontraintuitive und dennoch überzeugende Erzählung der Entstehung der »westeuropäischen« Variante der Menschenrechte. Sie entwickelten sich nicht »im keimfreien Labor, sondern auf tiefem sozialem Humus« alltäglichen Ringens einfacher Leute um Teilhabe an umstrittenen Ressourcen. Hier hatten Fundamentalrechte wie die »Hausnotdurft«, das daraus hervorgegangene »Eigentum«, verstanden als »freie Verfügungsgewalt« über Dinge, sowie »die Idee des bürgerlichen Individuums« ihre Wurzeln. Das Konzept der Menschenwürde floss aus der manifesten Auflehnung gegen unwürdige Zustände. Grundlegende Normen veränderten sich »durch die Praxis und als Reflex des gesellschaftlichen Wandels und neuer Wertorientierungen. Die Entwicklung wurde nicht von der Philosophie und der Wissenschaft initiiert, sie geschah offensichtlich eher im Gegensatz zur Lehre und außerhalb der Theoriegebäude«. Dass diese materialistisch unterfütterte Ideengeschichte nicht mehr nur aus einzelnen Mosaiksteinchen zusammengetragen und -gedacht werden muss, sondern als veritables Paradigma Gestalt annimmt, ist das Verdienst des vorliegenden Bandes.

8. Dass Herrschaftsverhältnisse in kommunikativen Prozessen modelliert werden, ist spätestens seit dem Band »Empowering Interactions« (2009) kanonisiertes Wissen. Es ist Renate Blickles Verdienst, dass sie *avant la lettre* auf den ständigen »Informationsaustausch über die wesentlichen gesellschaftlichen Probleme« zwischen Gruppen und Ständen hingewiesen und

die zugehörigen Praktiken beschrieben hat. Weiter hat sie gezeigt, dass ein kulturgeschichtlicher Zugang die harte ökonomische Realität einbegreifen muss und kann. Sie hat damit ein unterdessen allgemein erkanntes Forschungsdesiderat lange vor der Zeit eingelöst und gleich auch mögliche methodische Zugänge entwickelt und durchgespielt. Nimmt man die Ökonomie in den Blick, wird deutlich, dass es jenseits aller Symbolkultur um nichts weniger ging, als die eigenen Lebensgrundlagen gegen usurpatorische Zugriffe feudaler Gewalten zu verteidigen und den Geboten gerechter beziehungsweise fairer Güterverteilung Gehör zu verschaffen.

9. Diese Perspektivierung birgt Potential zur kritischen Reflektion etablierter Makrothesen zum Verhältnis von Individuum und Staat oder dem Wesen von Herrschaft samt angelagerten Paradigmen wie Patronage oder Klientelismus. Darüber hinaus sind Blickles Arbeiten anschlussfähig an neue Forschungsfelder wie *Commons* und *Collective Action*. Diese wiederum finden ihren Widerhall in gesellschaftspolitischen Experimenten der Gegenwart. Weltweit ist eine Renaissance kooperativer beziehungsweise korporativer Gemeinschaften zu erkennen, die gemeinwirtschaftlich kollektive Ressourcen allozieren und bewirtschaften und so der Idee der »Hausnotdurft« in subsistenzökonomischen Projekten neue Geltung verschaffen. Ähnlich den Bauernschaften der frühen Neuzeit kommen sie nicht darum, ihre Stellung gegenüber Markt und Staat zu definieren, durchzusetzen und zu verteidigen. Dabei greifen sie auf Strategien kollektiven Widerstandes zurück, versuchen geltendes Recht zu nutzen oder es zu ihren Gunsten zu modifizieren.

10. An dieser Stelle schließt sich der Bogen zum eingangs erwähnten Peter-Blickle-Gedenk-Workshop. Hinter dessen Titel »European Democracies: Origins, Evolutions, Challenges«, für den Renate Blickle mitverantwortlich zeichnete, stand die Sorge um die Zukunft europäischer Demokratien in Zeiten fulminanten Umbruchs. Man kann nicht genug daran erinnern, dass sich elementare gesellschaftliche und politische Errungenschaften, die in unseren Breiten plötzlich auf der Kippe zu stehen scheinen, von unten her durchgesetzt wurden. Dass staatliche Instanzen gestern und heute nicht per se zum Wohl der Menschen arbeiten und komplexe Probleme mit den ihnen zur Verfügung stehenden Mitteln nicht zu lösen vermögen, versteht sich. Unter dem Eindruck generellen Mangels an Gütern, Perspektiven und Rechten nehmen deshalb weltweit ethnische Gruppierungen, Stadtquartiere, Landregionen, Selbsthilfegruppen etc. die Dinge selber in die Hand und entwickeln ihre eigenen Strategien, womit sie unwillkürlich in Konflikt mit dem hegemonialen System geraten. Renate Blickles Aufsätze liefern vielfältige Anknüpfpunkte, wie selbst unter straffer Herrschaft und in ökonomischen Zwangslagen Lebens- und Partizipationschancen eingefordert werden konnten und immer noch könnten.

Daniel Schläppi (Bern)

Biographien des Buches

Ulrike Gleixner / Constanze Baum / Jörn Münkner / Hole Rößler (Hg.), Biographien des Buches (Kulturen des Sammelns. Akteure – Objekte – Medien; Bd. 1), Göttingen (Wallstein) 2017, 477 S., 141 Abb., 49 €

Der Sammelband »Biographien des Buches« ist der Auftaktband einer neuen Reihe der Herzog-August Bibliothek (HAB), die den Titel »Kulturen des Sammelns« trägt. Die Reihe möchte Praktiken des Sammelns thematisieren und greift damit zugleich die neueren Auseinandersetzungen im Themenfeld der Sammlungen und die kulturwissenschaftliche Hinwendung zu Praktiken auf. Der Auftaktband über das Objekt ›Buch‹ vornehmlich in Mittelalter und Früher Neuzeit umfasst 19 Beiträge in deutscher und englischer Sprache und beherbergt neben einigen Abbildungen im Fließtext einen vierzigseitigen Anhang mit Farbtafeln. Im Zentrum des Bandes steht die Auseinandersetzung mit dem von Igor Kopytoff 1986 entworfenen Konzept der Objektbiographie, das hier aus der Sicht verschiedener Disziplinen und am Beispiel unterschiedlicher, primär mittelalterlicher sowie frühneuzeitlicher Buchobjekte beleuchtet wurde.

Der Band ist in fünf Abschnitte untergliedert, deren Beiträge unterschiedlich intensive Spurensuchen nach »Lebenszeichen« am Objekt vollziehen: Der erste behandelt theoretisch-methodische Grundfragen, der zweite die Gegenüberstellung von Büchern als Einzelstücken und Massenprodukt, der dritte legt den Schwerpunkt auf das Buch als Medium und Akteur, der vierte befasst sich mit dem Transfer von Büchern und den damit oft verbundenen Transformationen, während sich der letzte Abschnitt der Alterung, Vernachlässigung und Zerstörung von Büchern widmet.

Nach einem Essay von William H. Sherman zu bildlichen Marginalien stellt der Beitrag von Ursula Rautenberg einen Kontrapunkt zum Konzept des Bandes her. Sie setzt sich überaus kritisch mit verschiedenen Konzepten der Materiellen Kulturforschung auseinander, so etwa mit der Frage nach der Handlungsmacht von Dingen, mit Objektpraktiken und besonders mit der Objektbiographie beziehungsweise alternativen Begriffen wie etwa dem des Itinerars. Die Autorin erzählt im zweiten Teil ihrer Ausführungen eine Buchgeschichte anhand eines Exemplars des Herbarius Latinus (Mainz 1484), dessen Stationen sie vom Druckort bis hin zu seinem Raub aus der Erlanger Universitätsbibliothek um 1960 nachvollzieht. Dabei konstatiert sie abschließend: »Die Stationen dieser Reise wurden geschrieben, ohne das Konzept der Objektbiographie zu bemühen, ohne biographisch-anthropomorphisierende Metaphorik und [ohne] Ausstattung des beobachteten Objekts mit Handlungsmacht.« Die heuristische Herausforderung bei der Rekonstruktion einer Objektbiographie betont auch Claudine Moulin, die von »Biographemen« als kleinsten bedeutungstragende Indikatoren einer möglichen Geschichte spricht und für eine materiale Archäologie des Buches plädiert.

Petra Feuerstein-Herz diskutiert zu Beginn des zweiten Abschnitts (»Dutzendware – Einzelstück«) den Einfluss einer bibliothekarischen Ordnung und Aufbewahrung auf die Wahrnehmung eines Buches als Einzelstück, die biographischen Zäsuren, die mit dem Transfer von Objekten verbunden sind, die Rolle von Signaturen sowie Spuren der Aneignung und Nutzung. Armin Schlechter befasst sich mit der von ihm empirisch ausgewerteten Nutzungsfrequenz und Nutzungsintensität von Inkunabeln zweier Klosterbibliotheken und achtet dabei besonders auf Spuren der »Vernutzung« wie Anstreichungen, Foliierungen, Inhaltsverzeichnisse und Register, die nachträglich handschriftlich durch Nutzer eingefügt wurden. Von volkskultureller Literatur handelt der Beitrag von Carsten Rohde. Er fragt am Beispiel minderwertiger Druckerzeugnisse nach der Präsenz der Faust-Erzählung in »unterbürgerliche[n] Bevölkerungsschichten«, deren Nutzung und Handhabung im Theater, nach ihrem literarischen Gebrauchswert sowie ihrem »symbolisch-auratischen Sammlungswert«.

Der dritte Abschnitt (»Medium – Akteur«) eröffnet mit der Überprüfung der Lebens- und besonders der Körpermetapher im Zentrum des Beitrags von Patrizia Carmassi. Das Zu-Wort-Kommen der Bücher selbst zeige sich in der Ersten Person Singular in Form von Anweisungen über den angemessenen Umgang mit dem Buchobjekt oder in Widmungen an das Buch als Gesprächs- und Interaktionspartner. Alfred Messerli widmet sich in facettenreicher Weise den »It-Narratives«, in denen Dinge ihre eigene Geschichte erzählen, aber auch mit dem vermeintlich eigenständigen ›Sprechen‹ des Buches. Beide Beiträge setzen sich mit einem rhetorischen Stilmittel als Form der Verlebendigung eines Objekts auseinander, das von der Textebene auf das Objekt übertragen werde. Von der Umnutzung eines Schreibkalenders zu reinem Entwurfspapier berichtet der Beitrag von Cornelia Ortlieb. Goethes Ein- und Überschreibungen wandelten den einfachen Kalender in ein »Artefakt der Dichtung« um. Jill Bepler behandelt die geschlechterspezifische Bedeutung und Funktion von Buchbesitz in adelig-weiblichen Kontexten, die damit verbundene Selbstcharakterisierung und -stilisierung, den Versuch didaktischer Einflussnahme durch Schenkungen und Vererbungspraktiken, bei der die spezifische Materialität und besonders die Einbände einen hohen symbolischen Wert hatten.

Der Abschnitt »Transfer –Transformation« beginnt mit einem Artikel von Ulrich Johannes Schneider zur Bedeutung von Schäden wie Wurmfraß, die mitunter einen organischen Nachweis des präzisen (historischen) Aufbewahrungskontexts erbringen. Schneider betrachtet diese und andere Spuren wie etwa Druckstellen als »materiale[n] Mehrwert (…) für Provenienzforscher«. Susanna Brogi beschreibt die »Stationen einer Sammlung von Büchern im Spannungsfeld zwischen privater Nutzung und bibliophiler Leidenschaft« anhand der Bibliothek von Kurt Pinthus, die ihm 1938 ins Exil in die USA und nach dortiger Erweiterung wieder zurück folgte und die als geschlossener Sammlungsbestand und als biografisches Dokument im DLA Marbach aufbewahrt wird. Achatz von Müller denkt über den Zusammenhang zwischen antiquarischem Buchmarkt und dem Informationscharakter der Buchinhalte nach, und damit über den ökonomischen und ästhetischen im Verhältnis oder Gegensatz zum inhaltlichen Wert von Buchobjekten. Das Buch sei ein »Zauberkasten von Wissen und Bedeutung«, es sei »Metapher, Bild oder Repräsentant der inneren und äußeren Welt«.

Der letzte Abschnitt (»Makulierungen – Wiederentdeckungen«) wird von einem Beitrag Andreas Lehnardts eingeleitet, der sich mit der Ablage von materiell ermüdeten Schriften in Synagogen befasst, in denen diese Gegenstände in selten benutzten Orten deponiert und sich selbst überlassen werden. Sobald der Name Gottes in einem Text erscheint, muss nach seiner materiellen Vernutzung das immaterielle Gut des ›heiligen Wortes‹ geschützt werden. Die Beiträge von Christian Heitzmann und Nicholas Pickwoad behandeln unterschiedliche Aspekte von frühen Formen des Recyclings, da mittelalterliche Handschriftenfragmente in der Frühen Neuzeit bis hin zum Beginn des 20. Jahrhunderts in Form von Einbänden oder als (unsichtbare) Teile der Bindungen wiederverwertet wurden. Das inhärente Moment der Zerstörung könne mitunter aus moderner Sicht ein Glücksfall sein, da es das Überleben seltener Schriftfragmente ermöglicht habe.

Zwei Beiträge sind hervorzuheben, weil sie die Materialität der Buchobjekte besonders ernst nehmen und sich dem zukünftigen Leben der Bücher in Form von Digitalisaten widmen. Constanze Baum geht es um die Transformation von »Lettern zu Daten« und die Transformation ins Digitale. Diesem digitalen Hyperraum attestiert die Autorin eine »eigene Form von Materialität und Dimensionalität«, die unser traditionelles Raumverständnis herausfordere und die ähnliche Fragen an das digitale Objekt erlaubten, wie sie an gegenständliche Buchobjekte gestellt würden, »nach Singulären und Unikalen, nach Auflage und Exemplar, nach Konjunkturen und Karrieren«, und in dem Wurmbefall durch Virenbefall ersetzt werde. Das implizite Plädoyer des Beitrags ist es, Digitalisierung neben seinen offensichtlichen Vorteilen nicht als materielle Verlustgeschichte zu verstehen, sondern die neuen Formen der digitalen Materialität zur Kenntnis zu nehmen. Der den Band abschließende Beitrag der Restauratorin Almuth Corbach betreibt explizite »Spurensicherung« am Objekt und erklärt Eigenschaften von Papier, Methoden der Bindung, der Graphikmontierungen, von Kleberückständen und Falzdeformationen, Nutzerspuren und Insektenfraß, spricht von

»Erschließungstiefe« und wie genau Spuren von Buchobjekten in vorab zu entwerfenden Masken erfasst, beschrieben und dokumentiert werden können. Exemplarisch zeigt sie, wie auf diese Weise getrennt vorliegende Buch-Fragmente wieder in ihren ursprünglichen Zusammenhang rekonstruiert werden können. Damit werden sowohl Geschichten einzelner Exemplare, ihrer Sammler sowie ganze Sammlungsbestände erschließbar. Sie schlägt vor, solche »kodikologischen und kunsttechnologischen« Befunde und den Überlieferungszustand im Rahmen bereits existierender virtueller Datenbanken visuell zugänglich zu machen.

Die Vertreter/innen einzelner Disziplinen haben mehrheitlich sehr beeindruckende Befunde aus der Sicht ihrer jeweiligen Perspektive vorgetragen; es obliegt jedoch den Leser/innen, diese Einzelperspektiven zu einem Gesamtbild zusammenzusetzen, eventuell unter Zuhilfenahme von Lexika zu buchwissenschaftlichen Fachtermini – so jedenfalls erging es der Rezensentin, die eine Buchnutzerin und keine Buchforscherin ist.

Nahezu alle Beiträge haben sich sehr ernsthaft mit dem Konzept der Objektbiographie auseinandergesetzt. Wäre dieser Sammelband auch ohne die Termini »Materielle Kulturforschung« und »Objektbiographie« schreibbar gewesen? Vermutlich. Folgt man der Argumentation der Herausgeber/innen, dann bergen diese Begriffe beziehungsweise Konzepte das Potenzial, den »Fokus auf die prinzipielle Verflochtenheit von Menschen und Dingen« zu legen. Nur wenige Beiträge nehmen jedoch das Angebot des Perspektivwechsels tatsächlich an. Das ist legitim, denn eine Möglichkeit der Befragung aktueller Impulse muss immer sein, deren begrifflichen oder methodischen Angebote in Bezug auf eine sinnvolle Anwendung auf die eigene Disziplin und auf die eigenen Forschungsfragen zu prüfen – oder zu verwerfen.

Logisch nicht konsequent ist das Ausklammern der »materiellen Entstehungszusammenhänge« aus dem Konzept der intuitiv verständlichen Metapher der Objektbiographie, die als »Geburt« eines Gegenstands unbedingt dazugehört. Nur implizit werden sozialhistorisch relevante Fragen nach Verbreitung, Literalität und Leseverhalten, Kauf und Leihverkehr, Messen und Auktionen aufgegriffen. Auch Fragen nach Schutzumschlägen, nach dem alltäglichen Umgang mit Buchobjekten oder nach ihrer artfremden Nutzung (als Stützen oder Auflagen) werden nur am Rande gestreift. Ähnlich interessant wäre ein kunsthistorischer Blick auf die Frage nach der allegorischen Instrumentalisierung von Büchern als Bildgegenständen in Heiligendarstellungen, Autorenportraits oder Stillleben. Egal, wie die Bewertung des Konzepts der »Biographie« von Objekten ausfallen mag, gehörten diese Aspekte unbedingt ebenfalls zur Beziehungs- und Interaktionsgeschichte zwischen Menschen und Buchobjekten.

Wünschenswert wäre es gewesen, wenn der methodisch-exemplarischen Charakter des Sammelbandes noch klarer im Rahmen eines zumindest rudimentär geführten Vergleichs oder einer Abgrenzung zu anderen Objektgattungen herausgestellt worden wäre. Viele der hier bearbeiteten Aspekte am Beispiel von Buchobjekten treffen auch auf andere Objektgattungen zu. Sie lassen sich nach entsprechender Anpassung übertragen auf den wissenschaftlichen Blick auf und den methodischen Umgang mit Objekten anderer Gattungen. Die Leistung des Bandes besteht einerseits darin, das Konzept der Objektbiographie exemplarisch durchdekliniert zu haben und andererseits in geeigneter wenn auch nicht vollständiger Weise zu zeigen, wie viele verschiedenen Perspektiven sich um eine Objektgattung herum entfalten lassen. Der Sammelband überzeugt durch seine fachliche Breite, seine Interdisziplinarität und den diachronen Zugriff.

Annette C. Cremer (Giessen)

Kämpfen um Sold

Benjamin Hitz, Kämpfen um Sold. Eine Alltags- und Sozialgeschichte schweizerischer Söldner in der Frühen Neuzeit, Köln / Weimar / Wien (Böhlau) 2015, 385 S., 55 €

Mit seinem Buch reiht sich Benjamin Hitz in die lange bestehende Tradition zur Erforschung der Schweizerischen Reisläufer, so die zeitgenössische Bezeichnung der eidgenössischen Söldner, ein. Wer allerdings hinter der Schrift eine weitere unkritische Studie erwartet, wird positiv überrascht sein. Bereits der Titel hätte inhaltlich treffender kaum gewählt sein können. Auf knapp 400 Seiten problematisiert Hitz die vorherrschende Memorialkultur um das Schweizer Söldnerwesen als limitierte Auseinandersetzung mit der Elite des Solddienstes: den Offizieren.

Hitz hingegen wendet sich dem Alltag der einfachen Söldner zu. Er verweist darauf, »dass die Söldner nicht nur für Sold ins Feld zogen, sondern auch um ihren Sold kämpfen mussten« und wählt einen alltags- und sozialhistorischen Zugang zur Untersuchung dieser These. Die Auswahl seines Ansatzes begründet er durch die »nur wenige[n] Arbeiten […] mit alltagsgeschichtlicher Ausrichtung« und der dadurch bestehenden »bedeutende[n] Forschungslücke« in diesem Feld. Diese Behauptungen lässt Hitz nicht offen stehen, sondern arbeitet in einem umfangreichen Forschungsüberblick die von ihm ausgemachte Problematik der bisherigen Studien zum Schweizer Söldnerwesen auf. Geschickt rückt Hitz dabei die Auseinandersetzung um das Geld mehr und mehr in den Fokus, wodurch er gezielt seine Analyse vorbereitet.

Das Ziel der Studie ist eine Untersuchung der Sozial- und Wirtschaftsgeschichte der Söldner und ihres ökonomischen Alltags. Mit diesem sozialhistorischen Ansatz schließt Hitz an Traditionen der neueren Militärgeschichte an. Alltagshistorisch wären tiefere Einblicke in das Leben der einfachen Soldaten wünschenswert gewesen, doch aufgrund der Quellenlage fokussiert Hitz vorwiegend auf die sozialgeschichtlichen Aspekte. Diese unterfüttert er mit anschaulich gestalteten Tabellen, die seine Ergebnisse besonders im fünften Kapitel unterfüttern.

Als Quellen seiner *Geschichte von Unten* nutzt Hitz umfassend Gerichtsakten und Ratsprotokolle, in denen die Konflikte festgehalten wurden, die nach der Rückkehr der Söldner in ihrer durch Feldarbeit und Armut geprägten Heimat entstanden. Sie sollen Einblicke in die »Normen und Vorstellungen« der Zeitgenossen geben und Abweichungen davon dokumentieren. Ergänzt werden diese Quellen durch Korrespondenzen ausgewählter Söldnerführer. Den Vorteil seiner Quellen sieht Hitz in der Autonomie der städtischen Gerichtsbarkeit gegenüber der militärinternen Rechtsprechung. Letztere sei oft undokumentiert geblieben und unter dem Abhängigkeitsverhältnis zwischen Söldner und Hauptmann entstanden. Die zeitliche (zweite Hälfte des 16. Jahrhunderts) und räumliche (Luzern) Konzentration der Studie will der Autor nicht als Lokalgeschichte verstanden wissen, sondern als Beitrag zur neueren Militärgeschichte. Hitz sieht seine Untersuchung »als ein[en] Versuch, die Funktionsweise des Solddienstes an einem konkreten Beispiel möglichst umfassend zu erläutern«. Durch die in ihrer Breite zur Kenntnis genommene Literatur, die Quellenwahl und die Einbettung der Luzerner Verhältnisse in gesamtschweizerische und -europäische Kontexte, gelingt diese Zusammenführung unter dem Begriff des »Söldnermarktes«.

Die Arbeit ist in fünf thematisch geordnete Kapitel gegliedert, denen eine umfassende historische Einordnung vorgeschaltet ist. In dieser liefert Hitz einen Abriss der Entwicklungen und Strukturen des Schweizerischen Reisläuferwesens. Er hebt mit Kriegsdienst, der Auseinandersetzung um die Pensionen sowie der obrigkeitlichen Kontrollversuche des Solddienstes zentrale Gebiete bisheriger Forschungen hervor und setzt die Luzerner

Eigenarten zu dem Schweizerischen System sowie den gesamteuropäischen Entwicklungen im 16. Jahrhundert in Bezug. In diesem Rahmen gelingt es ihm, die Spannungsverhältnisse und Wechselwirkungen von Schweizerischer Innen-und Außenpolitik als gesellschaftlichen Rahmen in seiner Studie nachzuzeichnen, ohne den Blick auf das eigentliche Thema zu verlieren.

Die fünf Kapitel des Hauptteils zeichnen den Alltag der frühneuzeitlichen Söldner nach. In den Kapiteln »Söldneralltag« (Kapitel 3), »Verhältnis zwischen Söldner und Hauptleuten« (Kapitel 4), »Mikroökonomie des Solddienstes« (Kapitel 5), »Verhandlungen über ausstehenden Solddienst« (Kapitel 6) und »Reden über den Solddienst« (Kapitel 7) analysiert Hitz nicht nur das typische Söldnerdasein während eines Kriegszuges, sondern es gelingt ihm auch, die markanten Stationen eines Söldnerlebens zu greifen, die gleichzeitig das größte soziale Konfliktpotential bargen. Die Analyse des Solddienstes wird dabei auch als Werkzeug zur Untersuchung der Gesellschaft im Luzern des 16. Jahrhunderts genutzt. Die soziale und regionale Herkunft der Söldner, meist Söhne von Bauern und Tagelöhnern, war ebenso bedeutsam wie das Netzwerk der Werber und Hauptleute. Den Solddienst versteht Hitz in seiner Studie als Resultat der Aushandlung zwischen dem Dienstgeber, dem Hauptmann und den einzelnen Söldnern, deren Interaktionen durch die Luzerner Obrigkeit, der das Gros der Hauptleute entstammte, kontrolliert und reguliert wurde.

Insgesamt, so stellt Hitz fest, war das *Kämpfen um Sold* ein Resultat unterschiedlicher Interpretationen des Solddienstes. Die normative Ebene und die gelebte wirtschaftliche Praxis unterschieden sich, wobei das Spannungsverhältnis zwischen Söldnern (Lohn), Hauptleuten (Kompaniewirtschaft), Fürst (Sparpotential) und städtischer Obrigkeit (Folgeaufträge) stets zum Nachteil der untergeordneten Ebene(n) abgebaut wurde. Hitz kommt zu dem Schluss, dass Konflikte um den Sold häufig waren und sich in zwei Kategorien einteilen lassen. Die erste besteht aus Fällen, in denen »der Sold als zu gering betrachtet wurde«, die zweite aus solchen, in denen der zugesagte Sold »nicht eingehalten wurde«. Das Warten auf den – mit zunehmender Kriegsdauer häufiger – ausstehenden Sold bestimmte den Alltag der betroffenen Parteien, der in einen Verteilungskampf zwischen Söldnern, lokalen Lieferanten von Kleidung, Ausrüstung und Nahrung und anderen Gläubigern mündete. Er wirkte durch immer wieder aufkeimende Konflikte und öffentliche Drohungen auf das gesellschaftliche Gefüge in Luzern ein und konnte den Alltag der Betroffenen noch Jahre nach dem Ende der Kampagne bestimmen.

Die Ergebnisse der Studie sind zum Teil vorhersehbar. So überraschen beispielsweise die obrigkeitlichen Interessen an der Weiterführung des Söldnerwesens als lukrative Verdienstmöglichkeit und Instrument sozialer Kontrolle nicht. Auch scheint gelegentlich eine leichte Unschärfe in der Kenntnis der ständisch-hierarchischen Strukturen der frühneuzeitlichen Gesellschaft auf, wenn der Autor von »Asymmetrien im Solddienst« spricht und auf offensichtliche Standesunterschiede hinweist, ohne diese vollumfänglich zu benennen. Wünschenswert, im Sinne eines weiteren Bandes, wäre zur Vervollständigung des Bildes vom *Kämpfen um Sold* darüber hinaus ein Blick auf die Gegenperspektive gewesen, der die mit Durchmärschen und Einquartierung konfrontierten Zivilisten oder die dienstgebenden Fürsten zum Untersuchungsgegenstand macht.

Dennoch hat Hitz eine lesenswerte Studie vorgelegt, die gleichermaßen das Bild vom Alltag des Schweizer Söldners und vom Söldnerwesen in der zweiten Hälfte des 16. Jahrhunderts im Allgemeinen weiter ausdifferenziert und kritisch in einen weiteren Kontext einzuordnen versucht. So zeigt die Studie, dass das *Kämpfen um Sold* keineswegs mit dem Auslaufen des Kontrakts endete, sondern vielmehr erst begann. Der Alltag der Söldner, Hauptleute, städtischen Obrigkeit und anderer Personen blieb bisweilen über Jahre hinweg durch die Nachwirkungen geprägt. Die dabei auftretenden Spannungen wirkten langfristig in die Gesellschaft hinein. Der Wirtschaftsfaktor Solddienst wird als das Gemeinwohl gefährdender Mechanismus sichtbar.

Sven Petersen (Göttingen)

Mobiler Alltag zwischen Sachsen und Böhmen im 19. Jahrhundert

Katrin Lehnert, Die Un-Ordnung der Grenze. Mobiler Alltag zwischen Sachsen und Böhmen und die Produktion von Migration im 19. Jahrhundert (Schriften zur sächsischen Geschichte und Volkskunde; Bd. 56), Leipzig (Leipziger Universitätsverlag) 2017, 461 S., 64 €

Verfolgt man tagespolitisch aktuelle mediale Diskurse, bedarf eine historische Auseinandersetzung mit den Themenfeldern Grenzziehung, Migration und Arbeit bestimmt keiner Rechtfertigung. Die vorliegende Arbeit widmet sich der sächsisch-böhmischen Grenze und ihrer Bevölkerung im 19. Jahrhundert anhand unpublizierter administrativer und statistischer Quellen staats- (Dresden, Bautzen), diözesan- (Bautzen) und stadtarchivalischer (Zittau) Provenienz, sowie publizierter Quellen (lokale Medien, Gesetzessammlungen, Statistiken, Lexika). Die berücksichtigte, größtenteils deutsch- und englischsprachige Forschungsliteratur kontextualisiert die thematischen und methodischen Felder räumlich und zeitlich breit. Zunächst werden Forschungsstand und design vor allem anhand von Mobilität/Migration einerseits und Grenzraumforschung andererseits reflektiert, wobei der Aspekt historischer Migrationsforschung unübersehbar im Vordergrund steht.

Das Interesse der Autorin gilt dabei vor allem der Spannung zwischen grenzüberschreitendem Alltag einerseits und der Ausbildung von modern-(zwischen)staatlichen, gegenüber kleinräumigeren (Pfarren, Gemeinden, Herrschaften, Landesgrenzen) und zusehends dominanten Grenzregimes andererseits, sowie der daraus folgenden »Wahrnehmung und Kategorisierung von Migration« unter Mitberücksichtigung sozialer, konfessioneller und sprachlicher Faktoren. Im Vordergrund stehen die Kriterien des veränderten Wohnortes und der Grenzüberschreitung. Weitgehend offen definiert wird hingegen das Kriterium der Dauerhaftigkeit beziehungsweise Temporarität von Mobilität. Das Interesse gilt folgerichtig nicht nur der migrierenden oder mobilen Bevölkerung, sondern berücksichtigt das gesamte Grenzgebiet kontextuell mit. So entwickelt die Arbeit ein Sensorium für diejenigen migrations- und grenzbezogenen Möglichkeitsräume, die sich sozialer und nationaler Kategorisierung weitgehend entziehen.

Im ersten Kapitel wird der historisch-politische Rahmen auf Makro- (Territorium und Grenze generell) und Meso-Ebene (Lage zwischen Oberlausitz und Böhmen) abgesteckt. Im zweiten Kapitel wird dann der konfessionelle Rahmen von Kirchen- und Schulbesuchen über die Grenze hinweg untersucht und im dritten die Wirtschaft zwischen den Begriffen Kontrolle (Zoll) und Eigensinn (Schmuggel) vielschichtig fokussiert. Daran schließen sich Kapitel zur politischen Kontrolle in der Region vor dem Hintergrund einer umfassenden Geschichte des Reisepasses und zu sozialem Raum mit Schwerpunkt auf kleinräumiger und unterschichtiger Arbeitsmobilität an. Das letzte, sechste Kapitel konzentriert sich zwischen den Schlagworten Antislawismus, Migrationskontrolle und Arbeitskampf auf die erst für das letzte Drittel des 19. Jahrhunderts festgestellte Ethnisierung des untersuchten Raumes. Die Zusammenfassung nimmt dann noch einmal die methodischen Motive von Migration und Grenze auf.

Es entsteht ein buntes, zwischen normativen Vorgaben einerseits und Fallbeispielen von kollektiver/serieller beziehungsweise individueller/einzigartiger Tatsächlichkeit andererseits oszillierendes Bild, das auch den

Titel-Begriff der Un-Ordnung noch einmal mit Sinn besetzt. Die Autorin selber spricht treffend von einem »vom Eigensinn der Akteure zur Autonomie des Alltags« gespannten Bogen, der auch Generalisierungen und Stereotype berücksichtigt. Ferner gelingt eine Mikrohistorie, da mit »Territorialisierung, Säkularisierung, Nationalisierung und Industrialisierung« alle großen strukturellen Neuerungen des 19. Jahrhunderts in der Region gespiegelt und diskutiert werden.

Böhmische Grenzschützer etwa behaupteten angesichts des leider in der Arbeit nicht datierten Vorwurfs eines sächsischen Grenzbewohners, »Contrabande zu machen, ob auf rechtlichem Weg oder nicht«, den Verlauf der Grenze nicht zu kennen. Sie machten damit deren noch immer fragmentarischen und unklaren Verlauf deutlich, und dies illustriert eindringlich, ein welch langfristiger Prozess Territorialisierung war. Für Nationalisierung und Industrialisierung sei exemplarisch der Fall des sächsischen Arbeiters Friedrich August Wilhelm Friedrich Pfützner von 1890 genannt, dessen Klagen über die Konkurrenten aus Böhmen als »selbstsüchtig, ungeschickt und faul«, als Bettler, Diebe und Spieler, die tschechisch miteinander sprechen, um nicht verstanden zu werden, geradezu ein Mikro-Spiegel dichotomer West-Ost-Wahrnehmung sind. Für die sächsischen Behörden freilich waren böhmische Arbeiter bequemer und nützlicher als die einheimischen und ihre »überspannte(n) Ansprüche an die Arbeitgeber«.

Konzise Zwischenfazits erleichtern die Verfolgung der Argumentation ebenso wie der großzügige Einsatz von zumeist kartographischem Bildmaterial, Tabellen sowie ein Personen- und ein Ortsnamensregister.

Gerade angesichts der so erfreulich breiten und prozessorientierten Kontextualisierung des Themas zwischen Früher Neuzeit und 20./21. Jahrhundert wären eine konzeptionelle Definition des 19. Jahrhunderts und insbesondere eine Absteckung seines Beginns von Interesse. Ist hinsichtlich des Endes »der weitgehenden Reisefreiheit« mit dem Ersten Weltkrieg eine denkbar signifikante grenzrelevante Zäsur angesprochen, so ist der Anfang offensichtlich kaum vergleichbar prägnant. Aspekte von Territorialisierung und Mobilitätskontrolle setzen unübersehbar im 17. Jahrhundert ein, konfessionelle Brüche gehen naheliegender Weise auf das 16. Jahrhundert zurück; die großen Verfassungs- (Sachsen 1831, Österreich 1867) und Grenzregulierungsakte (1848) hingegen sind erst in der breiten Mitte des 19. Jahrhunderts zu verorten. Hinsichtlich weiterer zu berücksichtigender Literatur ist es wohl der unglückliche Umstand redaktioneller Gleichzeitigkeit, dass die hochaktuellen Positionen Peter Judsons zur Habsburgermonarchie und Philipp Thers zu einer breiteren Diskussion historischer Migration nicht aufgenommen werden konnten. Für das monumentale, seit 1975 von der Österreichischen Akademie der Wissenschaften (Adam Wandruszka, Peter Urbanitsch, Helmut Rumpler) herausgegebene Handbuch *Die Habsburger Monarchie 1848–1918* kann diese Begründung jedoch ganz sicher nicht gelten.

Abschließend aber zurück zu den eindeutig überwiegenden Vorzügen: Die Brisanz des Themas hinsichtlich aktueller gesellschaftspolitischer Diskussionen ist schon bestechend, wenn etwa gleich einleitend die Situation der lateinamerikanischen Bevölkerung in den USA aufgerufen oder die Frage von Integration und Überfremdung im Deutschen Kaiserreich um 1900 mit heutigen Diskussionen über den »Rückgang des Deutschtums« in Beziehung gesetzt werden. Es wird offensichtlich, dass eben damals wie heute Reisepass nicht gleich Sprache nicht gleich vorgeblich typische gesellschaftliche Stellung und wirtschaftliche Tätigkeit war beziehungsweise ist. Die Welt, zumal die der Migration, ist komplex und provoziert simplifizierende und gefährliche Lösungsvorschläge – möge die vorliegende Arbeit daher weitere historische Migrations- und Grenzraumstudien samt den dafür nötigen Differenzierungen und Sensibilitäten anregen.

Christoph Augustynowicz (Wien)

Fotografisches Handeln im 20. Jahrhundert

Annette Vowinckel, Agenten der Bilder. Fotografisches Handeln im 20. Jahrhundert, Göttingen (Wallstein) 2016, 480 S., zahlr. Abb., 34,90 €

Fotografien sind überall. Wir begegnen ihnen im Alltag, in Zeitungen, auf Internetseiten oder im Fernsehen. Als Passbilder stellen sie nicht nur einen elementaren Teil amtlicher Personaldokumente dar, sie wirken auch identitätsstiftend. Die Belustigung, die beim Blick auf alte Ausweise manchmal entsteht, legt davon ein beredtes Zeugnis ab. Ebenso gehört Fotografieren – seit der Einführung des Smartphones besonders – zu unserem Alltag. Wir halten Alltägliches wie Ungewöhnliches fest, erinnern uns an Etappen unseres Lebens wie an familiäre Mitglieder und Ereignisse via Fotografie. Und wir erinnern fast alle wichtigen Ereignisse und Entwicklungen des vergangenen wie gegenwärtigen Jahrhunderts in Bildern.

Die Verfügbarkeit dieser Bilder, darauf macht Annette Vowinckel aufmerksam, »ist heute so selbstverständlich, dass sie kaum mehr als Besonderheit wahrgenommen wird«. In ihrem Buch *Agenten der Bilder* fragt sie daher, »wie Fotografien im Verlauf des 20. Jahrhunderts den öffentlichen Raum eroberten, […] wer die Fotografien, wo, wann und in welcher Erwartung platziert und nach welchen Kriterien bestimmte Bilder ausgewählt, vergessen oder verhindert werden«.

Es ist ein beeindruckendes Buch, das Annette Vowinckel vorgelegt hat, nicht nur an Seiten, sondern auch in seinem Anspruch, eine »akteurszentrierte Geschichte der visuellen Öffentlichkeit« des 20. Jahrhunderts in globaler Perspektive zu beschreiben. In sieben Kapiteln widmet sie sich den Akteuren des Bildjournalismus, der zivilen und militärischen Fotografie im Staatsdienst, Fragen der Zensur, Ethik und Evidenz von Bildern sowie der Rolle von Fotografien in Afrika, in der DDR, in Faschismus und Antifaschismus, im Kalten Krieg, im Vietnamkrieg und bei der öffentlichen Präsenz von Politikern und Politikerinnen. Sie beschreibt dabei nicht nur eine Vielzahl von biografischen Wegen, Arbeitsweisen, Intentionen und professionellen Strategien *behind the scenes*. Die Autorin behandelt auch eine eindrucksvolle Bandbreite an Themen, die von Telefonverbindungen und Kabelnetzen über militärische Geheimhaltung bis hin zu Problematiken der humanitär engagierten Fotografie oder der Protokollfotografie reicht. Sie führt uns dabei an zentrale politische (Kriegs-) Schauplätze in Europa, Asien oder Afrika, wofür sie eine beachtliche Zahl an Quellen in diversen Archiven sichtete. Wer allerdings eine eingehende Analyse der im öffentlichen Raum zirkulierenden Fotografien erwartet, wird wie die Rezensentin enttäuscht. Denn im Zentrum des Buches stehen nicht die Fotografien, sondern jene »Menschen, die als deren ›Agenten‹ auftreten«.

Im ersten Kapitel begründet Vowinckel einführend diesen Forschungsansatz. Sie verortet ihn zunächst in der Geschichte der politischen Theorie, der sie eine weitgehende Ignoranz gegenüber Bildern bescheinigt. Sie dagegen entwirft Bilder und Bildhandlungen als einen konstitutiven Teil politischer Öffentlichkeit. Bildhandeln beziehungsweise fotografisches Handeln als dessen Spezialform definiert sie als »Handlungen, deren Ziel und Inhalt die Produktion und Zirkulation von Bildern« sei. Damit verfolge sie einen anderen Ansatz als die kunstwissenschaftliche Bildforschung, die den Akzent auf die Bilder und ihr Handlungspotenzial lege (sie nennt hier Bredekamps Bildakt). Sie nehme stattdessen die handelnden Akteure in den Blick mit dem Ziel, eine Geschichte der globalen Öffentlichkeit, vor allem ihrer Institutionen (Presseorgane, Bildagenturen, Zensurbehörden) zu schreiben. Dafür, so ist Vowinckel überzeugt, sei die Geschichtswissenschaft »besser qualifiziert« als die Kunstgeschichte. Sie solle daher mit eigenen Methoden »Themen im Bereich der Bildforschung bearbeiten, die die Nachbardisziplinen gerade nicht abdecken – auch wenn das heißt, dass dafür in großem Umfang Textquellen herangezogen werden«.

Eine solche Positionierung ist zwar legitim, erscheint aber angesichts des doch sehr heterogenen, interdisziplinären Forschungsfeldes eine unnötige Frontstellung. Auch die hier anklingende, nahezu ausschließliche Berücksichtigung schriftlicher Quellen im Buch ist mit Blick auf die zahlreich vorliegenden Studien zur Materialität von Fotografien, die den Wert von Fotografien als historischer Quelle unterstreichen, eher unbefriedigend. Die konkrete Arbeit an und mit Fotografien – von den gewählten Bildmotiven und -ausschnitten über Inskriptionen auf Vorder- und Rückseiten bis hin zur Retusche, mithin alles Bestandteile fotografischen Handelns – nennt Vowinckel in ihrer Einleitung zwar als spezifisches Charakteristikum des dexikalischen Mediums Fotografie, das Wirklichkeit nicht nur abbildet, sondern auch gestaltet. Im Fortgang des Buches aber bilden solche Gestaltungen keine eigene Untersuchungskategorie. Wie aufschlussreich indes die Betrachtung der materialen Foto-Praktiken sein kann, zeigt das Beispiel der Luftaufnahmen des Konzentrationslagers Auschwitz, das Vowinckel im fünften Kapitel zur Frage der fotografischen Evidenz anführt: 1943/44 durch die US-Armee aufgenommen, blieben sie offenbar zunächst unbearbeitet. Erst in den 1970er Jahren wurden sie vergrößert und beschriftet – Bearbeitungsschritte, die für ein gezieltes Bombardement der Anlagen notwendig gewesen wären.

Die materiale Dimension fotografischen Handelns ist ein zentrales Desiderat des Buches, das wiederum selbst auch als ein Kompendium zahlloser Forschungslücken gelesen werden kann. Es widmet sich nicht nur hinsichtlich ihrer Bildpolitik unbearbeiteten Ereignissen wie dem Koreakrieg, sondern benennt auch ganze Fragehorizonte, Gegenstandsbereiche und Quellenbestände, denen bisher zu wenig Beachtung zuteilwurde. So macht Vowinckel in ihrem zweiten Kapitel zur Entstehung der internationalen Bildöffentlichkeit am Beispiel von *Associated Press* darauf aufmerksam, wie wenig wir über die historische Genese und den Wandel des globalen Bildmarktes, insbesondere über die technischen Voraussetzungen und Infrastrukturen für Bildübertragungen wissen. Sie weist außerdem auf die eurozentristisch geprägte Fotogeschichte hin, die bisher bestimmte Weltregionen überhaupt noch nicht in den Blick genommen hat. Sie beschäftigt sich daher im sechsten Kapitel, wenn auch eher knapp, mit dem Fotojournalismus in Afrika, mit Fokus auf Südafrika und das Apartheid-Regime.

Auch ihre Zusammenstellung von Beispielen zur staatlichen Fotografie im vierten Kapitel ist bemerkenswert, weil systemübergreifend vergleichend. Hierin zeigt sie zum Beispiel Parallelen zwischen der staatlichen Bildproduktion von ADN-Zentralbild der DDR und der *United States Information Agency* auf. Dass ein solcher Vergleich bisher kaum gezogen wurde, führt Vowinckel auf die »Voreingenommenheit der Wissenschaft« zurück.

Zuletzt genannt sei hier auch ihr drittes, sehr ausführliches Kapitel zu den Biografien von Akteuren des Bildjournalismus. Dieses ist trotzdem, wie sie selbst einleitend einräumt, lückenhaft, denn es befasst sich vor allem mit dem (westlichen) Magazinjournalismus zwischen den 1930er und 1980er Jahren und nimmt ausschließlich global agierende, namhafte Akteure, meist Kriegsfotografen und -fotografinnen, in den Blick. Lokale und regionale Akteure fehlen dagegen. Auch nutzt Vowinckel vorwiegend Interviews und Biografien, die sich nicht selten wie »Abenteuerromane« lesen, deren Protagonisten sich als »Robin Hoods der visuellen Welt« gerieren. Eine US-amerikanische Studie von 1982, wonach der Bildjournalismus von »Vorstadtfotografen mit Eigenheim und Carport« dominiert sei, bildet hier einen großartigen Kontrapunkt. Aus den Biografien extrahiert die Autorin zudem eine Reihe von Aussagen, zum Beispiel zur Langeweile oder zum Alkoholkonsum, die für eine noch zu schreibende Alltagsgeschichte des Bildjournalismus überaus nützlich sind.

Das Buch überzeugt vor allem in diesen Passagen, die detail- und kenntnisreich argumentieren, leicht lesbar sind und auch nicht vor ironischen Kommentaren und meinungsstarken Thesen zurückschrecken, an denen sich die geneigte Leserschaft erfreuen oder reiben kann. Anderes hingegen wird nur kursorisch gestreift, manches erschließt sich auch nicht gänzlich. Warum etwa sind Tatortfotografien oder Fotografien von Geheimdiensten (hier der Staatssicherheit der DDR) in das Buch integriert, obwohl sie nicht für die Öffentlichkeit gedacht waren und die angeführten Beispiele wohl auch nicht publiziert wurden? Hier hätte sich die Rezensentin eine stärkere Reflexion der eigenen Auswahl von Fotografien gewünscht oder, genauer, auch von einem Buch erwartet, das den Einsatz von Fotografien als Argument in der Öffentlichkeit untersucht. Dies mag dem Umstand geschuldet sein, dass die Autorin die wissenschaftliche Bild- und Wissensproduktion weitgehend ignoriert. Doch auch diese Leerstellen können als Teil eines Problemaufrisses verstanden werden, den die »Agenten der Bilder« als Forschungslücke auslotet und der gleichzeitig zu weiteren Forschungen wie neuen Fragestellungen anregen will. Dem Plädoyer Annette Vowinckels, sich dieser Forschungslücke stärker zuzuwenden, kann man sich daher unbedingt anschließen und ihr Buch als Nachschlagewerk und Inspiration dafür empfehlen.

Franka Schneider (Berlin)

Exotisierte Unterhaltung 1920–1960

*Susann Lewerenz, Geteilte Welten. Exotisierte Unterhaltung und Artist*innen of Color in Deutschland 1920-1960 (alltag & kultur; Bd. 15), Köln / Weimar / Wien (Böhlau) 2017, 504 S., 37 s/w-Abb., 70 €*

Über populäre Künste und Vergnügungen in Deutschland des 20. Jahrhunderts haben wir heute zumindest einen grundlegenden Überblick. Zu den ziemlich weißen Flecken der Geschichtsschreibung zählt allerdings bisher das Feld von Varieté, Revue, Zirkus und Rummelplatz. Über dessen dichte Verflechtung mit deutscher Kolonial- und Postkolonialgeschichte ist der Kenntnisstand noch niedriger. Das hat vermutlich damit zu tun, dass im Vergleich zu bisher untersuchten kolonialen Aspekten der Populär- und Konsumkultur (Werbung, Postkarten, »Kolonialwaren«) die Quellensituation des Unterhaltungsgewerbes deutlich schwieriger ist. Umso erfreulicher ist, dass Susann Lewerenz die Mühen nicht gescheut hat und im Ergebnis eine imponierende und eindrucksvolle Sondierung vorlegt; sie verfolgt Schicksale und Strategien »nichtweißer Artist*innen« intensiv und ordnet sie in historische Kontexte ein.

Der Rezensent begibt sich hier sprachlich auf vermintes Gelände. »Weiß« meint weder Hautfarbe noch biologische Zuordnung, vielmehr eine historisch sich verschiebende privilegierte Position in der Gesellschaft. Die Autorin spricht durchgängig von »people of Color« und »Schwarzen Künstler*innen«. Das scheint noch keine praktikable Lösung für das Problem der historisch vergifteten, rassifizierenden deutschen Bezeichnungen, es wird aber hier mangels Alternativen als »Quellenzitat« übernommen.

Die gute Hälfte des Bandes behandelt die Jahre 1933 bis 1945, ein Viertel Kaiserzeit und Weimarer Republik, knapp zehn Prozent die Ausblicke auf DDR und BRD. Insgesamt wird es so möglich, deutliche Kontinuitätslinien der Konstruktion farbiger Exotik von der wilhelminischen kolonialen Ära bis in die Gegenwart plastisch nachzuzeichnen und zugleich die Auswirkungen wechselnder politischer und gesellschaftlicher Konstellationen herauszuarbeiten.

Die Stärke des Buches liegt für den in kolonialhistorischen Fragen wenig bewanderten Rezensenten wesentlich darin, dass es den Funktionen von und den Publikumserwartungen an exotisierte Unterhaltung *als Unterhaltung* Rechnung trägt; sie werden als erstrangige Faktoren im politisch-kulturellen Kräftespiel behandelt. Dieses sah in den Perioden eines relativ freien Unterhaltungsmarkts anders als zur NS-Zeit aus. Doch selbst unter den Bedingungen propagandistischer und »rassenpolitischer« Regulierung suchten die politisch Verantwortlichen ein Arrangement mit den Publikumsansprüchen wie mit den Usancen des Vergnügungsbetriebs zur Befriedigung dieser Ansprüche.

Das zweite große Verdienst ist: Susann Lewerenz verfolgt systematisch und in erfolgreicher Perspektivenübernahme, wie die »Artist*innen of Color« unter wechselnden Bedingungen ihren Lebensunterhalt zu sichern suchten, welche Strategien und Arrangements sie dazu wählten, wie sie unter restriktiven und nicht selten entwürdigenden Bedingungen ihre Forderung nach Respekt vorbrachten und so »Momente des Widerspruchs« (Tobias Nagl) praktizierten.

Notwendig und möglich wurde dies durch die stets labile, für die Behörden schwer überschaubare und widersprüchlichen Interventionen ausgesetzte Situation der »Artist*innen of Color«. Sie bildeten selbst eine ausgesprochen diverse Gruppe. In Deutschland arbeiteten Menschen unterschiedlicher Herkunft, die je nach »Hautfarbe« und »Kulturkreis« unterschiedlich behandelt wurden. Verkürzt: »Orientalen« galten als weniger fremd und bedrohlich, während »Schwarze« jeglicher Herkunft in der rassistischen Hierarchie ganz unten standen. Unter Letzteren schuf allerdings der koloniale Status relevante Unterschiede. Wer sich als Bewohner*in deutscher (nach 1918: ehemaliger) Kolonialgebiete glaubhaft machen konnte und die Position des Unterordnung akzeptierenden Kolonialsubjekts einnahm, konnte mit begrenzter Anerkennung und sogar staatlicher Unterstützung rechnen. Es gab internationale Truppen, die in Deutschland gastierten; es gab Migrant*innen, die die deutsche Staatsbürgerschaft hatten; es gab in Deutschland geborene »Schwarze«; und es gab »weiße« deutsche Künstler, die auf der Bühne als »Schwarze« auftraten. Schließlich machte auch das künstlerische Genre einen Unterschied: »Schwarze«, die als Musiker*innen oder Tänzer*innen im Feld moderner, afroamerikanisch konnotierter Populärkunst arbeiteten, im Jazz etwa, erfuhren stärkere Anfeindungen und im Nationalsozialismus rigidere Repressalien als solche, die in Völkerschauen oder exotisierenden Genres wie als Weltreise inszenierten Revuen tätig waren.

Wesentliche Elemente der rassistisch-ästhetischen Ordnung, in der sich die Artist*innen bewegten, wurden im Kaiserreich geformt. Grundlegend war die evolutionistisch-koloniale Sicht, nach der die beispielsweise in Völkerschauen gezeigten »people of Color« einen niedrigeren Entwicklungsstand, weit entfernt vom zivilisierten Europa, repräsentierten und der verbessernden Anleitung durch die kulturell überlegenen »Weißen« bedurften. Exotisiert als Vertreter fremder Welten wurden auch Künstler*innen, die in Zirkussen und Varietés auftraten. Sie zogen Projektionen von Ursprünglichkeit und sexueller Ungehemmtheit auf sich, die einen wesentlichen Teil ihrer Anziehungskraft ausmachten. Völkerschauen oder auch Revueformate, in denen Artist*innen ferne Erdteile und Kulturen repräsentierten, lieferten Material für ein »visuelles ›popular system of the world‹« (Paul Bouissac) oder wurden gar als lehrreich aufgewertet.

In der Weimarer Republik wurde antischwarzer Rassismus, genährt durch die Empörung über die angebliche »schwarze Schmach« der französischen Kolonialtruppen im Rheinland, im Vergleich zur Vorkriegszeit aggressiver, bis hin zu Auftrittsverboten. Zugleich war das Bild »schwarzer« Künstler*innen im Kontext moderner, »amerikanisierter« Populärkultur hoch umstritten. Es changierte zwischen bis zum Starkult gehender exotisierender Begeisterung einerseits und völkisch-nationalistischer sowie kulturkonservativer Ablehnung andererseits. Mit dem Kolonialrevisionismus traten weitere staatliche und zivilgesellschaftliche

Akteure auf den Plan. Sie verfochten unterschiedliche, teilweise unvereinbare Vorstellungen davon, in welchen Rollen »Artist*innen of Color« und insbesondere ehemalige Kolonialsubjekte für den Kolonialgedanken instrumentalisiert werden sollten. Schließlich wuchs die Zahl der »nichtweißen« Künstler*innen, die dauerhaft in Deutschland lebten beziehungsweise dort geboren und aufgewachsen waren. Angesichts rassistischer Ausgrenzung und der Schwierigkeiten, andere Arbeit zu finden, wandten sich nicht Wenige »ethnischen Nischen« im Unterhaltungssektor zu. So stieg etwa die Zahl der Völkerschau-Truppen deutlich, die von Migranten geleitet wurden und einen Platz zwischen kolonialistischer Mimikry und exotisiertem Unterhaltungsformat suchten.

Die nationalsozialistischen Versuche, das artistische Unterhaltungsgewerbe rassistisch gleichzuschalten, stießen auf erhebliche Schwierigkeiten. Während afroamerikanisch durchdrungene Populärkultur rigide unterbunden wurde, ging man gegenüber Varieté und Revue flexibler vor. Für diese Unternehmen waren nämlich Exotik, internationale Künstlerschaft und mit »Akteur*innen of Color« authentisierte Bilder der bunten weiten Welt unverzichtbarer Teil ihres Geschäftsmodells, das die Behörden mit Blick auf die Stimmung der Bevölkerung auch nicht beseitigen wollten. So arbeiteten sie mehr mit politischem Druck als mit Verboten darauf hin, den Betrieb von Ausländern und vor allem von »schwarzen« Artist*innen zu »säubern« – nicht ohne Erfolg. Konsequente Arbeitsverbote für »schwarze« Künstler*innen wurden aber erst Anfang der 1940er Jahre durchgesetzt.

Die Politisierung der Unterhaltung schuf neue Widersprüche – und damit Möglichkeiten für Artist*innen, zu arbeiten und (selten) eventuell eine eigene Stimme hörbar zu machen. Exemplarisch steht dafür die »Deutsche Afrika-Schau«, ein zunächst privatwirtschaftliches Unternehmen, das seit 1936 von der Kolonialabteilung des Auswärtigen Amts gefördert wurde. Hier fanden »Artist*innen of Color« vergleichsweise sichere Arbeit, wenn sie überzeugend die Rolle ehemaliger (und zukünftiger!) Kolonialsubjekte verkörperten. Einige Männer konnten sogar in der Figur des »treuen Askari«, als ehemalige Angehörige von Hilfstruppen in deutschen Afrika-Kolonialgebieten, den Anspruch auf einen anerkannten Platz in der deutschen Volksgemeinschaft artikulieren. Da sie nicht in die Propagandakampagne gegen »schwarze« Kolonialtruppen im französischen Heer passte, wurde die Schau 1940 geschlossen. Als man allerdings im Lauf des Krieges versuchte, Autonomie- und Aufstandsbewegungen in den britischen und französischen Kolonialgebieten zu fördern, erhielten zumindest arabische und indische Schautruppen wieder einen Platz im Unterhaltungsangebot.

Nach 1945 gingen DDR und BRD im Umgang mit »Artist*innen of Color« zunächst durchaus unterschiedliche Wege. Während in der Bundesrepublik keine nennenswerte Abrechnung mit dem Rassismus erfolgte und entsprechende Hierarchien auch im Kultursektor weiterwirkten, vertrat die DDR zumindest programmatisch eine »internationalistische« Position der Beseitigung rassistischer Unterdrückung. Lewerenz skizziert das eher knapp und exemplarisch und hebt dabei einen Widerspruch heraus, der bis heute auch vielen zu schaffen macht, die sich gegen rassistisch eingefärbte und exotisierende Positionierungen insbesondere von »schwarzen« Künstler*innen einsetzen. Immer häufiger handelt es sich dabei um Menschen, die die deutsche Staatsbürgerschaft haben, hier sozialisiert wurden und auch als Deutsche – nicht als hilfsbedürftige Zuwanderer oder Gäste – behandelt werden wollen.

Bei allem Bemühen der Autorin, Handlungsräume und eigensinnige Praktiken von »Artist*innen of Color« sichtbar und ihre Strategien nachvollziehbar zu machen, werden die engen Grenzen dafür unmissverständlich aufgewiesen. Der Band zeichnet vor allem eine Geschichte der Unterdrückung und Marginalisierung, in die eindrucksvolle Episoden des Bemühens um Respektiertwerden eingeflochten sind. Die Quellenlage (neben amtlichen Akten und Sammlungen zur Zirkus- und Varietégeschichte vor allem Zeitschriften des Artistengewerbes) erlaubt dabei keine Aussagen über Proportionen; wohl aber schildert Lewerenz einige Berufsbiographien detaillierter und ordnet sie exemplarisch ein. Das führt manchmal zu Redundanzen, macht aber Wesentliches anschaulich und mitfühlbar.

Die umfangreiche Studie entfaltet eindrucksvoll die Facetten des gut gewählten Titels. Über den gesamten Untersuchungszeitraum wurden »Artist*innen of Color« marginalisiert und als nicht zugehörig ausgegrenzt. Zugleich teilten sie dieselbe Welt; sogar die Nationalsozialisten konnten in Deutschland Geborene oder Zuwandernde nicht völlig unsichtbar machen. Die künstlerische Leistung der Artist*innen ist nicht Thema, scheint aber immerhin in einigen Lebensgeschichten auf. Und ganz unaufdringlich, aus den Quellen heraus, werden den Leser*innen die Augen geöffnet dafür, wie zäh die Wahrnehmungsmuster der (post)kolonialen Ordnung sind und dass es für deren Überwindung angesichts der Vielfalt nicht »weißen« Lebens und Arbeitens in Deutschland bis heute keine einfachen Lösungen geben kann.

Die Studie ist klar aufgebaut und damit gut benutzbar. Sie wird insbesondere für die Geschichte der populären Unterhaltung in Deutschland durch ein Register erschlossen, das alle Künstler*innen und Truppen nachweist. Man kann nur hoffen, dass weitere Arbeiten die von Lewerenz eröffneten Perspektiven verfolgen.

Kaspar Maase (Tübingen)

Jüdische Museen in Ostmitteleuropa (1993–2012)

Katalin Deme, Jüdische Museen in Ostmitteleuropa. Kontinuitäten – Brüche – Neuanfänge: Prag, Budapest, Bratislava (1993–2012) (Veröffentlichungen des Collegium Carolinum; Bd. 133), Göttingen (Vandenhoeck & Ruprecht) 2016, 317 S., 50 €

Jüdische Museen Ostmitteleuropas erleben nicht erst seit der Eröffnung neuer Häuser wie dem Museum Oskar Schindler Fabrik in Krakau 2010, dem POLIN-Museum in Warschau 2014 oder dem 2012 in Moskau eröffneten Jüdischen Museum und Zentrum für Toleranz eine Konjunktur als Akteure und Teil geschichtskultureller Debatten sowie als Gegenstand wissenschaftlicher Untersuchung. Wie in ihnen jüdische Geschichte und Kultur erzählt und präsentiert wird, wie sie zu den nationalen Geschichtsnarrativen positioniert sind beziehungsweise in diese eingeschrieben werden, gilt dabei als wichtiger Gradmesser für die Verfasstheit der Geschichtskultur in den jeweiligen Gesellschaften, gerade auch in Hinblick auf ihre (selbst)kritische Auseinandersetzung mit der Geschichte des Holocausts und des Antisemitismus.

Katalin Deme hat nun erstmals eine Monografie vorgelegt, die die Entwicklung von drei jüdischen Museen und ihren Ausstellungen in Ostmitteleuropa in den Jahren der politischen, sozialen und nationalen Transformation nach dem Zusammenbruch des sozialistischen Staatensystems in den Blick nimmt. Die Geschichte des in den 1990er Jahren in eine gemeinnützige Stiftung überführten Jüdischen Museums Prag sowie des Museums Budapest, das in die Trägerschaft des Dachverbandes der ungarischen Gemeinden rücküberführt wurde, reicht bis in die Zeit vor dem Ersten Weltkrieg zurück. Das Jüdische Museum Bratislava, eine staatliche Institution, wurde hingegen erst in den 1990er Jahren gegründet. Die Überlegungen zu seiner Gründung reichen aber in die 1950er Jahren zurück, und große Teile seiner Sammlung stammen von dem 1928 eröffneten Jüdischen Museum Prešov. Diese Auswahl verspricht interessante Erkenntnisse, nicht zuletzt, da in Tschechien, der Slowakei und Ungarn die Transformationsprozesse nach 1989 sehr unterschiedlich verliefen und damit auch die Wege diskursiver Aushandlung einer postsozialistischen Erinnerungskultur, vor allem in Bezug auf den Zweiten Weltkrieg und den Holocaust, stark voneinander abwichen.

Die Museen werden zunächst ausführlich in drei chronologisch-thematischen Einzelstudien untersucht, die im Wesentlichen drei von der Autorin aufgeworfene Fragenkomplexe umkreisen: Erstens wird danach gefragt, wie die jüdischen Museen als, nach Deme, heterotopische Orte im Sinne Michel Foucaults auf institutioneller, programmatischer wie narrativer Ebene auf den tiefgreifenden Wandel nach 1989 und den Wegfall von »Kontrollmechanismen« sowie »geltenden Darstellungsmustern« reagierten. Zweitens wird thematisiert, welche Konzepte »jüdischer Identität« – von Deme als ethnisch-nationaler Zugehörigkeit verstanden – die Museen zu konstituieren suchen und wie sie versuchen, diese innerhalb der nationalen Geschichtsnarrative zu verorten, beziehungsweise welche »Konzepte nationaler Loyalität« sie diesen entgegenstellen. Drittens geht es um die Verortung des Holocaust innerhalb der jeweiligen Ausstellungsnarrative und den Umgang der Museen mit ihrer eigenen Geschichte, zumindest aber mit der ihrer Sammlungen, die zu großen Teilen als Sammlungen jüdischer Museen der Vorkriegszeit entstanden und denen die Geschichte des Zweiten Weltkriegs sowie des Holocaust damit ebenfalls eingeschrieben ist.

Dem in der Einleitung formulierten Anspruch eines vergleichenden Ansatzes kommt die Arbeit im Wesentlichen in einer bündigen Schlussbetrachtung nach, wobei Bezüge zu Entwicklungen weiterer jüdischer Museen in einem Ausblick zu den Herausforderungen des jüdischen Museumswesens im 21. Jahrhundert vor allem in Ostmitteleuropa folgen.

Sicherlich sinnvoll ist, dass zu den drei Fallstudien auch je ein Kapitel zur Entstehungsgeschichte dieser Museen und ihrer Sammlungen vor dem Zweiten Weltkrieg und Holocaust sowie während des Sozialismus gehört. Dies zum einen, weil die Autorin immer wieder Fragen nach institutionellen wie konzeptionellen Kontinuitäten der Museen auch in der *longue durée* stellt und nach dem Wandel des Bewusstseins und Umgangs der Häuser mit ihrer (Sammlungs-) Geschichte fragt. Zum anderen fehlen vor allem zu den Jüdischen Museen Budapest und Bratislava bisher noch weitgehend Forschungsarbeiten. Insbesondere die Phase des Sozialismus dient Deme dabei als Vergleichs- und Kontrastfolie für ihre Untersuchung der Prozesse, Diskussionen und musealen Veränderungen der 1990er Jahre. Eine – auch sprachlich – differenziertere Analyse der Arbeit der Museen und ihrer AkteurInnen während des Sozialismus, etwa von den kleinen Handlungsspielräumen und Beispielen einer Gegengeschichte zu den offiziellen sozialistischen Geschichtsnarrativen, wäre jedoch wünschenswert gewesen. So könnte man das 1959 in der Prager Pinkas-Synagoge entstandene Denkmal aus 77.000 Namen der tschechischen Holocaustopfer dann nicht nur als einen »erinnerungskulturellen Konsensbruch« der Museumsleitung verstehen. Vielmehr hätte die Kontextualisierung mit den zu dieser Zeit üblichen Formen der europäischen Holocausterinnerung zeigen können, dass es seiner Zeit im Grunde um Jahrzehnte voraus war.

Umfang und Detailliertheit der Darstellungen der Museumsgeschichte vor 1989 lenken vom eigentlichen Thema der Arbeit und ihrer Fragestellung teilweise eher ab und verwirren über weite Strecken mehr, als dass sie zum Verständnis beitragen, wie etwa der Exkurs über die Leihgabe eines Chanukkaleuchters aus der Sammlung des Prager Museums an das Weiße Haus. Eine stärkere Zielgerichtetheit und Beschränkung auf die

Aspekte, die für das eigentliche Thema der Transformationsprozesse und umstände dieser Museen relevant sind, wäre hier hilfreich gewesen. Auch eine differenziertere Methodik der Museumsanalyse, die eben nicht nur die textliche und visuelle Ebene betrachtet, sondern auch die räumliche sowie performative Ebene mit einbezieht, hätte zu einer klareren inhaltlichen Struktur beitragen können, ebenso wie die kritische Schärfung zentraler Begriffskonzepte wie Museum, Akteur, Institution sowie Loyalität und vor allem derjenigen von Erinnerungskultur und Gedächtnispolitik.

Sehr aufschlussreich sind in den drei Fallstudien die jeweiligen Teile zur institutionellen Neuorientierung beziehungsweise Neugründung und inhaltlich-programmatischen (Neu-)Ausrichtung der Museen sowie ihrer Ausstellungen während der politischen, sozialen wie erinnerungskulturellen Transformationsphase der 1990er Jahre. Deme zeigt darin, wie komplex diese Prozesse verliefen und wie sehr sie von äußeren Bedingungen wie etwa den jeweiligen Restitutionsgesetzgebungen, gesellschaftlichen Entwicklungen und beteiligten Personen beeinflusst waren. In allen drei Häusern begannen in dieser Zeit graduell unterschiedlich intensiv verlaufende Reflexionsprozesse über die Darstellung und Verortung jüdischer Geschichte und des Holocaust. Deme untersucht, wie sich diese in den Ausstellungen sowie pädagogischen Konzepten niederschlugen. Deutlich wird dabei, dass 1989 weder in Bezug auf die Erinnerungskultur, noch hinsichtlich der institutionellen Strukturen und der in den Museen beschäftigten AkteurInnen als klare Zäsur verstanden werden kann, sondern vielmehr nur eine Etappe in einem langjährigen, schwierigen und oft kontroversen Prozess darstellt.

Die Veränderungen in den drei Museen seit Anfang der 1990er Jahre können nicht als unabhängige Prozesse betrachtet werden, sondern müssen im Kontext der diskursiven Aushandlungsprozesse um die je neuen, nationalen Geschichtsverständnisse wie auch die in den 1990er Jahren intensiv einsetzenden Diskussionen einer europäischen Erinnerungskultur an den Holocaust betrachtet werden. Diese werden von der Autorin zwar genannt, eine stärkere und vor allem konsequentere Herausarbeitung in Bezug auf die Ausstellungen und Bildungskonzepte der Museen wäre jedoch wünschenswert.

Schade ist, dass die Autorin in ihrer Arbeit ausschließlich auf publizierte Schriften sowie die recht schmale und zum Teil auch recht alte Sekundärliteratur zurückgreift und weder vorhandene Archivalia, Fotografien, interne Papiere und Protokolle noch Interviews mit AkteurInnen der verschiedenen Seiten einbezieht. Ihre Auswertung hätte einen sehr viel differenzierteren und tieferen Einblick in die vielschichtigen institutionellen wie inhaltlich-konzeptionellen Transformationsprozesse, ebenso wie über die unterschiedlichen Standpunkte, Kontroversen, Konfliktlinien geben können. So bleibt Demes Analyse hier zumeist an der Oberfläche oder übernimmt Standpunkte und Darstellung aus offiziell publizierten Erklärungen, Katalogen oder den Homepages.

Katalin Demes Monografie ist die erste deutschsprachige vergleichend angelegte Arbeit zur Geschichte jüdischer Museen in Ostmitteleuropa und sie bietet einen guten Überblick über deren bisher kaum erforschte Entwicklung. Leider schafft es die Arbeit nur teilweise ihrem eigenen Anspruch gerecht zu werden, die Museen und ihre Ausstellungen konsequent innerhalb der Entwicklungen und Debatten der tschechischen, slowakischen und ungarischen Geschichtskultur nach 1989 zu verankern. Die Museen sind, auch wenn sich zwei von ihnen in Trägerschaft jüdischer Institutionen befinden, weit mehr als ausschließliche Generatoren neuer jüdischer Identitätskonzepte, sondern Ausdruck der geschichtskulturellen Verfasstheit einer Gesellschaft sowie selbst geschichtskulturelle Akteure in diesen.

Dorothea Warneck (Halle / Weimar)

Abstracts

Frank Reichherzer
Officers – Two Essayistic Expeditions to the Borderlands of Work and Leisure in the Years around 1900

The nature of the officer seen as a social character depends on temporal aspects. How officers and society make sense of using time in the all-day life of this specific category of military personnel could shed light on the interrelationship of work and leisure around the turn from the 19th to the 20th century. After reflecting on the concepts of work and leisure a first expedition to the borderlands of work and leisure starts inside the officer corps. Here we find officers who try to separate times from each other along the service and free time. But on the other hand, the officer was subjected to a specific code of honor which regulated the use of time in a very detailed way – in duty and off duty. So times became liquid and colonized each other. The second expedition goes deep into the world of satire: cartoons and jokes mirror an idle character having a massive amount of free time, marking social status by ›conspicuous leisure‹, doing no useful things, being military inefficient and hence being excluded first from a society which defined itself and its identity by work and second from the rising modern time regime separating and defining specific times. Hence a picture arises which shows the officer as a nomadic social character living in a complex framework of times, were work and leisure, coercion and freedom are melting together into a mélange of times.

Rósa Magnúsdóttir
Gelebter Sozialismus: Ein isländisches Paar und die Grenzverwischung zwischen bezahlter Arbeit, Ehrenamt und Freizeit

Der Beitrag nutzt einen biografischen Zugang, um die Verwischung der Sphären von Arbeit und Freizeit im Leben des sozialistischen Ehepaares Þóra Vigfúsdóttir (1897–1980) und Kristinn E. Andrésson (1901–1973) zu zeigen. Das Engagement des isländischen Intellektuellenpaares für die Ideologie des Sozialismus und die Sowjetunion förderte die fließenden Übergänge zwischen bezahlter Arbeit, Ehrenamt und Freizeit, die in den zahlreichen Briefen und Tagebucheinträgen des Paares sichtbar werden. Vigfúsdóttirs und Andréssons Maßstab für den Wert ihrer Tätigkeiten war nicht Geld, sondern welchen Beitrag ihre Aktivitäten zum Aufbau des Sozialismus leisteten. Als Intellektuelle konnten sie frei über ihre Zeit verfügen (oft auch bei bezahlten Tätigkeiten) und nutzten auch ihre freie Zeit, um an sich selbst zu arbeiten, wie es die sozialistische Ideologie forderte.

Sepp Linhart
National and International Discourses about Work and Leisure in Japan

In our popular image the Japanese have been grouped into the countries where work is of immense importance, while leisure hardly exists. This essay investigates the national and international discourses about work and leisure in popular writings, academic works and politics, which gained importance both within and outside of Japan. In pre-industrial time, from about 1700 onwards, an ›industrious revolution‹ is postulated to have taken place, but Western travelers to Japan in the late 19th century reported about paradise-like conditions with no work and only leisure. The Japanese government tried to install a spirit of diligence into their population to meet the demands of modern factory work. Schools, factories and the military were very successful in re-educating people into hardworking citizens. After the economic success from 1960 onwards, the metaphor ›working like a Japanese‹ expressed the uneasiness and fears of Western societies in the wake of Japan's economic boom, especially when news about thousands of victims from overwork in Japan became known. In the postindustrial age, the traditional work-centered discourses were replaced by discourses about popular culture in Japan. The phrase ›Cool Japan‹ stands for a country which proves to be attractive to many younger people all over the world because of its culture of play.

Katja Jana
New Ways of Common Remembrance – An Interview with Elke Hartmann from *Houshamadyan* e.V.

In the present issue, we continue our series of interviews on history projects and the politics of history. In summer 2018 Elke Hartmann from *Houshamadyan* and Katja Jana from Werkstatt*Geschichte* talked about this project's work on the history of Ottoman Armenians before the genocide in 1915. Established in 2010 *Houshamadyan* collects and publishes a variety of materials on the vanished life of the Armenian's of the Ottoman Empire. This vast amount of sources bears witness of neglected chapters of Ottoman history and opens new dimensions of established Ottoman historiography.

Maxi Braun
»Pull up the dinosaurs' skirts« – Gender Images in *Jurassic Park* (1993) and *Jurassic World* (2015)

More than 25 years after its premiere, Steven Spielberg's *Jurassic Park* is still a movie worth watching because of the progressive gender roles it portrays. In contrast, *Jurassic World* (2015), the first part of a trilogy that reanimated the dino-franchise, employed stereotypical, antifeminist-gender roles. Film critics and fans have often cited and criticized the female protagonist's high heels as the most obvious indication of this bias. Through a close reading of both films, Maxi Braun shows how they implement gender roles in their narrations and aesthetics. Besides the female and male characters, her analysis focuses on the genetically female created dinosaurs. Braun argues that *Jurassic Park* invited queer-feministic readings at a time when feminist tendencies in action and science fiction films were only slowly starting to develop, while *Jurassic World* tried to please an antifeminist audience with its conservatism on subjects like gender, family, reproductive rights, and women in leading positions.

■ Autorinnen und Autoren

Maxi Braun
studierte russische Kultur, Geschichte und Medienwissenschaft an der Ruhr-Universität Bochum. In ihrer Masterarbeit beschäftigte sie sich filmphilosophisch und -ästhetisch mit Körperbildern in der US-amerikanischen Neoserie *Nip/Tuck*. Von 2013 bis 2017 war sie als Chefredakteurin der Kulturmagazine *choices* (Köln), *trailer* (Ruhrgebiet) und *engels* (Wuppertal) tätig. Seitdem arbeitet sie als freie Journalistin mit den Schwerpunkten Film, Serie und Feminismus und ist in der projektbezogenen Filmfestivalarbeit, u. a. beim Internationalen Frauenfilmfestival Dortmund | Köln, tätig.
rodeozebra@googlemail.com

Josef Ehmer
ist Professor emeritus am Institut für Wirtschafts- und Sozialgeschichte der Universität Wien und Associate Fellow am International Research Centre Work and Human Life Cycle in Global History (re:work) an der Humboldt Universität zu Berlin. Seine Forschungsschwerpunkte liegen in der vergleichenden Sozialgeschichte Europas von der Frühen Neuzeit bis zu Gegenwart, insbesondere in der Geschichte der Arbeit, des Alters und des Lebenslaufs, der Familie und der Migrationen sowie der Historischen Demografie.
josef.ehmer@univie.ac.at

Elke Hartmann
forscht am Lehrstuhl für Russland-/Asienstudien an der LMU München und ist ab April 2019 Vertretungsprofessorin für Turkologie an der Universität Hamburg. Sie wurde an der FU Berlin im Fach Islamwissenschaft mit einer Arbeit zur osmanischen Wehrpflicht promoviert. Ihre Habilitationsschrift zu Leben und Selbstzeugnissen der ArmenierInnen im Osmanischen Reich hat sie an der katholischen Universität Budapest eingereicht. 2010 gründete sie gemeinsam mit Vahé Tachjian das Projekt *Houshamadyan*, das sich der Rekonstruktion von Alltagsleben und Kultur der ArmenierInnen im Osmanischen Reich widmet.
elke.hartmann@lrz.uni-muenchen.de

Reinhild Kreis
ist Akademische Rätin a. Z. am Lehrstuhl für Zeitgeschichte der Universität Mannheim. Ihre Forschungsschwerpunkte liegen in der Konsumgeschichte, Sozialgeschichte, Protestgeschichte, den transatlantischen Beziehungen und der Diplomatiegeschichte. Ihre Habilitationsschrift trägt den Titel *Selbermachen im Konsumzeitalter. Werte, Ordnungsvorstellungen und Praktiken von den 1880er zu den 1980er Jahren*. Das Verfahren wurde im Sommer 2018 abgeschlossen.
rkreis@mail.uni-mannheim.de

Sepp Linhart
war o. Professor für Japanologie an der Universität Wien von 1978 bis 2012, seither ist er emeritiert. Als Gastprofessor war er unter anderem an der Universität Kyōto, am International Research Center for Japanese Studies und an der Universität Paris VII tätig. 2005 erhielt er den Yamagata Bantō-Preis der Präfektur Osaka. Seine Forschungen befassen sich hauptsächlich mit der japanischen Gesellschaft, insbesondere den Themen Arbeit und Freizeit, Alter und Populärkultur. Wichtigste themennahe Publikationen sind: *Arbeit, Freizeit und Familie in Japan* (1976) und *The Culture of Japan as Seen through its Leisure* (herausgegeben zusammen mit Sabine Frühstück, 1986).
sepp.linhart@univie.ac.at

Rósa Magnúsdóttir
ist Associate Professor of History an der Universität Aarhus (Dänemark). Sie arbeitet zur Geschichte der Sowjetunion im Kalten Krieg mit Schwerpunkten auf der Kulturgeschichte des Kalten Krieges, Ideologien und bio-

grafischen Zugängen. Vor Kurzem erschien ihr Buch *Enemy Number One: The United States of America in Soviet Ideology and Propaganda, 1945–1959* (Oxford 2018).
slarm@cas.au.dk

Frank Reichherzer
ist Wissenschaftlicher Oberrat am Zentrum für Militärgeschichte und Sozialwissenschaften der Bundeswehr in Potsdam. Er arbeitet zur Ideen- und Wissensgeschichte von Krieg, Militär, Gewalt und Frieden und verbindet diese mit praxeologischen und performativen Ansätzen. In seinem aktuellen Forschungsprojekt beschäftigt er sich mit den komplexen Zeitlichkeiten im Kontext von Militär und Krieg, womit er einen Beitrag zu einer »Chronogeschichte« der Neuzeit leisten möchte.
frankreichherzer@bundeswehr.org

Christina Sachs
ist seit November 2016 wissenschaftliche Mitarbeiterin am Seminar für Geschichte und Geschichtsdidaktik an der Europa-Universität Flensburg und forscht in ihrer Dissertation zu historischen Inszenierungen und historischem Lernen in der Mittelalterszene.
christina.sachs@uni-flensburg.de